Mittelstandsförderung und Beschäftigung

Europäische Hochschulschriften
Publications Universitaires Européennes
European University Studies

Reihe V
Volks- und Betriebswirtschaft

Série V Series V
Sciences économiques, gestion d'entreprise
Economics and Management

Bd./Vol. 2914

PETER LANG
Frankfurt am Main · Berlin · Bern · Bruxelles · New York · Oxford · Wien

Heiko Mathias Sanders

Mittelstandsförderung und Beschäftigung

Zur Wirkung von Finanzierungs- und Investitionshilfen auf die Beschäftigung in Kleinunternehmen des Handwerks

PETER LANG
Europäischer Verlag der Wissenschaften

Bibliografische Information Der Deutschen Bibliothek
Die Deutsche Bibliothek verzeichnet diese Publikation in der Deutschen Nationalbibliografie; detaillierte bibliografische Daten sind im Internet über <http://dnb.ddb.de> abrufbar.

Zugl.: Lüneburg, Univ., Diss., 2001

ISSN 0531-7339
ISBN 3-631-39218-4

www.peterlang.de

Für

Cornelia, David und Nova

Vorwort

Die vorliegende Arbeit wurde im Mai 2001 beim Fachbereich Wirtschafts- und Sozialwissenschaften der Universität Lüneburg eingereicht und als Dissertation genehmigt. Bei der Arbeit an dieser Dissertation habe ich vielfältige Unterstützungen erfahren, für die ich mich an dieser Stelle bedanken möchte.

Ganz besonders bedanke ich mich bei meinem langjährigen akademischen Lehrer und Doktorvater Herrn Prof. Dr. Ulrich Döring, der durch vielfältige Anregungen und konstruktive Kritik maßgeblich zur Entstehung der Arbeit beigetragen hat. Gleichermaßen bedanke ich mich bei Herrn Prof. Dr. Egbert Kahle, Dekan des Fachbereiches für Wirtschafts- und Sozialwissenschaften der Universität Lüneburg, für die Übernahme des Zweitgutachtens.

Bei meinen Kindern, die nicht selten auf ihren Vater verzichten mußten, bedanke ich mich für ihr Verständnis. Ganz besonders schulde ich meiner Frau Cornelia Sanders Dank für ihre Diskussionsbereitschaft, für häufiges Korrekturlesen und vor allem für die persönliche Unterstützung, die sie mir auch in schwierigen Zeiten während der Entstehung der Dissertation gewährt hat. Zudem bedanke ich mich bei meinen Eltern für die stetige Förderung meiner wissenschaftlichen Ausbildung nicht nur im Rahmen dieser Arbeit.

Mein Dank gilt der Konrad-Adenauer-Stiftung e. V., die mich im Rahmen eines Graduiertenstipendiums finanziell und durch ein reichhaltiges Seminarangebot gefördert hat. Nicht zuletzt bedanke ich mich bei Frau Melanie Ull für die Korrektur des Manuskripts und bei den vielen hier nicht explizit genannten Freunden und Kollegen, die in der einen oder anderen Form zum Gelingen dieser Arbeit beigetragen haben.

Wiesmoor im April 2002   Heiko Mathias Sanders

Inhaltsverzeichnis

Abkürzungsverzeichnis

AFG	Arbeitsförderungsgesetz
AG	Die Aktiengesellschaft
Aufl.	Auflage
BFuP	Betriebswirtschaftliche Forschung und Praxis
bifego	Betriebswirtschaftliches Institut für empirische Gründungs- und Organisationsforschung
bmb+f	Bundesministerium für Bildung, Wissenschaft, Forschung und Technologie
BMWi	Bundesministerium für Wirtschaft
c. p.	ceteris paribus
d. h.	das heißt
DB	Der Betrieb
DBW	Die Betriebswirtschaft
DIHT	Deutscher Industrie- und Handelstag
Diss.	Dissertation
DÖV	Die öffentliche Verwaltung
DStR	Deutsches Steuerrecht – Zeitschrift für Praxis und Wissenschaft des gesamten Steuerrechts, Organ der Steuerberaterkammer
DtA	Deutsche Ausgleichsbank
ECU	European Currency Unit
EKH	Eigenkapitalhilfe
ERP	European Recovery Program
EStG	Einkommensteuergesetz
f.	folgende (Seite)
ff.	fortfolgende (Seiten)
FA	Finanzarchiv
FuE	Forschung und Entwicklung
GmbHR	GmbH-Rundschau
Habil.	Habilitationsschrift
HdF	Handbuch der Finanzwissenschaft
HdWW	Handwörterbuch der Wirtschaftswissenschaft, zugleich Neuauflage des Handwörterbuches der Sozialwissenschaften
Hrsg.	Herausgeber
HWB	Handwörterbuch der Betriebswirtschaft

HWF	Handwörterbuch der Finanzwissenschaft
IAB	Institut für Arbeitsmarkt und Berufsforschung der Bundesanstalt für Arbeit
IfM	Institut für Mittelstandsforschung
ifo	ifo Institut für Wirtschaftsforschung
IMF	Internationaler Währungsfond
INF	Die Information über Steuer und Wirtschaft
insbes.	insbesondere
iwd	Institut der deutschen Wirtschaft
KfW	Kreditanstalt für Wiederaufbau
KPMG	KPMG Deutsche Treuhandgesellschaft AG
m.E.	meines Erachtens
Mio.	Millionen
MittAB	Mitteilungen aus der Arbeitsmarkt und Berufsforschung
Mrd.	Milliarden
OECD	Organisation for Economic Co-operation and Development
o. Ort	ohne Ort
ORDO	Jahrbuch für die Ordnung von Wirtschaft und Gesellschaft
o.V.	ohne Verfasser
o. Verl.	ohne Verlag
rd.	rund
RWI	Rheinisch-Westfälisches Institut für Wirtschaftsforschung
S.	Seite
Sonderpr.	Sonderprogramme
Sp.	Spalte
TDM	tausend Deutsche Mark
Tsd.	tausend
Tz.	Textziffer
u.	und
u.a.	unter anderem bzw. und andere
Univ.	Universität
WiSt	Wirtschaftswissenschaftliches Studium
WISU	Das Wirtschaftsstudium
ZDH	Zentralverband des Deutschen Handwerks
zfbf	Schmalenbachs Zeitschrift für betriebswirtschaftliche Forschung
ZfW	Zeitschrift für Wirtschaftspolitik
zugl.	Zugleich

Abbildungsverzeichnis

Verzeichnis der Tabellen

1 Einleitung

1.1 Problemstellung

Bei zeitweise deutlich über 4 Mio. Menschen ohne Beschäftigung ist es in der Bundesrepublik zu einem geflügelten Wort geworden, Arbeitslosigkeit als vorrangiges wirtschaftpolitisches Problem zu bezeichnen. Die Vorschläge zur Bekämpfung von Beschäftigungslosigkeit sind dementsprechend vielfältig und heterogen. Sie reichen von nachfrage- bis angebotsorientierten Ansätzen, umfassen sowohl Konzepte zur Regulierung als auch zur Deregulierung und beziehen sich nicht zuletzt auf steuer- und subventionspolitische Maßnahmen. Mittelstandsförderung, also die Subventionierung von kleinen und jungen Unternehmen, als Instrument zur Bekämpfung von Arbeitslosigkeit einzusetzen, ist in diesem Kanon keine neue Idee, sie hat jedoch in den zurückliegenden Jahren zunehmend an Bedeutung gewonnen.

Mittelstandsförderung ist eine Form der Wirtschaftsförderung, die zwischen Begünstigten und Nicht-Begünstigten nach dem Kriterium der Unternehmensgröße unterscheidet. Diese Differenzierung wirft prinzipiell die Frage auf, was kleinere Unternehmen für eine speziell auf sie ausgerichtete Subventionierung qualifiziert. Die Mittelstandsförderung verfügt heute über vielfältige Begründungsversuche. Seit Mitte der 80er findet sich darunter auch das Beschäftigungsargument. Korrespondierend mit der Zunahme der Arbeitslosigkeit hat dieses Argument in den letzten 15 Jahren verstärkt an Bedeutung gewonnen, so daß sich heute feststellen läßt, daß das Beschäftigungsziel im Vordergrund des Zielsystems der gegenwärtigen Mittelstandsförderung steht.[1]

Die Stellung der Mittelstandsförderung im Kontext des wirtschaftspolitischen Instrumentariums der Bundesrepublik hängt mit der Begründung der Mittelstandsförderung über die Bedeutung von Kleinunternehmen[2] und Existenzgründungen für die gesamtwirtschaftliche Beschäftigung zusammen. In Zeiten eines immensen ökonomischen und politischen Problemdrucks aufgrund von Massen-

---

1 Vgl. BMWi (Hrsg.): Verhältnis, 1999, S. 9.

2 In der vorliegenden Arbeit wird aus Gründen der sprachlichen Vereinfachung der Begriff Kleinunternehmen in Abgrenzung zum Begriff Großunternehmen verwandt und auf die in der betriebswirtschaftlichen Literatur gebräuchlichere Bezeichnung Klein- und Mittelunternehmen verzichtet. Zur Begriffsbestimmung vgl. Kapitel 2.2.1 dieser Arbeit.

arbeitslosigkeit ist es relativ unproblematisch, einer Wirtschaftspolitik Akzeptanz zu verschaffen, die eine Schaffung von Beschäftigung verspricht. Schwierig ist es hingegen, eine solchermaßen gegen Kritik quasi immunisierte Politik in Hinblick auf ihre tatsächlichen ökonomischen Wirkungen zu hinterfragen.

Bei diesem Hintergrund kommt einer wissenschaftlichen Untersuchung die Aufgabe zu, die Effizienz der Mittelstandsförderung als beschäftigungspolitisches Instrument zu untersuchen. Dies ist die Zielsetzung der vorliegenden Arbeit. An dieser Stelle muß bereits auf die Grenzen der Untersuchung hingewiesen werden: Diese Arbeit ist nicht primär empirischer oder ökonometrischer Natur. Zielsetzung der Arbeit ist es nicht, Zahlen über Arbeitsplatzgewinne oder -verluste zu ermitteln, die durch Mittelstandsförderung bewirkt werden. Vielmehr geht es um eine qualitative Betrachtung und Beurteilung einer beschäftigungsorientierten Mittelstandsförderung.

Die vorliegende Untersuchung weist zwei Fokussierungen auf. Im Rahmen der Subventionswirkungsanalyse erfolgt eine Konzentration auf Investitions- und Finanzierungshilfen. Schätzungen zu Folge werden über 80% der Mittelstandsförderung in der Bundesrepublik für Finanzierungs- und Investitionshilfen ausgegeben.[3] Die Mittelstandsförderung ist damit im ganz überwiegendem Maße eine Finanzierungs- und Investitionsförderung. Die Beschränkung auf der vorliegenden Untersuchung auf Finanzierungs- und Investitionshilfen sollte daher eher als eine Konzentration der Wirkungsanalyse denn als eine Einschränkung der Analyseergebnisse angesehen werden.

Die zweite Spezialisierung bezieht sich auf Handwerksunternehmen, die in der vorliegenden Arbeit als eine Untergruppe der Kleinunternehmen aufgefaßt werden. Die Analysen dieser Arbeit gehen nicht selten sukzessiv vor, wobei in einem ersten Schritt Ergebnisse in Hinblick auf die Gruppe der Kleinunternehmen erarbeitet werden, um in einem zweiten Schritt eine Spezialisierung der Betrachtung in Hinblick auf Handwerksunternehmen vorzunehmen. In aller Regel sind daher die Ergebnisse dieser Untersuchung nicht auf Handwerksunternehmen beschränkt, sondern lassen sich auf die Gruppe der Kleinunternehmen generalisieren.

1.2 Verlauf der Untersuchung

Im Rahmen einer Effizienzanalyse ist es grundsätzlich zweckmäßig, den Ablauf der Untersuchung an der Zielhierarchie der zu untersuchenden Politik auszurich-

3 Vgl. dazu die Darstellungen in Kapitel 2.4.3.2 dieser Arbeit.

ten. Aus diesem Grund liefert das Zielsystem der Mittelstandsförderung das Gerüst für den Untersuchungsverlauf.

Zu Beginn der Untersuchung wird daher das System der Mittelstandsförderung eingehend betrachtet (Kapitel 2). Nach einführenden Überlegungen zu Begriff und Adressaten der Mittelstandsförderung sowie zur Einordnung der Mittelstandsförderung in die Wirtschaftspolitik, steht die Analyse des Zielsystems im Mittelpunkt der Untersuchung (Kapitel 2.3). Ausgehend vom Oberziel der Schaffung von Arbeitsplätzen über das Zwischenziel der Förderung von Unternehmenswachstum und Unternehmensgründungen bis hin zum Unterziel der Behebung von Wachstumsengpässen in Kleinunternehmen wird das Zielsystem der Mittelstandsförderung dargestellt und analysiert.

Daran anschließend werden die Instrumente und Instrumentgruppen der Mittelstandsförderung erläutert (Kapitel 2.4). Dabei wird auf den Umfang der einzelnen Förderbausteine und auf die Bedeutung des Handwerks als Nutznießer der Förderbausteine eingegangen. Wesentliches, da für den weiteren Verlauf maßgebendes, Ergebnis dieses Abschnittes ist die überragende Bedeutung von Finanzierungs- und Investitionshilfen im Förderkanon der Mittelstandsförderung.

In Kapitel 3 der Arbeit wird das wirtschaftspolitische Problem, das durch Mittelstandsförderung bekämpft werden soll, untersucht. Es geht also um Arbeitslosigkeit. Zunächst befindet sich die Analyse dabei quasi auf der Ebene des Oberziels der Mittelstandsförderung, indem Formen, Umfang und Ursachen der Arbeitslosigkeit in der Bundesrepublik analysiert werden (Kapitel 3.1 bis Kapitel 3.3).

Aus dem Blickwinkel der Zielhierarchie der Mittelstandsförderung befindet man sich im zweiten Teil dieses Kapitels auf der Zwischenzielebene. Hier wird Wirtschaftswachstum als Instrument zur Schaffung von Arbeitsplätzen analysiert (Kapitel 3.4). Dabei wird in einem ersten Schritt der generelle Zusammenhang zwischen Wirtschaftswachstum und Beschäftigung untersucht, während in einem zweiten Schritt auf die Bedeutung von Wachstum in Kleinunternehmen für die gesamtwirtschaftliche Beschäftigung eingegangen wird. Letzterem kommt für die vorliegende Arbeit eine zentrale Bedeutung zu, da die Prämisse, daß Kleinunternehmen eine Schlüsselrolle für die gesamtwirtschaftliche Beschäftigung zukommt, für eine beschäftigungsorientierte Mittelstandsförderung konstitutiv ist.

Nachdem im Kapitel 3 der Zusammenhang zwischen gesamtwirtschaftlicher Beschäftigungsexpansion auf der einen und Wachstum in Kleinunternehmen des Handwerks auf der anderen Seite dargestellt wurde, wird in Kapitel 4 auf die Wirkung von Subventionen der Mittelstandsförderung auf Wachstum in Handwerksunternehmen eingegangen. Von der Zielhierarchie der Mittelstandsförderung betrachtet, befindet sich die Analyse an dieser Stelle auf der Ebene der Unterziele, der instrumentalen Ziele der Förderung.

Da sich die Wirkungsanalyse auf Finanzierungs- und Investitionshilfen beschränkt, geht es in diesem Kapitel um die Frage, inwieweit diese Instrumente eine Expansion von Investition und Beschäftigung in Kleinunternehmen des Handwerks bewirken. Die Analyse erfolgt dabei sukzessiv, indem Rentabilitäts-, Liquiditäts- und Substitutionseffekt von Finanzierungs- und Investitionshilfen untersucht werden. Das vierte Kapitel dieser Arbeit beschränkt sich auf einzelwirtschaftliche Wirkungsanalysen.

Die Untersuchung von Subventionswirkungen wird in Kapitel 5 durch eine volkswirtschaftliche Betrachtung ergänzt. Hier wird die Fragestellung untersucht, inwieweit Mittelstandsförderung als beschäftigungsorientierte Strukturpolitik zu gesamtwirtschaftlichen Beschäftigungsgewinnen beitragen kann. Dabei stehen Informationsprobleme einer zentralgesteuerten Subventionspolitik und die Informationsfunktion des Wettbewerbs als strukturpolitisches Lenkungsinstrument im Mittelpunkt der Betrachtung. Aus den kritischen Überlegungen dieses und des vorangegangenen Kapitels werden Lösungsansätze abgeleitet, die in Kapitel 5.3 für eine Darstellung der Deregulierung des Arbeitsmarktes als alternatives Instrument einer beschäftigungsorientierten Strukturpolitik genutzt werden. Dieses Kapitel untersucht Möglichkeiten für einen funktionsfähigen Wettbewerb auf dem Arbeitsmarkt der Bundesrepublik, stellt internationale Vergleiche an und bezieht die Ergebnisse auf die Fragestellung nach einer effizienten beschäftigungsorientierten Strukturpolitik.

Aufgrund der Komplexität einiger zu behandelnder Problemstellungen beinhaltet die Untersuchung an verschiedenen Stellen die Darstellung von Zwischenergebnissen, so z.B. in Kapitel 3.5.3, Kapitel 4.3.4 und Kapitel 5.2.4. Aus diesem Grund schließt die Untersuchung mit einer lediglich kurzen Zusammenfassung der Ergebnisse in Kapitel 6.

2 Die politischen Ziele und Instrumente der Mittelstandsförderung

2.1 Begrifflichkeit und Einordnung der Mittelstandsförderung in die allgemeine Wirtschaftspolitik

2.1.1 Mittelstandspolitik und Mittelstandsförderung

Giersch definiert Wirtschaftspolitik als "die Gesamtheit aller Bestrebungen, Handlungen und Maßnahmen, die darauf abzielen, den Ablauf des Wirtschaftsgeschehens in einem Gebiet oder Bereich zu ordnen, zu beeinflussen oder unmittelbar festzulegen."[4] Der zahlenmäßig bedeutsame Anteil von kleineren Unternehmen an der Volkswirtschaft der Bundesrepublik[5] führt zwangsläufig dazu, daß nahezu alle wirtschaftspolitischen Maßnahmen auch diese Gruppe von Unternehmen betreffen. Zu Mittelstandspolitik wird Wirtschaftspolitik erst dann, wenn sie als eigenständiger, abgrenzbarer Bereich der allgemeinen Wirtschaftspolitik auftritt und speziell auf die Belange kleinerer Unternehmen ausgerichtet ist.[6] In diesem Sinn beschreibt *Happe* in einer weiten Eingrenzung Mittelstandspolitik als alle Maßnahmen, die auf kleine und mittlere selbständige Wirtschaftseinheiten in irgendeiner Weise abzielen.[7] Mittelstandspolitik kann daher auch als unternehmensgrößenbezogene Wirtschaftspolitik bezeichnet werden.[8]

Häufig werden die Begriffe Mittelstandspolitik und Mittelstandsförderung nicht trennscharf benutzt oder sogar synonym verwendet. Das RWI benutzt z.B. anstelle des Begriffes der Mittelstandspolitik den Begriff der "Mittelstandsförderung im weiteren Sinn": "Unter 'Mittelstandsförderung' ist im weiteren Sinn die Gesamtheit der wettbewerbs-, strukturpolitischen und sonstigen Regeln und Maßnahmen zu verstehen, die auf die Leistungssteigerung, die Verbesserung der

4 Giersch, H.: Wirtschaftspolitik, 1961, S. 17.

5 99,6% aller umsatzsteuerpflichtigen Unternehmen in der Bundesrepublik erzielen weniger als 100 Mio. DM Jahresumsatz. Diese Unternehmensgruppe beschäftigt ca. 68% aller Beschäftigten und erwirtschaftet 53% der Bruttowertschöpfung aller Unternehmen (vgl. BMWi (Hrsg.): Unternehmensgrößenstatistik, 1997, S. 16).

6 Einen ähnlichen Begriff der Mittelstandspolitik verwendet Schmidt, M.: Ziele, 1988, S. 11.

7 Vgl. Happe, F.: Mittelstandspolitik, 1979, S. 35.

8 Den Begriff der unternehmensgrößenbezogenen Wirtschaftspolitik verwendet z.B. Langen, W.: Grundlagen, 1977.

Finanzierungsmöglichkeiten sowie die Verbesserung der Rahmenbedingungen für KMU gerichtet sind."[9] Für diese weite Eingrenzung soll allerdings in der vorliegenden Arbeit nicht der Begriff der "Mittelstandsförderung im weiteren Sinne", sondern der Begriff der Mittelstandspolitik verwendet werden, um eine klare und deutliche Unterscheidung zur Mittelstandsförderung zu ermöglichen.

Die Mittelstandsförderung kann als ein Teilbereich der Mittelstandspolitik angesehen werden. Für die Systematisierung der Theorie der Wirtschaftspolitik besitzt im deutschsprachigen Schrifttum die Einteilung in Ordnungspolitik bzw. Rahmensteuerung und Prozeßpolitik bzw. Marktsteuerung eine überragende Bedeutung.[10] Diese Einteilung geht auf die Grundüberlegung zurück, daß im Rahmen einer marktwirtschaftlichen Ordnung zwei Möglichkeiten der Wirtschaftspolitik zur Beeinflussung einzelwirtschaftlicher Entscheidungen bestehen: einerseits die Gestaltung von Rahmenbedingungen für wirtschaftliche Entscheidungen und andererseits die Beeinflussungen von Entscheidungen durch direkte Eingriffe in die marktliche Koordination.[11] Obwohl die Unterscheidung zwischen Ordnungs- und Prozeßpolitik nicht einheitlich verwendet wird und auf Instrumentenebene nicht immer völlig trennscharf ist,[12] findet sie auch im Bereich der Mittelstandspolitik Anwendung.

Die Mittelstandspolitik läßt sich demnach in rahmenorientierte Mittelstandspolitik und prozeßorientierte Mittelstandsförderung unterscheiden.[13] Die vorliegende Arbeit beschäftigt sich ausschließlich mit dem zweiten Bereich, also der Mittelstandsförderung.[14] Die Mittelstandsförderung besteht aus Subventionen als prozeßpolitische Maßnahmen, die explizit und selektiv in die marktmäßige Koordinierung zu Gunsten von Kleinunternehmen[15] und damit zu Ungunsten von Großunternehmen eingreifen. Sie wirkt somit per Definition diskriminierend.

Für diese Arbeit wird eine praktikable Begriffsbestimmung der Mittelstandsförderung gewählt, die auf eine Abgrenzung der Bund-Länder-Kommission zur Verbesserung der Transparenz und Konsistenz der Mittelstandsförderung zu-

---

9 Vgl. Klemmer, P. u.a.: Mittelstandsförderung, 1996, S. 19.

10 Vgl. Woll, A.: Wirtschaftspolitik, 1992, S.14; Diese Einteilung beruht auf Überlegungen von Walter Eucken, vgl. dazu auch Eucken, W.: Grundsätze, 1968, S. 241 ff.

11 Vgl. Meißner, W.; Fassing, W.: Wirtschaftsstruktur, 1989, S. 159.

12 Vgl. Woll, A.: Wirtschaftspolitik, 1992, S. 14; Meißner, W.; Fassing, W.: Wirtschaftsstruktur, 1989, S. 159.

13 Vgl. Klemmer, P. u.a.: Mittelstandsförderung, 1996, S. 26; vgl. dazu auch Dichtl, E. u.a.: Wirksamkeit, 1981, S. 34 ff. und Zeitel, G.: Mittelstandspolitik, 1988.

14 Einen Überblick über den ersten Bereich – also der Mittelstandspolitik als Ordnungspolitik – gibt Zeitel, G.: Mittelstandspolitik, 1988.

15 Zur Abgrenzung der Begriffe Kleinunternehmen und Großunternehmen vgl. Kapitel 2.2.1 dieser Arbeit.

rückgeht. Danach ist Mittelstandsförderung eine Förderung von Kleinunternehmen durch öffentliche Ausgaben (Zuschüsse, zinsverbilligte Kredite) und durch aus staatlichen Mitteln finanzierte Maßnahmen im Bereich der Beratungs-, der Technologie- und Innovations- sowie der Absatzförderung in der Trägerschaft des Bundes, der Länder und der EU. Diese Eingrenzung umfaßt auf Ebene von Bund, Ländern und EU ca. 400 Programme.[16]

2.12 Mittelstandsförderung als Strukturpolitik

Zur Einordnung der Mittelstandsförderung im speziellen und der Mittelstandspolitik im allgemeinen in das System der Wirtschaftspolitik bieten sich zwei Gliederungskriterien an: erstens eine Einordnung in bezug auf die Oberziele und zweitens eine Einordnung in bezug auf die gruppenspezifische Ausrichtung der Mittelstandsförderung bzw. Mittelstandspolitik. Nach ihren Oberzielen ließe sich die Mittelstandsförderung Teilbereichen der allgemeinen Wirtschaftspolitik, wie z.B. der Wettbewerbspolitik zuordnen.[17] Für die heutige Mittelstandsförderung bietet sich eine solche Vorgehensweise nicht mehr an, da sie über eine Vielzahl von unterschiedlichen Zielen verfügt, die aus den verschiedensten Bereichen der Wirtschafts- und Gesellschaftspolitik stammen.[18]

Die Mittelstandsförderung bezieht sich auf ein bestimmtes Teilaggregat der Volkswirtschaft, nämlich die Gruppe der Kleinunternehmen. Das Ziel dieser Politik ist es, die Entwicklung von kleineren Unternehmen – aus welchen Gründen kann hier noch dahin gestellt bleiben – positiv zu beeinflussen. Sie zielt damit auf eine Beeinflussung der Unternehmensgrößenstruktur der Volkswirtschaft ab.

Die Mittelstandsförderung ist in bezug auf ihren differenzierenden Charakter somit keine allgemeine Wirtschaftspolitik, wie etwa die Wettbewerbs- oder Konjunkturpolitik. Sie ist jedoch auch nicht primär auf ein einzelnes Unternehmen oder Einzelmärkte ausgerichtet. Die Mittelstandsförderung ist weder der Makro- noch der Mikropolitik zuzuordnen. Wie auch die regionale und sektorale Strukturpolitik befaßt sie sich mit der mittleren Aggregationsebene der Volkswirtschaft. Die Mittelstandsförderung kann aus diesem Grund dem Bereich der

---

16 Vgl. Arbeitsgruppe des Bundes und der Länder: Verbesserung, 1995, S. 2.

17 Aufgrund einer Dominanz wettbewerbspolitischer Zielsetzungen war es z.B. bis in die frühen 70er Jahre üblich die Mittelstandspolitik der Wettbewerbspolitik zuzuordnen; vgl. Langen, W.: Grundlagen, 1977, S. 42.

18 Zu den unterschiedlichen Zielen der Mittelstandspolitik vgl. Langen, W.: Grundlagen, 1977, insbesondere S. 92-98 sowie Schmidt, M.: Ziele, 1988, S. 61-102.

Mesopolitik zugeordnet werden.[19] Dieser Sachverhalt bietet es an, Mittelstandsförderung als einen Teilbereich der Strukturpolitik anzusehen.[20]

Die Einordnung der Mittelstandsförderung in die Strukturpolitik resultiert aus ihrer mesopolitischen Ausrichtung und ist grundsätzlich unabhängig von ihren Oberzielen; denn diese Ziele werden im Rahmen der Mittelstandsförderung quasi in einem zweiten Schritt, als Folge einer Beeinflussung der größenbezogenen Wirtschaftsstruktur der Volkswirtschaft angestrebt. Auch aus diesem Grund ist es zweckmäßig, die Mittelstandspolitik und Mittelstandsförderung aus theoretischer Sicht als größenbezogene Strukturpolitik zu betrachten.[21]

Die Mittelstandsförderung der Bundesrepublik basiert auf keiner wissenschaftlichen Fundierung in Form eines theoretischen Konzeptes einer größenbezogenen Strukturpolitik,[22] dennoch hat die Einordnung dieses Politikbereiches in die Strukturpolitik im Bereich der praktischen Wirtschaftspolitik Tradition. Erstmals erfolgte sie im Rahmen der Grundsätze einer Strukturpolitik für kleine und mittlere Unternehmen zu Beginn der 70er Jahre.[23] Der Begriff der unternehmensgrößenbezogenen Strukturpolitik beherrschte daher auch lange Zeit die Mittelstandspolitik und findet auch heute noch zur Bezeichnung der Mittelstandsförderung bzw. Mittelstandspolitik Verwendung.[24]

Auch für die beschäftigungsorientierte Mittelstandsförderung hat die Einordnung in die Strukturpolitik Bedeutung. Eine Mittelstandsförderung unter beschäftigungspolitischer Oberzielsetzung wird an manchen Stellen auch mit dem Begriff "beschäftigungsorientierte Strukturpolitik" versehen.[25] Diese Bezeichnung hat ihre Berechtigung, denn im Rahmen dieser Konzeption wird das Unternehmenswachstum in Kleinunternehmen gefördert und die unternehmensgrößenbezogene Wirtschaftsstruktur beeinflußt, um nachhaltige Effekte auf die gesamtwirtschaftliche Beschäftigung zu bewirken.[26]

---

19 Zur Einteilung der Ökonomie in Mikro-, Makro- und Mesoökonomie und zur Systematisierung der Wirtschafts- und Strukturpolitik nach diesen Kriterien vgl. Külp, B. u.a.: Wirtschaftspolitik, 1984, S. 1 f.; Meißner, W; Fassing, W.: Wirtschaftsstruktur, S. 1-10, 1989; vgl. auch Hamm, W.: Strukturpolitik, 1977, S. 479 f.

20 Vgl. Beauvais, E. v.: Mittelstandspolitik, 1979, S. 3 f.

21 Vgl. dazu auch Klemmer, P. u.a.: Mittelstandsförderung, 1996, S. 29.

22 Vgl. Riedl, E.: Ziele, 1988, S. 45.

23 Vgl. Schmidt, M.: Ziele, 1988, S. 61; Gröbner, B. F.: Subventionen, 1983, S. 281.

24 Vgl. z.B. Clemens, R. u.a.: Unternehmensgrößenstatistik, 1997, S. 4.

25 Vgl. Schmidt, M.: Ziele, 1988, S. 91.

26 Vgl. Ewers, J; Fritsche, M.: Bedeutung, 1985, S. 19 ff. sowie Schmidt, M.: Ziele, 1988, S. 91 f; vgl. auch BMWi (Hrsg.): Mittelstandspolitik, 1996, S. 3. und Arbeitsgruppe des Bundes und der Länder: Verbesserung, 1995, S. 2.

2.2 Adressaten der Mittelstandsförderung

2.2.1 Kleinunternehmen

Nach der in Kapitel 2.1 dargestellten Definition ist die Mittelstandsförderung auf eine bestimmte Gruppe von Unternehmen beschränkt. Die Eingrenzung erfolgt dabei nach dem Kriterium Unternehmensgröße, wobei die Mittelstandsförderung allein der Förderung kleinerer Unternehmen dient. Für diese Gruppe von Unternehmen existieren in der Literatur unterschiedliche Bezeichnungen. Häufig synonym verwendet werden dabei die Begriffe "mittelständische Unternehmen", "Klein- und Mittelunternehmen", „kleinere Unternehmen", "KMU" und an manchen Stellen auch einfach "Kleinunternehmen". In dieser Untersuchung wird der letzte Begriff verwandt. Dies stellt im Vergleich zum gebräuchlicheren Begriff des Klein- und Mittelunternehmens eine sprachliche Vereinfachung dar. Es ermöglicht jedoch eine einfache und eindeutige Abgrenzung zum Begriff Großunternehmen.

Welche Unternehmen sind unter dem Begriff "Kleinunternehmen" zu subsumieren? Die Verlautbarungen zur Mittelstandsförderung des Bundes stellen bei der Begriffsbestimmung kaum eine Hilfe dar, da die Mittelstandsförderung über keine übergeordnete und einheitliche Abgrenzung ihres Adressatenkreises verfügt.[27] Eine Eingrenzung der Förderung auf bestimmte Unternehmen erfolgt hier auf Ebene der Instrumente und ist dadurch von Maßnahme zu Maßnahme verschieden, wobei teilweise erhebliche Unterschiede auftreten. So grenzt z.B. das ERP-Regionalprogramm den Adressatenkreis der Mittelstandsförderung auf Unternehmen mit höchstens DM 100 Mio. Umsatz ein, während das KfW-Mittelstandsprogramm Unternehmen noch als "mittelständisch" betrachtet, die maximal DM 1 Mrd. Jahresumsatz erwirtschaften.[28] Dies ist ein drastisches Beispiel, das zeigt, daß es nicht zweckmäßig ist, eine Begriffsbestimmung aus Mittelstandsdefinitionen der Fördermaßnahmen abzuleiten.

In der Literatur wird die Frage, was unter Kleinunternehmen in Abgrenzung zu Großunternehmen zu verstehen ist, ausführlich diskutiert.[29] Ich möchte dieser

27 Anders ist die z.B. im Rahmen der Gemeinschaftsaufgabe "Verbesserung der regionalen Wirtschaftsstruktur". Hier werden kleine und mittlere Unternehmen durch den Gemeinschaftsrahmen für staatliche Beihilfen als Unternehmen, die nicht mehr als 250 Arbeitskräfte beschäftigen und die entweder einen Jahresumsatz von nicht mehr als 40 Mio. ECU oder eine Bilanzsumme von nicht mehr als 27 Mio. ECU erzielen, definiert; vgl. DIHT; KPMG (Hrsg.): Fördermaßnahmen, 1997, S. 94.

28 Vgl. Clemens, R. u.a.: Unternehmensgrößenstatistik, 1997, S. 7 f.

29 Eine Übersicht über den Stand der Diskussion mit weiteren Literaturverweisen gibt Wossidlo, P. R.: Unternehmungen, 1993.

Diskussion hier nicht noch Weiteres hinzufügen. Unstrittig ist, daß zur Abgrenzung besondere qualitative und quantitative Merkmale, über die Kleinunternehmen im Vergleich zu Großunternehmen verfügen, herangezogen werden sollten.[30] Welche Merkmale zur Abgrenzung letztlich genutzt werden, ist eine Frage, die im Spannungsbogen zwischen wissenschaftlicher Genauigkeit und Praktikabilität in Hinblick auf das Untersuchungsziel zu beantworten ist.

An dieser Stelle soll auf eine Arbeitsdefinition zurückgegriffen werden, die auf das Institut für Mittelstandsforschung zurückgeht und die sich zur Unterscheidung von Unternehmen unterschiedlicher Größe durchgesetzt hat.[31] Als Abgrenzungskriterien werden die Beschäftigtenzahl und der Jahresumsatz verwendet:

Tabelle 1: Unternehmensgrößenklassen[32]

Unternehmensgröße	Zahl der Beschäftigten	Jahresumsatz in DM
Klein	bis 9	bis unter 1 Mio.
Mittel	10-499	1 bis 100 Mio.
Groß	500 und mehr	100 Mio. und mehr

Als Abgrenzungskriterium ist der Jahresumsatz umstrittener als die Beschäftigtenzahl. Vor allem wenn Unternehmen unterschiedlicher Branchen betrachtet werden, kann es sinnvoll sein, das Umsatzkriterium nach Branchenzugehörigkeit zu staffeln.[33] Diese Arbeit wird sich allerdings aus Praktikabilitätsüberlegungen heraus an der oben dargestellten Einteilung orientieren. Unter dem Begriff "Kleinunternehmen" werden die Unternehmensgrößenklassen "klein" und "mittel" subsumiert. Im folgenden werden daher Unternehmen als Kleinunternehmen bezeichnet, die weniger als 500 Mitarbeiter beschäftigen bzw. einen Jahresumsatz von weniger als DM 100 Mio. erwirtschaften.

30 Vgl. Pfohl, H.-C..; Kellerwesel, P.: Abgrenzung, 1990, S. 4 ff.. Dieser Artikel bietet Übersicht über eine Vielzahl von größenspezifischen Charakteristika, die zur Abgrenzung herangezogen werden können.

31 Vgl. Wossidlo, P. R.: Unternehmungen, 1993, Sp. 2893.

32 Zu dieser Abgrenzung vgl. Clemens, R. u.a.: Unternehmensgrößenstatistik, 1997, S. 15.

33 Vgl. Wossidlo, P. R.: Unternehmungen, 1993, Sp. 2894; Clemens, R. u.a.: Unternehmensgrößenstatistik, 1997, S. 15.

2.2.2 *Handwerksunternehmen*

Endreß definiert den Begriff des Handwerks in bezug auf den Beruf, den der Unternehmens- bzw. Betriebsleiter ausübt: "Handwerksbetriebe sind organisatorische Einheiten mit dem Ziel, Gewinn zu erwirtschaften und die Volkswirtschaft mit Gütern und Dienstleistungen zu versorgen. Sie sind dadurch gekennzeichnet, daß sie unter der direkten Leitung eines Handwerksmeisters stehen, der in der *Handwerksrolle* bei der *Handwerkskammer* eingetragen ist und den großen *Befähigungsnachweis* besitzt."[34]

Diese Definition entspricht der Rechtslage in der Bundesrepublik Deutschland. Nach der Legaldefinition des § 1 Abs. 2 Handwerksordnung ist "ein Gewerbebetrieb... ein Handwerksbetrieb..., wenn er handwerksmäßig betrieben wird und... ein Gewerbe umfaßt, das in Anlage A zu diesem Gesetz aufgeführt wird."[35] Die Anlage A der Handwerksordnung ist "ein Verzeichnis der Gewerbe, die als Handwerk betrieben werden können".[36] Sie umfaßt derzeit 127 Gewerbe, die in sieben Gewerbegruppen geordnet sind. "Bei den Gewerben handelt es sich um Berufe, zu deren Ausübung bestimmte Tätigkeiten gehören, die wiederum spezielle Kenntnisse und Fertigkeiten voraussetzen."[37] Welche Berufsbilder zum Handwerk gehören und wie diese Berufsbilder im einzelnen ausgestaltet sind, darüber entscheidet das Bundesministerium für Wirtschaft im Einvernehmen mit dem Bundesministerium für Bildung und Wissenschaft im Wege der Rechtsverordnung.[38]

Aus ökonomischer Sicht ist die Legaldefinition des Handwerks unbefriedigend, da offen bleibt, welche Voraussetzungen vorhanden sein müssen, damit ein Gewerbe als Handwerk betrieben und in die Anlage A der Handwerksordnung aufgenommen werden kann. Die zentrale Frage ist, ob sich gemeinsame (homogene) betriebswirtschaftliche Merkmale von Handwerksunternehmen finden lassen, die das Handwerk von anderen Branchen oder Wirtschaftszweigen unterscheidet.

Ein Abgrenzungsversuch besteht darin, das Handwerk nach seinem Output einem Wirtschaftszweig zuzuordnen. Eine Einteilung der Volkswirtschaft nach Wirtschaftszweigen in bezug auf den Output ist vor allem für statistische Zwecke auch international üblich.[39] Nach diesem Abgrenzungskriterium lassen sich die

---

34 Endreß, R.: Handwerksbetriebe, 1993, Sp. 1615.

35 Gesetz zur Ordnung des Handwerks (Handwerksordnung): § 1 Abs. 2.

36 Anlage A zu dem Gesetz zur Ordnung des Handwerks (Handwerksordnung)

37 Vgl. Veldhues, B.: Handwerkszählung, 1994, S. 107.

38 Vgl. Veldhues, B.: Handwerkszählung, 1994, S. 107.

39 Vgl. Veldhues, B.: Handwerkszählung, 1994, S. 107.

Unternehmen danach unterscheiden, ob sie dem produzierenden Gewerbe[40], dem Handel oder dem Dienstleistungsgewerbe angehören. Das Handwerk wird bei dieser Einteilung an einigen Stellen dem produzierenden Gewerbe zugeordnet.[41] Weiterhin lassen sich auch Eingrenzungen finden, die dieses Kriterium mit einer Abgrenzung über die Unternehmensgröße kombinieren.[42]

Die Einordnung des Handwerks in das produzierende Gewerbe stellt eine Pauschalisierung dar. Zwar entfällt der überwiegende Anteil des Handwerksumsatzes auf das produzierende Gewerbe, dennoch zählen zum Handwerk auch Unternehmen, die Dienstleistungen anbieten oder die Handel treiben. Die Handwerkszählung vom 31. März 1995 liefert folgendes Bild: Ca. 70% des Handwerksumsatzes entfällt auf das produzierende Gewerbe, während durch Handel und Dienstleistungen zusammen ca. 30% des gesamten Handwerksumsatzes erzielt werden.[43] Aus diesem Grund ist es nicht gerechtfertigt, das gesamte Handwerk dem produzierenden Gewerbe zuzuordnen. Vielmehr sind Handwerksunternehmen, da sie nicht über ihren Output, sondern über den Beruf, den ihr Inhaber oder Leiter ausübt, definiert werden, in unterschiedlichen Wirtschaftszweigen vertreten. Mit anderen Worten: Das Handwerk stellt, wenn man der herkömmlichen statistischen Einteilung folgt, keinen eigenständigen Wirtschaftszweig dar, da es nicht eindeutig über seinen Output abgrenzbar ist. Abblidung 1 macht diesen Zusammenhang deutlich.

Differenzierte Versuche den Begriff des Handwerksunternehmens zu definieren, berücksichtigen vor allem den Individualgutcharakter der handwerklichen Leistung. So versucht *Gutersohn* "das Handwerk als die Art der wirtschaftlich selbständig betriebenen Stoffbearbeitung zu umschreiben, die, auf die Erbringung stärker oder schwächer abzuwandelnder Leistungen ausgerichtet, vorzugsweise der Erfüllung differenzierter, häufig individualisierter Versorgungsanliegen dient".[44]

Die handwerkliche Produktionsmethode hängt eng mit dem Individualgutcharakter der handwerklichen Leistung zusammen. *Voigt* ist der Meinung, daß Handwerk voraussetzt, "daß eine Produktion oder Dienstleistung auf der Basis

---

40 Aus statistischer Sicht umfaßt der Begriff des produzierenden Gewerbes die drei Abteilungen: 1. Energie- und Wasserversorgung, 2. Verarbeitendes Gewerbe und Bergbau, 3. Baugewerbe, vgl. Gesetz über die Statistik im produzierenden Gewerbe vom 6.11.1975.

41 Bei einer Aufteilung der Volkswirtschaft in drei Sektoren, wie z.B. im Rahmen der Drei Sektoren Hypothese ist dies z.B. durchaus üblich; vgl. dazu Willms, M.: Strukturpolitik, 1992, S. 364 f. und Meißner, W.; Fassing, W.: Wirtschaftsstruktur, 1989, S. 109.

42 Vgl. z.B. Ewers, H.-J.; Fritsch, M.:; Kleine, J.: Strategien, 1984, S. 31 f.

43 Vgl. Statistisches Bundesamt (Hrsg.): Handwerkszählung 1995, 1996, S. 5.

44 Vgl. Gutersohn, A.: Gewerbe, 1977, S. 159.

individueller, besonders erlernter Handfertigkeiten und umfassender Werkstoffbeherrschung erfolgt."[45] Für den produzierenden Teil des Handwerks läuft diese Begriffsbestimmung in der Regel darauf hinaus, daß die handwerkliche Fertigung der industriellen Produktion gegenübergestellt wird. Auf der einen Seite steht dann im Extremfall die arbeitsintensive Einzelfertigung von Individualgütern durch Handwerksunternehmen, auf der anderen Seite die kapitalintensive Produktion von Massengütern durch Industrieunternehmen.[46]

Handwerks-eigenschaft (Legaldefinition)	Wirtschaftszweig, definiert nach dem Output		
	Produzierendes Gewerbe	Handel	Dienstleistungen
Handwerk	Bäckerei	Herrenausstatter-geschäft, dessen Inhaber als Schneidermeister in die Handwerks-rolle eingetragen ist.	Friseur
Nicht-Handwerk	Brotfabrik (Industrie)	Kaufhaus	Software-entwickler

Abbildung 1: Handwerkseigenschaft und Zuordnung zu einem Wirtschaftszweig[47]

Die Feststellung, daß Handwerksunternehmen überwiegend selbst erstellte Güter und Dienstleistungen anbieten, die zur Deckung individualisierter Bedürfnisse dienen, läßt sich auch heute noch aufrecht erhalten. Damit dominiert grundsätzlich die Einzelfertigung, wenn auch vor allem im Bereich der handwerklichen Zulieferunternehmen die Kleinserienfertigung auftritt.[48]

Dennoch lassen sich Handwerksunternehmen in jüngerer Zeit immer schwerer von Industrieunternehmen abgrenzen, wozu in erster Linie der Einsatz moderner Techniken im Produktionsprozeß beiträgt. Der Einsatz von Datenverarbeitung und NC-gesteuerten Maschinen macht es dem Handwerk möglich, in zunehmender Weise kapitalintensiv zu fertigen und dennoch relativ individuelle und kundennahe Produkte herzustellen. Andererseits führen diese Techniken auch in der Industrie zu einer stärkeren Produktdifferenzierung nach Kundenwünschen und

45 Voigt, F.: Handwerk, 1956, S. 24.
46 Vgl. z. B. Hruschka, E.: Handwerksbetriebe, 1975, Sp. 1784.
47 Diese Grafik wurde entnommen aus Veldhues, B.: Handwerkszählung, 1994, S. 107.
48 Vgl. Endreß, R.: Handwerksbetriebe, 1993, Sp. 1616.

einer zunehmenden Abkehr von der reinen Massenproduktion (so z.B. in der Automobilindustrie).[49] Vor allem im Bereich der industriellen Kleinunternehmen ist eine Abgrenzung zum Handwerk aus betriebswirtschaftlicher Sicht in vielen Fällen nicht mehr zweckmäßig. Es bleibt dann als Entscheidungsmerkmal häufig nur noch das formale Kriterium der Legaldefinition. [50]

Zusammenfassend läßt sich feststellen, daß eine betriebswirtschaftlich fundierte und eindeutige Definition des Begriffes Handwerksunternehmen auf Schwierigkeiten stößt. Das Handwerk ist ein geschichtlich gewachsenes Gebilde, das aus Unternehmen unterschiedlicher Wirtschaftszweige besteht und in seiner Gesamtheit einen relativ heterogenen Eindruck macht, wobei die Grenzen zu Industrie, Handel und Dienstleistungsgewerbe fließend sind.[51] Aufgrund dieser Heterogenität fällt es schwer, den Begriff des Handwerksunternehmens aus betriebswirtschaftlicher Sicht eindeutig zu definieren.

Da es relativ problematisch ist, homogene betriebswirtschaftliche Merkmale von Handwerksunternehmen zu finden, die nicht auch für andere Kleinunternehmen gelten, bietet es sich für eine ökonomische Untersuchung an, das Handwerk als eine Untergruppe der Kleinunternehmen zu betrachten.[52] Tatsächlich sind so gut wie alle Handwerksunternehmen Kleinunternehmen.[53] Die Zahlen der Handwerkszählung 1995 vom 31. März 1995 belegen dies: In Deutschland existieren ca. 454.000 Handwerksunternehmen, die im Durchschnitt 11 Personen beschäftigen und durchschnittliche Umsatzerlöse von ca. TDM 1.420 erwirtschaften. 99% der Handwerksunternehmen beschäftigen weniger als 100 Mitarbeiter, 90% der Handwerksunternehmen sogar weniger als 20 Mitarbeiter.[54] Dabei erzielen 72% aller Handwerksunternehmen nicht mehr als DM 1 Mio. Umsatz. Insgesamt be-

---

49 Vgl. Endreß, R.: Handwerksbetriebe, 1993, Sp. 1617 f.

50 Vgl. Rößle, K.: Handwerksbetrieb, 1956, S. 43; Endreß, R.: Handwerksbetriebe, 1993, Sp. 1618.

51 Vgl. Rößle, K.: Handwerksbetrieb, 1956, S. 42 f.

52 Vgl. Rudolph, A.: Bedeutung, 1997, 71 f.

53 Es existieren allerdings auch Ausnahmen, so sind im Gebäudereinigerhandwerk auch Unternehmen anzutreffen, die über 1000 Beschäftigte aufweisen (vgl. Veldhues, B.: Handwerkszählung, 1994, S. 108).

54 Leider läßt sich auf Basis der Handwerkszählung nicht genau bestimmen wie groß der Anteil von Großunternehmen an Umsatz und Beschäftigung im Handwerk ist. In Hinblick auf die kleinbetriebliche Strukturierung des Handwerks hat das statistische Bundesamt im Rahmen der Handwerkszählung alle Unternehmen mit mehr als 100 Beschäftigten pauschal einer Größenklasse zugeordnet. Diese Unternehmensgruppe umfaßt damit sowohl Klein- als auch Großunternehmen.

liefen sich die Umsatzerlöse der Unternehmen mit weniger als 100 Mitarbeiter auf 80% der gesamten Handwerksumsätze.[55]

Allerdings ist nicht nur das Handwerk kleinbetrieblich strukturiert, auch die Gruppe der Kleinunternehmen wird stark von Handwerksunternehmen geprägt. Dies schlägt sich auch im Bereich der Mittelstandsförderung nieder. In bezug auf eine Anzahl von Instrumenten der Mittelstandsförderung stellt das Handwerk denjenigen Wirtschaftsbereich dar, der am stärksten von der Förderung profitiert.[56]

2.3 Politische Ziele der Mittelstandsförderung

2.3.1 Zur Analyse des Zielsystems der Mittelstandsförderung

Die Mittelstandsförderung der Bundesrepublik basiert auf keiner einheitlichen, wissenschaftlichen Fundierung in Form einer größenbezogenen Strukturpolitik.[57] Eine geringe wissenschaftliche Fundierung ist für die praktische Wirtschaftspolitik, gerade auch im Bereich der Strukturpolitik, nicht neu.[58] Sie beruht grundsätzlich auf der Tatsache, daß wirtschaftspolitische Entscheidungen in erster Linie nicht aufgrund von theoretischen Überlegungen gefällt werden, sondern das Ergebnis des politischen Willensbildungsprozesses sind. Die politische Willensbildung kann theoretische Überlegungen mit einbeziehen, sie muß es aber nicht. In der Praxis wird sie durch konkrete Problemlagen und Sachverhalte induziert und basiert in ihren Ergebnissen auf Mehrheitsverhältnisse in politischen Entscheidungsorganen.[59]

Die Mittelstandsförderung richtete und richtet sich in der Bundesrepublik aus diesen Gründen in der Regel danach, was wirtschaftspolitisch "im Trend lag". Das heißt, sie orientierte sich daran, was von Wirtschaftspolitikern in den einzelnen Phasen der volkswirtschaftlichen Entwicklung als wichtig oder vorrangig angesehen wurde. Daher haben sich die Oberziele der Mittelstandsförderung im Zeitablauf immer wieder verändert: So standen in den 50er und 60er Jahren gesellschafts- und wettbewerbspolitische Ziele im Vordergrund, in den 70er Jahren erfolgte eine stärkere Betonung von strukturpolitischen Zielen und in den 80er

---

55 Zum Teil eigene Berechnungen anhand des Datenmaterials aus Statistisches Bundesamt (Hrsg.): Handwerkszählung 1995, 1996, S. 6.

56 Vgl. dazu die Ausführungen in Kapitel 2.4.3.3 dieser Arbeit.

57 Vgl. Klemmer, P. u.a.: Mittelstandsförderung, 1996, S. 29; Riedl, E.: Ziele, 1988, S. 45.

58 Vgl. Hamm, W.: Strukturpolitik, 1977, S. 489.

59 Vgl. Happe, F.: Mittelstandspolitik, 1979, S. 35.

Jahren wurde die Mittelstandsförderung in zunehmenden Maße unter wachstums- und beschäftigungspolitischen Gesichtspunkten betrachtet.[60]

Überraschender Weise zogen diese Veränderungen der Oberziele der Mittelstandsförderung im Zeitablauf relativ geringe Veränderungen im Bereich der Unterziele und Instrumente nach sich. Der Grund dafür liegt darin, daß das bestehende Instrumentarium bei einer Veränderung der Oberziele in den meisten Fällen unverändert beibehalten und lediglich um den neuen Zielsetzungen entsprechende Maßnahmen ergänzt wurde.[61] Einerseits ist dadurch eine Steigerung der Komplexität und eine Verringerung der Transparenz der Mittelstandsförderung im Zeitablauf festzustellen.[62] Andererseits kann sich eine Inkonsistenz der Mittelstandsförderung ergeben, da es fraglich ist, inwieweit alte Instrumente und Unterziele mit neuen Oberzielen vereinbar sind.[63]

Das Zielsystem der Mittelstandsförderung ist somit nicht das Ergebnis einer logischen Deduktion, indem untergeordnete Ziele und Instrumente aus übergeordneten Zielen abgeleitet werden, sondern vielmehr das Ergebnis einer geschichtlichen Entwicklung. Diese basiert nicht in erster Linie auf wissenschaftlichen Überlegungen, sondern auf politischen Entscheidungen. Für eine Analyse des Zielsystems der Mittelstandsförderung ergeben sich daraus einige Probleme: Die Mittelstandsförderung verfügt über eine Vielzahl von unterschiedlichen Zielen. Die Zuordnung dieser Ziele zueinander, d.h. die Zielhierarchie ist häufig unklar. Und in der Regel trifft man auf relativ unpräzise oder uneinheitliche Zielformulierungen.[64]

Aus politischer Sicht kann dabei eine Formulierung eines undurchsichtigen Zielsystems durchaus rational sein. So kann eine solche Zielformulierung dazu dienen, tatsächliche Ziele bewußt zu verschleiern, um durch die Vorspiegelung eventuell populärerer Ziele, einer Maßnahme in der Öffentlichkeit Akzeptanz zu verschaffen.[65] Für eine ökonomische Untersuchung stellt sie jedoch ein schwerwiegendes Problem dar. Es ist daher ratsam, im Rahmen einer wissenschaftliche Analyse, eine Beschränkung auf ein bestimmtes Oberziel der Mittelstandsförderung vorzunehmen und in Hinblick auf dieses Ziel die Zielhierarchie möglichst

---

60 Vgl. Schmitdt, M.: Ziele, 1988, S. 61 ff.; Riedl, E.: Ziele, 1988, S. 53 ff.

61 Vgl. Happe, F. Mittelstandspolitik, 1979, S. 38; Schmidt, M.: Ziele, 1988, S. 20.

62 Die Zunahme der Komplexität und der Intransparenz der Mittelstandsförderung im Zeitablauf führte in den 90er Jahren zu Forderungen von Unternehmern, Verbänden und wissenschaftlichen Instituten die Mittelstandsförderung zu straffen und zu vereinfachen (vgl. Arbeitsgruppe des Bundes und der Länder: Verbesserung, 1995, S. 1).

63 Eine Überprüfung der Konsistenz und Transparenz der Mittelstandsförderung findet sich bei Klemmer, P. u.a.: Mittelstandsförderung, 1996.

64 Vgl. Klemmer, P. u.a.: Mittelstandsförderung, 1996, S. 102.

65 Vgl. Arnim, H. H. v.: Subventionen, 1986, S. 87.

genau zu bestimmen. Daß dabei Probleme auftreten und Abstriche in Kauf genommen werden müssen, sollte in Hinblick auf die Entstehungsgeschichte der Mittelstandsförderung deutlich geworden sein.

Die vorliegende Arbeit konzentriert sich auf das Ziel der Beschäftigungsförderung; die Mittelstandsförderung wird als ein Instrument zur Schaffung von Arbeitsplätzen, als ein Instrument der Beschäftigungspolitik[66] betrachtet. Dieses Oberziel steht seit Mitte der 80er Jahre im Vordergrund von Begründungen für eine eigenständige Subventionierung von Kleinunternehmen und ist heute als zentrales Ziel der Mittelstandsförderung allgemein anerkannt.[67]

Die Dominanz der beschäftigungspolitischen Oberzielsetzung ist so stark, daß in der Literatur auch von einem mittelstandspolitischen Konzeptionswechsel seit Mitte der 80er Jahre gesprochen wird.[68] Dieses neue mittelstandspolitische Konzept wird auch mit dem Begriff "beschäftigungsorientierte Strukturpolitik" belegt.[69] Dieser Begriff ist etwas mißverständlich. Gemeint ist, daß sich die Strukturpolitik als Gesamtheit aus beschäftigungspolitischer Sicht auf Kleinunternehmen konzentrieren sollte, da davon ausgegangen wird, daß in erster Linie diese Unternehmen neue Arbeitsplätze schaffen.[70] Die Mittelstandsförderung stellt in diesem Sinne einen Teilbereich einer beschäftigungsorientierten Strukturpolitik dar.

An dieser Stelle muß einer Fehlinterpretation vorgebeugt werden, die sich aus der Bezeichnung der beschäftigungsorientierten Strukturpolitik als mittelstandspolitische Konzeption ergeben kann: Dieses Konzept der Mittelstandsförderung stellt weder eine neue theoretische Grundkonzeption dar, noch geht mit ihr eine grundsätzliche Umgestaltung der Instrumente der Mittelstandsförderung einher. Neu für die Mittelstandsförderung ist, daß neben den bereits bestehenden Oberzielen ein weiteres Oberziel tritt, nämlich das Ziel der "Schaffung und Sicherung dauerhafter Beschäftigung"[71].

Auf der Ebene der Instrumente und Unterziele ist hingegen keine einschneidende Veränderung zu konstatieren. Da frühere Phasen auf die Struktur der För-

---

66 Unter dem Begriff "Beschäftigungspolitik" sind alle wirtschaftspolitischen Maßnahmen zu verstehen, die der Beseitigung von Arbeitslosigkeit dienen (vgl. Müller, R.; Röck, W.: Wachstumspolitik, 1992, S. 19).

67 Vgl. BMWi (Hrsg.): Verhältnis, 1999, S. 9; Arbeitsgruppe des Bundes und der Länder: Verbesserung, 1995, S. 2 sowie Klemmer, P. u.a.: Mittelstandsförderung, 1996, S. 100.

68 Vgl. Schmidt, M.: Ziele, 1988, S. 91.

69 Die Verwendung dieses Begriffes im Zusammenhang mit der Förderung von Kleinunternehmen geht auf Ewers zurück, vgl. dazu z.B. Ewers, H.-J.: Ansatzpunkt, 1984.

70 Vgl. Ewers, H.-J.: Ansatzpunkt, 1984, S. 106 ff.

71 Klemmer, P. u.a.: Mittelstandsförderung, 1996, S. 101; vgl. Arbeitsgruppe des Bundes und der Länder: Verbesserung, 1995, S. 2.

derung damit weiterhin einen evidenten Einfluß ausüben, ist eine Analyse des Zielsystems einer beschäftigungsorientierten Mittelstandsförderung ohne eine Betrachtung der Entstehungsgeschichte der Förderung kaum möglich. Aus diesem Grund soll im folgenden eine Betrachtung der Ursprünge der Mittelstandsförderung einer Analyse des Zielsystems vorangestellt werden.

2.3.2 Exkurs: Ursprünge der Mittelstandsförderung

Seit etwa 1950 kann man in Deutschland von Mittelstandspolitik als eigenständig abgrenzbarem Bereich der Wirtschaftspolitik sprechen.[72] Die Ursprünge der Mittelstandspolitik reichen allerdings erheblich weiter zurück und zwar in die Zeit der zunehmenden Industrialisierung, in der Mitte des vorigen Jahrhunderts. Die industrielle Revolution und die damit einhergehende Entstehung großbetrieblicher Strukturen stellte für das – damals das produzierende Gewerbe dominierende – Handwerk einen erheblichen Konkurrenzfaktor dar.[73] Der Strukturwandel bedeutete für das Handwerk einen dramatischen Schrumpfungsprozeß, an dessen Ende in vielen Fällen der soziale Abstieg des selbständigen Handwerksmeisters stand.[74] Die rasante Entwicklung der Großunternehmen und der Niedergang des kleinbetrieblich strukturierten Handwerks führte in dieser Zeit zu ersten Prognosen, die das völlige Verschwinden von Kleinunternehmen und eine quasi gesetzmäßige Entwicklung hin zu Monopolen voraussagten.[75]

In ihren Ergebnissen nicht ganz so drastisch, aber dennoch in der Tendenz ähnlich, sind die Aussagen der sogenannten Konzentrationstheorie[76], die bis zur Mitte der 70er Jahre dieses Jahrhunderts die Mittelstandsökonomie dominierte.[77] In ihren Grundzügen geht sie auf *Joseph A. Schumpeter* zurück und wurde u.a. von *Lilenthal, Villard, Bombach und Gailbraith* weiter ausgearbeitet und vertreten.[78]

Die Konzentrationstheorie geht von der Auffassung aus, daß Großunternehmen eine höhere ökonomische Effizienz aufweisen als Kleinunternehmen, da Großunternehmen den Herausforderungen, die der technische Fortschritt mit sich

---

72 Vgl. ; Riedl, E.: Ziele, 1988, S. 45 sowie Schmidt, M.: Ziele, 1988, S. 11.
73 Vgl. Riedl, E.: Ziele, 1988, S. 46.
74 Vgl. Endress, R.: Handwerksbetriebe, 1993, Sp. 1619.
75 Eine der ersten Vertreter dieser Hypothese war Karl Marx; vgl. Riedl, E.: Ziele, 1988, S. 46.
76 Diese Bezeichnung verwendet Brühl: W.: Zukunft, 1988, S. 26.
77 Vgl. Bartel, R.: Organisationsgrößenvorteile, 1990, S.136.
78 Vgl. Bade, F.-J.: Bedeutung, 1987, S. 71.

bringt, besser gewachsen sind. Zur Begründung dieser Behauptung werden in erster Linie folgende Hypothesen angeführt:[79]

- Nur Großunternehmen sind in der Lage, die notwendigen finanziellen, apparativen und intellektuellen Kapazitäten zur Verfügung zu stellen, die für eine systematische und kontinuierliche Forschung notwendig sind;
- Großunternehmen weisen dadurch im Vergleich zu Kleinunternehmen ein relativ höheres Ausmaß an technischem Fortschritt auf, was sich positiv auf ihre Wettbewerbs- und Wachstumsfähigkeit auswirkt;
- die Einführung eines technischen Fortschritts erhöht tendenziell die optimale Losgröße und damit auch die optimale Betriebsgröße (Zentralisierungswirkung des technischen Fortschritts);
- moderne Technologien bringen häufig die Anwendung von Massenproduktion in der Fertigung mit sich, was wiederum zu Produktionsvorteilen hoher Los- und Betriebsgrößen führt.

Auf der Grundlage dieser Hypothesen wird im Rahmen der Konzentrationstheorie gefolgert, daß Großunternehmen wettbewerbs- und leistungsfähiger sind als Kleinunternehmen. Kleinunternehmen weisen danach größenbedingte Nachteile auf, die sie durch Vorteile aufgrund ihrer geringen Größe nicht kompensieren können und sind ineffizienter und wachstumsschwächer als Großunternehmen.[80] Die Folge des durch technischen Fortschritt induzierten Strukturwandels soll daher ein zunehmender Konzentrations- und Zentralisierungsprozeß sein.[81] Während in diesem Prozeß Großunternehmen die Richtung der gesamtwirtschaftlichen Entwicklung bestimmen, haben sich Kleinunternehmen den Großunternehmen anzupassen, so daß für sie lediglich Rollen als Zulieferer und Serviceleister verbleiben. In diesem Prozeß sind es nach Ansicht der Konzentrationstheorie die Großunternehmen, die von dem durch technischen Fortschritt induzierten Strukturwandel profitieren, was sich in einer höheren Rentabilität, Produktivität und höheren Investitionsquoten dieser Unternehmen niederschlägt.[82]

Die große Bedeutung der Konzentrationstheorie in der Ökonomie ist darauf zurückzuführen, daß sie sowohl von renommierten Wissenschaftlern als auch von praktisch allen Vertretern des Keynsianismus vertreten wurde.[83] Inwieweit die Konzentrationstheorie empirisch fundiert ist und ob ihre Schlussfolgerungen als richtig angesehen werden können, soll hier dahin gestellt bleiben. Wichtig für ein

---

79 Vgl. Brühl, W.: Zukunft, 1988, S. 26 f.; Bartel, R.: Organisationsgrößenvorteile, 1990, S.136.

80 Vgl. Brühl, W.: Zukunft, S. 27.

81 Vgl. Riedl, E.: Ziele, 1988, S. 46.

82 Vgl. dazu ausführlich Brühl, W. Zukunft, 1988, S. 27.

83 Vgl. Bade, F.-J.: Bedeutung, 1987, S. 71.; Brühl, W.: Zukunft, 1988, S. 26.

Verständnis des Zielsystems der Mittelstandsförderung ist, daß sie auch in der Politik lange Zeit als allgemein gültig akzeptiert wurde.[84]

Sowohl in der Ökonomie als auch in der Politik war lange Zeit die Überzeugung übermächtig, "daß Größe eine conditio sine qua non für wirtschaftliche Effizienz und Leistungsfähigkeit"[85] ist. Diese Anschauung wird beispielhaft auch im folgendem Zitat aus der Mittelstandsfibel des Bundesministeriums für Wirtschaft und Finanzen aus dem Jahre 1972 deutlich:

> "Das sind die Kennzeichen unserer Zeit: Der Verbraucher kann sich mehr und mehr leisten. Die Technik nimmt einen ungeahnten Aufschwung. Europa ringt um seine Einheit. Viele Länder und internationale Organisationen arbeiten wirtschaftlich zusammen. Märkte verflechten sich über Ländergrenzen und Kontinente hinweg. Altes fällt. Strukturen wandeln sich. Bei diesem Tempo kommen Großbetriebe oft besser mit. Der kleine und mittlere Unternehmer hat es oft schwerer."[86]

Die Annahme, daß Kleinunternehmen aufgrund von größenbedingten Nachteilen ineffizient und wachstumsschwach sind, war in unterschiedlicher Ausprägung und mit unterschiedlichen Auswirkungen bis in die 70er und 80er Jahre ein wichtiger Anknüpfungspunkt der Mittelstandsförderung.[87] Bei diesem Hintergrund war es das primäre Ziel der Mittelstandsförderung, größenbedingte Nachteile auszugleichen; dadurch sollte die Position von Kleinunternehmen im Strukturwandel gestärkt und der unter Wettbewerbsbedingungen zu erwartenden Unternehmenskonzentration entgegengewirkt werden.[88] In diesem Sinne ist eine an der Konzentrationstheorie orientierte Mittelstandsförderung eine konservierende, gegen den Wandel der unternehmensgrößenbezogenen Wirtschaftsstruktur gerichtete, Strukturpolitik. Insofern kann man auch von einer Politik des "Mittelstandsschutzes" sprechen.[89]

Vor dem Hintergrund der Konzentrationstheorie wurde eine Politik des Mittelstandsschutzes lange Zeit in Hinblick auf die wirtschafts- und gesellschaftspolitischen Funktionen kleiner und mittlerer Unternehmen für notwendig gehalten. "Die staatliche Förderung kleiner und mittlerer Betriebe hat nicht den Zweck, eine bestimmte Schicht der Gesellschaft um ihrer selbst willen zu erhalten. Leistungsfähige mittelständische Unternehmen tragen vielmehr entscheidend zum Erfolg der Volkswirtschaft bei."[90]

---

84 Vgl. Brühl, W.: Zukunft, 1988, S. 26.
85 Bade, F.-J.: Bedeutung, 1987, S. 71.
86 Bundesministerium für Wirtschaft und Finanzen: Mittelstandsfibel, 1972, S. 8.
87 Vgl. BMWi (Hrsg.): Verhältnis, 1999, S. 9; Riedl, E.: Ziele, 1988, S. 53.
88 Vgl. Klemmer, P. u.a.: Mittelstandsförderung, 1999, S. 29 f.
89 Vgl. Schmidt, M.: Ziele, 1988, S. 64.
90 Bundesministerium für Wirtschaft und Finanzen: Mittelstandsfibel, 1972, S. 8.

Welche gesamtwirtschaftlichen Funktionen kleiner und mittlerer Unternehmen dabei im Vordergrund einer Begründung für eine Politik des Nachteilsausgleichs angeführt wurden, unterlag im Zeitablauf immer wieder Veränderungen.[91] An dieser Stelle wird die bereits angesprochene Varianz der Oberziele bei gleichzeitiger Konstanz der Unterziele deutlich: Während sich die Primärziele der Instrumente relativ konstant an dem Ziel des Nachteilsausgleich orientierten und bis heute orientieren,[92] haben sich die Endziele der Förderung, d.h. die Begründungen warum überhaupt ein Nachteilsausgleich erfolgen soll, immer wieder verändert. Und zwar richteten sich diese Veränderungen danach, welche gesamtwirtschaftlichen Funktionen kleiner und mittlerer Unternehmen in den unterschiedlichen Phasen wirtschaftspolitischer Schwerpunktsetzung in der Bundesrepublik als wichtig für die gesamtwirtschaftliche Entwicklung angesehen wurden.[93]

Die Orientierung der Mittelstandsförderung auf Ebene der Unterziele am Nachteilsausgleich ist bis heute erhalten geblieben.[94] Ohne Kenntnisse der Ursprünge der Mittelstandsförderung läßt sich jedoch diese Orientierung nur schwer erklären, da sie aus Oberzielen der heutigen Förderung nur schwer abzuleiten ist.

2.3.3 Das Zielsystem einer beschäftigungsorientierten Mittelstandsförderung

2.3.3.1 Die Ebene der Oberziele: Beschäftigungsförderung

Etwa seit Mitte der 80er Jahre wird die Mittelstandsförderung auch unter beschäftigungspolitischer Zielsetzung betrachtet.[95] Aufgrund des zunehmenden Problems der Massenarbeitslosigkeit tritt seit diesem Zeitpunkt eine neue gesamtwirtschaftliche Funktion kleinerer Unternehmen in das Zentrum von Begründungen der Mittelstandsförderung, nämlich die beschäftigungspolitische Bedeutung von Kleinunternehmen und Existenzgründern.

Die Ziele der Mittelstandsförderung sind auf Bundesebene nicht gesetzlich fixiert. Dies gilt auch für das Beschäftigungsziel.[96] Dennoch ist diese Zielsetzung

---

91 Vgl. Schmidt, M.: Ziele, 1988, S. 22 u. S. 61 ff.; Langen, W.: Grundlagen, 1977, S. 127 ff.

92 Vgl. Klemmer, P. u.a.: Mittelstandsförderung, 1996, S. 31 und S. 100.

93 Vgl. dazu ausführlich Schmidt, M.: Ziele, 1988, S. 61 ff. sowie Riedl, E..: Ziele, 1988, S. 53 f. und Klemmer, P. u.a.: Mittelstandsförderung, 1996, S. 29 f.

94 Vgl. dazu z.B. Arbeitsgruppe des Bundes und der Länder: Verbesserung, 1995, S. 2.

95 Vgl. Schmidt, M.: Ziele, 1988, S. 91 ff.; Riedl, E.: Ziele, 1988, S. 53.

96 In einigen Bundesländern ist dies anders. So basiert z.B. die Mittelstandsförderung in Niedersachen im wesentlichen auf dem “Gesetz zur Förderung kleiner und mittle-

heute im Rahmen des Zielsystems der Mittelstandsförderung unumstritten, da sie in den verschiedensten Publikationen von öffentlicher Seite immer wieder eigenständig hervorgehoben wird.[97] Was darunter allerdings genau zu verstehen ist, bleibt relativ unklar. Zumeist wird unbestimmt von dem Ziel der Schaffung und Sicherung von Ausbildungs- und Arbeitsplätzen oder von der Schaffung und Sicherung dauerhafter Beschäftigung gesprochen. So heißt es z.B. in einer Publikation des Bundeswirtschaftsministeriums zu den Zielen der Mittelstandsförderung:

> "Ziel der Mittelstandsförderung ist die Verbesserung der Wettbewerbsfähigkeit des Mittelstandes über eine Stärkung der Leistungs- und Innovationsfähigkeit von Existenzgründungen und kleinen und mittleren Unternehmen. Damit soll auch ein wesentlicher Beitrag zur Schaffung und Sicherung von Arbeits- und Ausbildungsplätzen geleistet werden."[98]

Durch eine Steigerung der Leistungs- und Wettbewerbsfähigkeit von kleineren Unternehmen will man also Beschäftigung schaffen und sichern. Auffällig ist dabei das Wort "auch". Die Steigerung der Wettbewerbs- und Leistungsfähigkeit von Kleinunternehmen dient also nicht nur der Beschäftigungsförderung, offensichtlich verfügt die Mittelstandsförderung auch über andere Zielsetzungen, die hier nicht genannt werden, jedoch auf der gleichen Ebene liegen wie das Ziel der Beschäftigungsförderung.[99]

Die Beschäftigungspolitische Oberzielsetzung der Mittelstandsförderung läßt sich gut in das Zielsystem der allgemeinen Wirtschaftspolitik einordnen. In der Bundesrepublik existieren zwei Gesetze, die einen Katalog allgemeiner wirtschaftspolitischer Ziele enthalten: das Gesetz über die Bildung des Sachverständigenrates zur Begutachtung der gesamtwirtschaftlichen Lage aus dem Jahre 1963 und das Gesetz zur Förderung der Stabilität und des Wachstums in der Bundesrepublik (Stabilitäts- und Wachstumsgesetz).[100] Als allgemeines wirtschaftspolitisches Ziel wird das Beschäftigungsziel in der Bundesrepublik in beiden Gesetzen erwähnt. Im Stabilitäts- und Wachstumsgesetz heißt es z.B. in §1:

---

rer Unternehmen", das gleiche gilt in Bayern für das "Mittelstandsförderungsgesetz". Einen Überblick über die Mittelstandspolitik auf Länderebene, findet sich in BMWi (Hrsg.): Schwerpunkte, 1995.

97 Vgl. Klemmer, P. u.a.: Mittelstandsförderung, 1996, S. 100; vgl. dazu auch BMWi (Hrsg.): Verhältnis, 1999, S. 9.

98 Arbeitsgruppe des Bundes und der Länder: Verbesserung, 1995, S. 2.

99 Zu den unterschiedlichen Zielen der Mittelstandsförderung vgl. Schmidt, M.: Ziele, 1988; Riedl, E.: Ziele, 1988; Langen, W.: Grundlagen, 1977 und auf Ebene der Bundesländer BMWi (Hrsg.): Schwerpunkte, 1995.

100 Vgl. Müller, R.; Röck, W.: Wachstumspolitik, 1992, S. 23.

"Bund und Länder haben bei ihren wirtschafts- und finanzpolitischen Maßnahmen die Erfordernisse des gesamtwirtschaftlichen Gleichgewichts zu beachten. Die Maßnahmen sind so zu treffen, daß sie im Rahmen einer marktwirtschaftlichen Ordnung gleichzeitig zur Stabilität des Preisniveaus, zu einem hohen Beschäftigungsstand und außenwirtschaftlichem Gleichgewicht bei stetigem und angemessenem Wirtschaftswachstum beitragen."

Das Ziel "hoher Beschäftigungsstand" wird also expressis verbis neben anderen wirtschaftspolitischen Zielen genannt. Dieses Ziel wird an manchen Stellen auch mit dem Begriff "Vollbeschäftigungsziel" belegt, wobei unklar ist, was unter Vollbeschäftigung genau zu verstehen ist, wenn man diese anhand der Arbeitslosenquote quantifizieren will.[101] Als allgemeine, wirtschaftspolitische Zielsetzung gilt das Ziel eines "hohen Beschäftigungsstandes" jedoch als unumstritten und zwar sowohl aus ökonomischen als auch aus gesellschaftspolitischen Gründen:[102]

Aus ökonomischer Sicht bedeutet Arbeitslosigkeit eine Verschwendung knapper Ressourcen. Ein Abbau von Arbeitslosigkeit stellt eine Verbesserung des gesamtwirtschaftlichen Produktionspotentials dar und trägt somit zu Wirtschaftswachstum und zur Maximierung der gesamtwirtschaftlichen Wohlfahrt bei. Hinzu kommt, daß mit Arbeitslosigkeit finanzielle Belastungen der öffentlichen Haushalte und Para-fisci einhergehen.

Aus gesellschaftspolitischer Sicht kann Arbeitslosigkeit eine Verelendung weiter Bevölkerungskreise und eine Desillusionierung durch das Gefühl der Nutzlosigkeit bedeuten; beides kann den sozialen Frieden stören und Ursache für gesellschaftspolitische Verwerfungen sein.[103] Dennoch unterliegt auch das Beschäftigungsziel Einschränkungen, was in §1 des Stabilitäts- und Wachstumsgesetzes durch das Adjektiv hoher statt höchster Beschäftigungsstand zum Ausdruck kommt. Dies gilt auch für eine Beschäftigungsförderung im Rahmen der Mittelstandsförderung.

Diese Einschränkungen ergeben sich grundsätzlich aus konkurrierenden Zielsetzungen. Es ist nicht sinnvoll, den maximal höchsten Beschäftigungsstand anzustreben, da damit der Erfüllungsgrad anderer wirtschafts- oder gesellschaftspolitischer Zielsetzungen in Mitleidenschaft gezogen wird. Sinnvoller ist es, wirtschaftspolitische Maximalziele unter Nebenbedingungen zu formulieren, wobei in den Nebenbedingungen konkurrierende Zielsetzungen zum Ausdruck kommen.[104]

---

101 Vgl. Müller, R.; Röck, W.: Wachstumspolitik, 1992, S. 30 ff.
102 Vgl. dazu z.B. Kromphardt, J.: Wachstum, 1977, S.12 f.
103 Vgl. Siebert, H.: Arbeit, 1995, S. 21.
104 Vgl. Giersch, H.: Wirtschaftspolitik, 1961, S. 271.

So könnte z.B. eine möglichst hohe Beschäftigung unter den Nebenbedingungen, daß die marktwirtschaftliche Ordnung nicht in Mitleidenschaft gezogen wird, daß kein Rückgang des Bruttosozialproduktes zu verzeichnen ist und die Inflationsrate nicht über eine bestimmte kritische Marke steigt, zum Ziel erklärt werden. In diesen beispielhaft genannten Nebenbedingungen kommen die gesamtwirtschaftlichen Kosten zum Ausdruck, die der wirtschaftspolitische Entscheidungsträger maximal bei Erreichung des vorgegebenen Ziels hinzunehmen bereit ist.[105]

Ohne die Formulierung solcher Nebenbedingungen macht eine Analyse der Effizienz der Mittelstandsförderung in bezug auf das Beschäftigungsziel keinen Sinn. Aufgrund des Charakters dieses Zieles als Maximalziel fehlt es schlicht an der "Kostenkomponente", die für Optimierungsüberlegungen notwendig ist. Das Zielsystem der Mittelstandsförderung ist allerdings nicht so präzise formuliert, als daß es über eine Zielformulierung der oben dargestellten Art und damit über konkrete und quantifizierbare Nebenbedingungen verfügt. Diese sind jedoch für eine Effizienzanalyse notwendig.[106]

Im Rahmen der Mittelstandsförderung wird verhältnismäßig unbestimmt von der Schaffung neuer Arbeitsplätze gesprochen. Diese Lücke muß für die vorliegende Arbeit geschlossen werden. Dazu soll im folgenden eine Einordnung der Beschäftigungspolitik in das Zielsystem der Wirtschaftspolitik erfolgen, um dann in einem zweiten Schritt durch die Eingrenzung der Analyse auf einen bestimmten Teilbereich der Beschäftigungspolitik einen Beurteilungsmaßstab für eine Effizienzanalyse zu erlangen.

Für das Zielsystem der Wirtschaftspolitik haben gesellschaftliche Grundwerte eine fundamentale Bedeutung. Als solche werden in "westlichen Industrienationen" im allgemeinen Freiheit, Gerechtigkeit, Sicherheit und an einigen Stellen auch Frieden und Fortschritt bezeichnet.[107] Aus diesen Grundwerten sind die Ziele der Wirtschaftspolitik abzuleiten. Allgemeine Ziele der Wirtschaftspolitik

---

105 Vgl. Giersch, H.: Wirtschaftspolitik, 1961, S. 271.

106 Dieser Umstand erschwert eine Analyse der Konsistenz des Zielsystems der Mittelstandsförderung, auch in Hinblick auf das Beschäftigungsziel. Eine Analyse der Konsistenz, wie auch eine Untersuchung der Effizienz der Mittelstandsförderung, verlangt die Benennung konkreter, überprüfbarer Unterziele und eine klare Zielhierarchie. Da sich die Ziele auf einem abstraktem Niveau befinden, werden sie gegen eine Analyse ihrer Konsistenz quasi immunisiert, so daß Konsistenzanalysen des Zielsystems und damit auch Effizienzanalysen der Instrumente in Hinblick auf dieses Zielsystem nur eingeschränkt möglich sind (vgl. Klemmer, P. u.a.: Mittelstandsförderung, 1996, S. 102 f.).

107 Vgl. Giersch, H.: Wirtschaftspolitik, 1961, S. 81.

haben in bezug auf gesellschaftliche Grundwerte instrumentellen Charakter, sie sind ihnen untergeordnet. Dies gilt auch für das Beschäftigungsziel.[108]

Obwohl gesellschaftliche Grundwerte auch ökonomische Aspekte beinhalten und im Bereich der Wirtschaftsordnung fundamentale Bedeutung entfalten, ist es kaum möglich, aus ihnen logisch zwingend verbindliche wirtschaftspolitische Ziele zu deduzieren.[109] Die Theorie der Wirtschaftspolitik benutzt daher die Annahme, daß die Maximierung der ökonomischen Wohlfahrt zur Verwirklichung gesellschaftlicher Grundwerte positiv beiträgt.[110] Aus dem Ziel der Wohlfahrtsmaximierung werden in einem zweiten Schritt Ziele abgeleitet, die auch als Globalziele der Wirtschaftspolitik bzw. wirtschaftliche Grundziele bezeichnet werden. In der Literatur existieren dazu unterschiedliche Einteilungen. Gebräuchlich ist eine Unterteilung, die ursprünglich aus dem Bereich der Finanzwissenschaft stammt und auf *Musgrave* zurückgeht. Danach gelten als Globalziele der Wirtschaftspolitik, das Allokations-, das Distributions- und das Stabilisierungsziel.[111]

Das Ziel eines "hohen Beschäftigungsstandes" ist grundsätzlich den Globalzielen der Wirtschaftspolitik untergeordnet. Beschäftigungspolitik läßt sich also aus allokations-, distributions- oder stabilisierungspolitischen Motiven heraus verfolgen. An manchen Stellen wird das Beschäftigungsziel aufgrund seiner Nennung in §1 des Stabilitäts- und Wachstumsgesetzes auch ausschließlich dem Stabilisierungsziel zugeordnet.[112]

Letztlich gilt jedoch, daß die genannten Ziele Allokation, Distribution und Stabilisierung nicht auf der gleichen logischen Ebene liegen. Aus dem Oberziel der Maximierung der gesellschaftlichen Wohlfahrt lassen sich allgemein nur zwei ökonomische Ziele der Wirtschaftspolitik ableiten, nämlich die Ziele

- eines möglichst effizienten Faktoreinsatzes (Allokationsziel) und
- einer möglichst gerechten Verteilung der Ergebnisse des Faktoreinsatzes (Distributionsziel).[113]

Alle wirtschaftspolitischen Ziele des Stabilitäts- und Wachstumsgesetztes (auch das Stabilisierungsziel selbst) lassen sich auf diese zwei ökonomischen Grundprobleme zurückführen.[114] Dies gilt auch für das Beschäftigungsziel.

---

108 Vgl. Tuchtfeld, E.: Wirtschaftspolitik, 1982, S. 183.

109 Vgl. Berg, H.; Cassel, D.: Theorie, 1992, S. 198; vgl. dazu auch Albers, W.: Ziele, S. 126.

110 Vgl. Giersch, H.: Wirtschaftspolitik, 1961, S. 85 ff.; Tuchtfeld, E.: Wirtschaftspolitik, 1982, S. 182 f.; Berg, H.; Cassel, D.: Theorie, 1992, S. 198 f.

111 Vgl. Musgrave, R. A.: Finanztheorie, 1964, S. 3 ff.; Als Kritik zu dieser Einteilung vgl. Albers, W.: Ziele, 1977, S. 129.

112 So z.B. bei Berg. H.; Cassel, D.: Theorie, 1992, S. 199 sowie bei Tuchtfeld, E.: Wirtschaftspolitik, 1982, S. 183.

113 Vgl. Andel, N.: Finanzwissenschaft, 1992, S. 17; vgl. dazu auch Sohmen, E.: Allokationstheorie, 1992, S. 2 f.

So läßt sich z.B. Vollbeschäftigung anstreben, um eine Reduktion des Gütervolumens oder eine ineffiziente Aufteilung zwischen den produzierten Gütern und Freizeit zu vermeiden. Hier ist Beschäftigungspolitik Allokationspolitik. Aus verteilungspolitischer Sicht kann hingegen ein Abbau von Arbeitslosigkeit angestrebt werden, um die relative Einkommensposition von Arbeitslosen zu verbessern.[115]

Allokation und Verteilung sind als Globalziele nicht unabhängig voneinander. Sie sind über Interdependenzen verknüpft, was zu Zielkonflikten führen kann.[116] So kann z.B. ein verteilungspolitisch motivierter Erhalt von Arbeitsplätzen durchaus negative Effekte auf die Effizienz des Faktoreinsatzes haben und damit das Allokationsziel in Mitleidenschaft ziehen. Dennoch ist die saubere Trennung beider Ziele für die ökonomische Analyse unbedingt erforderlich.[117] Dies gilt auch für eine Effizienzanalyse der Mittelstandsförderung in Hinblick auf das Beschäftigungsziel.

Das Grundproblem einer verteilungstheoretischen Analyse besteht darin, daß Verteilungsurteile nicht objektiv begründbar sind.[118] Strebt man Vollbeschäftigung unter verteilungspolitischer Zielsetzung an, so trifft man aus diesem Grund wiederum auf das oben geschilderte Optimierungsproblem. Ohne die Angabe von konkreten Nebenbedingungen läßt sich keine Analyse der Effizienz einer verteilungspolitisch motivierten Beschäftigungspolitik vornehmen, da es in diesem Fall an einem Beurteilungsmaßstab für Optimierungsüberlegungen fehlt.

Anders ist dies bei einer allokationspolitisch motivierten Beschäftigungspolitik. Hier steht mit dem Pareto-Kriterium grundsätzlich ein theoretischer Maßstab der Effizienzanalyse zur Verfügung. Aus diesen Gründen werden sich die Ausführungen dieser Arbeit auf die Frage beschränken, ob es durch Mittelstandsförderung gelingen kann, allokationspolitisch sinnvolle Arbeitsplätze zu schaffen. Obwohl sich die Analysen der vorliegenden Untersuchung nicht unmittelbar auf das Instrumentarium der paretianischen Wohlfahrtsökonomik stützen, geht es im Grundsatz um eine rein allokationstheoretische Betrachtung. Letztlich kommt es m.E. auch für eine beschäftigungsorientierte Mittelstandsförderung nicht darauf an, irgendwelche Arbeitsplätze zu schaffen, sondern ökonomisch sinnvolle Beschäftigungsfelder zu finden. Das heißt Arbeitsplätze zu schaffen, die absetzbare und gewünschte Güter produzieren und damit zu einer Steigerung der gesamtwirtschaftlichen Wohlfahrt beitragen.

---

114 Vgl. Andel, N.: Finanzwissenschaft, 1992, S. 17.

115 Vgl. zu den angeführten Beispielen auch Andel, N.: Finanzwissenschaft, 1992, S. 17.

116 Vgl. Zimmermann, H.; Henke, K.-D.: Finanzwissenschaft, 1994, S. 4.

117 Vgl. Andel, N.: Finanzwissenschaft, 1992, S. 16.

118 Vgl. Sohmen: Allokationstheorie, 1992, S. 4.

2.3.3.2 *Die Ebene der Zwischenziele: Förderung von Unternehmenswachstum in Kleinunternehmen*

Wie bereits dargestellt wurde, stand die Mittelstandsförderung aufgrund ihres konzentrationstheoretischen Hintergrundes lange Zeit vor dem Dilemma, Kleinunternehmen "aufgrund ihrer wirtschafts- und gesellschaftspolitischen Funktionen zu erhalten, ohne den notwendigen Strukturwandel in Hinblick auf die gesamtwirtschaftliche Effizienz unbillig zu behindern."[119] Man könnte daher annehmen, daß eine beschäftigungsorientierte Mittelstandsförderung daran orientiert ist, Arbeitsplätze in Kleinunternehmen zu erhalten und zu verhindern, daß diese im Prozeß des strukturellen Wandels verloren gehen. Dies ist jedoch nicht der Fall.

Bereits im Laufe der 70er Jahre wurden erste Stimmen laut, die das Paradigma einer systematischen Unterlegenheit kleinerer Unternehmen im Strukturwandel in Zweifel zogen.[120] Verstärkt wurden diese Zweifel vor allem durch empirische Untersuchungen aus den USA zur arbeitsmarktpolitischen Bedeutung von kleinen und jungen Unternehmen. Hier zeigte vor allem *Birch*, daß es seit Anfang der 70er Jahre vor allem die Gruppe der Kleinunternehmen neue Arbeitsplätze schuf, während die Gruppe der Großunternehmen eher Beschäftigung abbaute.[121]

In verschiedenen empirischen Analysen stellte *David Birch* für die USA dar, daß Kleinunternehmen nicht die Verlierer, sondern die Gewinner des strukturellen Wandels waren. Als Wachstumsindikator benutzte *Birch* in seiner Untersuchung die Beschäftigungsentwicklung.[122] Das damals äußerst überraschende Ergebnis zeigte u.a., daß[123]

- 40% aller aus Neugründungen resultierenden Arbeitsplätze von Existenzgründern, d.h. unabhängigen Einzelgründern, bereit gestellt wurden,
- 66% des Nettozuwachses an Arbeitsplätzen auf die Gruppe der Kleinunternehmen mit bis zu 20 Beschäftigten entfielen und
- bis zu 81% des Nettozuwachses an Arbeitsplätzen durch relativ junge Unternehmen, die bis zu vier Jahre alt waren, geschaffen wurden.

---

119 Dichtl, E. u.a.: Wirksamkeit, 1981, S. 31 f.; vgl. dazu auch Bundesministerium für Wirtschaft und Finanzen: Mittelstandsfibel, 1972, S. 11 sowie Riedl, E.: Ziele, 1988, S. 51.

120 Vgl. Bade, F.-J.: Bedeutung, 1987, S. 71; Bartel, R.: Organisationsgrößenvorteile, 1990, S. 136 ff.

121 Vgl. dazu Birch, D. L.: Creation, 1987 und Birch, D. L.: Jobs, 1981.

122 Von Beschäftigungssteigerungen auf eine allgemeine Wachstumsstärke zu schließen, ist allerdings nicht unproblematisch, zur Kritik vgl. Bade, F.-J.: Bedeutung, 1987, S. 73 ff.

123 Vgl. Ewers, H.-J.; Fritsch, M.; Kleine, J.: Strategien, 1984, S. 7 f.

Mit anderen Worten nach der Untersuchung von *Birch* wurden neue Arbeitsplätze in erster Linie in Betrieben geschaffen, die klein, jung und in rechtlich bzw. organisatorischer Hinsicht unabhängig waren, kurz ein eigenständiges Unternehmen darstellten.[124]

Die Ergebnisse der Untersuchungen sind sowohl in Hinblick auf die quantitativen Arbeitsplatzeffekte kleiner Unternehmen beeindruckend als auch in bezug auf die Aussagen der Konzentrationstheorie nahezu revolutionär. Es überrascht daher nicht, daß diese Untersuchung für einen Stimmungsumschwung in bezug auf Ansichten über die Wachstumsstärke kleiner Unternehmen gesorgt hat[125] und vermehrt von einer „Renaissance der Selbständigen" gesprochen wurde und wird.[126]

Für den Einfluß dieses Stimmungswechsel auf die Mittelstandspolitik ist noch eine weitere Tatsache von Bedeutung. Die Untersuchungen *Birchs* belegen die Wachstumsstärke kleiner Unternehmen anhand ihrer großen Bedeutung für die Beschäftigungsentwicklung. In den meisten westlichen Industrienationen traten im Verlauf der 70er Jahre Beschäftigungsprobleme auf, die sich bis zur Massenarbeitslosigkeit in den 80er Jahren steigerten.[127]

Natürlich sind die Untersuchungen *Birchs* nicht unkritisiert geblieben.[128] Entscheidend ist jedoch, daß sie auch in der Bundesrepublik zu einem Stimmungswechsel in bezug auf die Wachstumsstärke von Kleinunternehmen führten. Kleinunternehmen wandelten sich von Verlierern zu Gewinnern des strukturellen Wandels. Der These der Wachstumsschwäche wurde die Antithese der Wachstumsstärke entgegengesetzt.[129]

Dieser Stimmungswechsel führte auch in der Bundesrepublik in den 80er Jahren zu Forderungen Kleinunternehmen und Existenzgründern zur Ansatzstelle einer beschäftigungsorientierten Strukturpolitik zu machen: "Großunternehmen sollten nicht Adressaten einer beschäftigungsorientierten Strukturpolitik sein."[130] Konstitutive Prämisse dieser Politik ist, daß Kleinunternehmen überproportional zum Beschäftigungswachstum beitragen. Drastischer ausgedrückt, daß in aller Regel Kleinunternehmen Arbeitsplätze schaffen, während Großunternehmen Arbeitsplätzen abbauen.[131] Kleinunternehmen werden dabei – zumindest aus be-

---

124 Vgl. Ewers, H.-J.; Fritsch, M.; Kleine, J.: Strategien, 1984, S. 8.
125 Vgl. Bade, F.-J.: Bedeutung, 1987, S. 71.
126 Vgl. Brüderl, J.; Preisendörfer, P.; Ziegler, R.: Erfolg, 1998, S. 11.
127 Vgl. OECD (Hrsg.): Implementing, 1997.
128 Eine kritische Betrachtung der Untersuchungen *Birchs* findet sich z.B. bei Eckart, W., Einem, E. v.; Stahl, K.: Dynamik, 1987.
129 Vgl. Bade, F.-J.: Bedeutung, 1987, S. 71.
130 Ewers, H.-J.: Ansatzpunkt, 1984, S. 107.
131 Vgl. Ewers, H.-J.; Fritsch, M.: Bedeutung, 1985, S. 19 f.

schäftigungspolitischer Sicht – als die Gewinner des strukturellen Wandels angesehen.

Diese Form einer beschäftigungsorientierten Strukturpolitik ist damit nicht auf Strukturkonservierung, auf die Erhaltung obsolet gewordener Arbeitsplätze ausgerichtet, sondern soll durch eine Förderung des strukturellen Wandels neue Arbeitsplätze schaffen. Im Rahmen einer "Pick-The-Winner-Strategie" wird dabei auf Unternehmen gesetzt, die in erster Linie Arbeitsplätze im Prozeß des strukturellen Wandels schaffen.[132] In der Gruppe der Kleinunternehmen glaubt man ein volkswirtschaftliches Teilaggregat erkannt zu haben, das diese Voraussetzung erfüllt. Kleinunternehmen werden damit zu Adressaten und zu alleinigen Nutznießern dieser strukturpolitischen Konzeption. Diese Form einer beschäftigungsorientierten Strukturpolitik kann daher als eine mittelstandspolitische Konzeption angesehen werden.[133]

Natürlich ist es denkbar, die unterschiedlichsten Instrumente im Rahmen einer mittelstandspolitischen Konzeption einer beschäftigungsorientierten Strukturpolitik einzusetzen. Die Instrumente dieser Politik müssen sich also nicht nur auf das Instrumentenbündel der Mittelstandsförderung beschränken. So wird z.B. im Rahmen dieser Konzeption auch eine Umorientierung der Instrumentarien der regionalen und sektoralen Strukturpolitik auf Kleinunternehmen gefordert.[134] Weiterhin ist es möglich, zur Beschleunigung des strukturellen Wandels in erster Linie auf rahmenorientierte, ordnungspolitische Instrumente zu setzen. Die Mittelstandsförderung stellt mithin nur ein Instrumentenbündel dar, das im Rahmen einer beschäftigungsorientierten Strukturpolitik, welche sich auf Kleinunternehmen konzentriert, eingesetzt werden kann.

Festzuhalten ist, daß im Rahmen der mittelstandspolitischen Konzeption einer beschäftigungsorientierten Strukturpolitik zur Schaffung von Arbeitsplätzen auf Unternehmenswachstum und Unternehmensgründungen in Kleinunternehmen gesetzt wird, da man von dieser Seite in erster Linie eine Linderung des drängenden Problems der Massenarbeitslosigkeit erwartet.[135] Diese Ausrichtung wird auch aus folgender Verlautbarung des Bundesministeriums für Wirtschaft deutlich:

> "Von 1989 bis heute ist die Zahl der Handwerksunternehmen von 82.700 auf 118.000 gestiegen, die Zahl der Beschäftigten erhöhte sich von 426.000 auf knapp 1,4 Mio. auf mehr als das Dreifache. Diese Daten belegen erneut, daß ein Schlüssel für neue Arbeitsplätze in unserem Land im Aufbau neuer Betriebe im Handwerk und Mittelstand liegt."

---

132 Vgl. Ewers, H.-J.: Ansatzpunkt, 1984, S. 106 ff.; Ewers, H.-J.; Fritsch, M.: Bedeutung, 1985, S. 19 ff.

133 Vgl. Schmidt, M.: Ziele, 1988, S. 91 f.

134 Vgl. Ewers, H.-J.: Ansatzpunkt, 1984, S. 107.

135 Vgl. Ewers, H.-J.; Fritsch, M.: Bedeutung, 1985, S. 19 f.

Und weiter:

"Neue Arbeitsplätze in neuen Beschäftigungsfeldern sind auch und gerade die Domäne kleiner und mittlerer Unternehmen. Da der Mittelstand etwa 80% aller Ausbildungsplätze stellt, ist er maßgeblich der Ausbilder für eine national und international wettbewerbsfähige moderne Volkswirtschaft. Diese Potentiale mit neuen und modernisierten Berufsbildern wirksam werden zu lassen, ist Aufgabe der Mittelstandspolitik. Sie setzt auf den Vorrang für Beschäftigung."[136]

Bezeichnend für den Zusammenhang zwischen Unternehmenswachstum in Kleinunternehmen und Beschäftigung sind auch Titel von Veröffentlichungen des BMWi, wie z.B. „Den Mittelstand stärken über Eigenkapital zu Wachstum und Beschäftigung"[137] oder „Mittelstand für mehr Selbständigkeit und Beschäftigung"[138]. Auch auf Ebene der Bundesländer spielt der Zusammenhang zwischen Wachstum in Kleinunternehmen und Beschäftigung eine zentrale Rolle für das Zielsystem der Mittelstandsförderung.[139] Auch wenn die Formulierungen in öffentlichen Verlautbarungen häufig vage und wenig eindeutig sind, kann die Förderung von Unternehmenswachstum in Kleinunternehmen daher grundsätzlich als Zwischenziel einer beschäftigungsorientierten Mittelstandsförderung angesehen werden.

2.3.3.3 Die Ebene der Unterziele: Verbesserung von Wachstumshemmnissen in Kleinunternehmen

Ohne eine Erläuterung der Ursprünge der Mittelstandsförderung ist eine Darstellung der instrumentalen Ziele der Förderung kaum verständlich. Denn obwohl die beschäftigungsorientierte Mittelstandsförderung im Bereich der übergeordneten Ziele auf die Wachstumsstärke von Kleinunternehmen setzt, bezieht sie sich auf Ebene der Unterziele auf spezielle Schwächen dieser Unternehmen in einigen betriebswirtschaftlichen Funktionsbereichen, etwa bei Finanzierung, Innovation und Information.[140] Der Grund für diese Ambivalenz der Mittelstandsförderung liegt in dem bereits erläuterten Umstand, daß sich zwar die Oberziele der Mittelstandsförderung im Zeitablauf immer wieder verändert haben, die Instrumente und mit ihnen die Unterziele der Förderung jedoch relativ konstant blieben.[141]

---

136 Beide Zitate stammen aus: BMW (Hrsg.): Mittelstandspolitik, 1996, S. 3.
137 Vgl. BMWi (Hrsg.): Mittelstand, 1996.
138 Vgl. BMWi (Hrsg.): Mittelstandspolitik, 1996.
139 Vgl. BMWi (Hrsg.): Schwerpunkte, 1995.
140 Vgl. Klemmer, P. u.a.: Mittelstandsförderung, 1996, S. 29.
141 Vgl. Schmidt, M.: Ziele, 1988, S. 20.

Die Verknüpfung von Wachstums- und Beschäftigungsstärke von Kleinunternehmen auf der einen und spezifischen, größenbedingten Schwächen dieser Unternehmen auf der anderen Seite wird im folgenden Zitat plastisch dargestellt; es stammt aus einer Regierungserklärung des Jahres 1987:

> "Das Beste, was wir für mehr Beschäftigung tun können, ist die Förderung von Eigeninitiative, Selbständigkeit und Unternehmergeist. Dabei bleiben wir auf einen starken Mittelstand angewiesen. Handwerk, kleine und mittlere Unternehmen, Selbständige und freie Berufe tragen entscheidend zur Bewältigung der Herausforderungen an die deutsche Wirtschaft bei. Unsere aktive Mittelstandspolitik dient dem Ausgleich größenbedingter Nachteile."[142]

Das Argument des Nachteilsausgleichs spielt bis heute auf der Ebene der instrumentalen Ziele eine entscheidende Rolle in der Mittelstandsförderung. Allerdings wird der Begriff des größenstrukturellen Nachteils in der Literatur wie auch in der wirtschaftspolitischen Praxis recht unscharf gebraucht.[143]

Anstelle des Begriffes größenbedingter Nachteil wird je nach Untersuchungszweck bzw. je nach Oberziel der Förderung, das betrachtet wird, auch der Begriff Wettbewerbsnachteil[144] oder Wachstumshemmnis[145] verwandt. Letztlich handelt es sich dabei um größenbedingte Nachteile von Kleinunternehmen in bestimmten betrieblichen Funktionsbereichen, die sich als Wettbewerbsnachteil oder als Wachstumshemmnis auswirken. Im Bereich der beschäftigungsorientierten Mittelstandsförderung erscheint es aufgrund der wachstumspolitischen Zielsetzung der Förderung zweckmäßig, auf den Begriff Wachstumshemmnis bzw. Wachstumsengpaß zurückzugreifen.

Nicht selten wird auch positiver argumentiert. Anstelle eines Ausgleichs von Wettbewerbsnachteilen oder größenbedingten Wachstumshemmnissen, spricht die Arbeitsgruppe des Bundes und der Länder unter Vorsitz des Beauftragten der Bundesregierung für den Mittelstand z.B. von einer "Verbesserung der Wettbewerbsfähigkeit des Mittelstandes über eine Stärkung der Leistungs- und Innovationsfähigkeit von Existenzgründungen und kleinen und mittleren Unternehmen."[146] Weiter heißt es jedoch: "Die Herausforderungen an den Mittelstand wachsen infolge der Intensivierung dieses Wettbewerbs. Die Wirtschaftspolitik

142 Regierungserklärung der Bundesregierung vom 18. März 1988, zitiert nach Poeche, J. u.a.: Ziele, 1988, S. 142.

143 Vgl. Klemmer, P. u.a.: Mittelstandsförderung, 1996, S. 31.

144 Vgl. z.B. Gröbner, B.-F.: Subventionen, 1983, S. 282; BMWi (Hrsg.): Schwerpunkte, 1995, S. 2.

145 So z.B. Ewers, H.-J.: Ansatzpunkt, 1984, S. 106 f.

146 Arbeitsgruppe des Bundes und der Länder: Verbesserung, 1995, S. 2.

strebt an, Wettbewerbsnachteile von kleinen und mittleren Unternehmen gegenüber großen Unternehmen in diesem Prozeß zu vermeiden."[147]

Wie bereits erläutert, setzt die Beseitigung von Wachstumshemmnissen kleiner Unternehmen an betriebswirtschaftliche Bereiche an, in denen besondere größenbedingte Nachteile vermutet werden. In bezug auf diese Bereiche lassen sich die Programme der Mittelstandsförderung vier Förderbausteinen zuordnen:[148]

- Finanzierung
- Forschung/Technologie/Innovation
- Beratung/Qualifizierung
- Absatz

In den Bereichen der einzelnen Förderbausteine wird die oben zitierte Kommission konkreter: "Im Förderbaustein Finanzierung sind diejenigen Maßnahmen zusammengefaßt, die darauf abzielen, bestehende Finanzierungsprobleme bei Investitionen zu begegnen [...]. Besonders im Vordergrund stehen Hilfen für Existenzgründer, die über zu wenig Startkapital verfügen und für die der Zugang zum Kapitalmarkt in vielen Fällen mit besonderen Schwierigkeiten verbunden ist."[149]

Ähnlich drückt sich die Kommission im Bereich des Förderbaustein Forschung/Technologie/Innovation aus: "Die Fördermaßnahmen setzen vielmehr gezielt an den größenbedingten strukturellen Besonderheiten des Mittelstandes – wie fehlende Risikostreuung, Finanzierungsengpässe, begrenzte Möglichkeiten zur Informationsverarbeitung und Übernahme neuen technischen Wissens – an."[150]

Die Zielformulierungen der Mittelstandsförderung sind in vielen Fällen eher schwammig und wenig konkret. Auch wenn es aufgrund dieses Sachverhalts nicht unproblematisch erscheint, das Zielsystem einer beschäftigungsorientierten Mittelstandsförderung zusammenfassend darzustellen, so läßt sich dieses Zielsystem m.E. doch umreißen: Offensichtlich ist es das Ziel einer beschäftigungsorientierten Mittelstandsförderung, über Subventionen Wachstumshemmnisse (in Form von größenstrukturellen Nachteilen) zu bekämpfen, um damit Wachstum in Kleinunternehmen anzuregen, welches wiederum positive Effekte auf die gesamtwirtschaftliche Beschäftigung haben soll. Finanzierungshilfen werden in diesem Prozeß eingesetzt, um Finanzierungsengpässe von Kleinunternehmen und

---

147 Arbeitsgruppe des Bundes und der Länder: Verbesserung, 1995, S. 2.
148 Vgl. Arbeitsgruppe des Bundes und der Länder: Verbesserung, 1995, S. 3.
149 Arbeitsgruppe des Bundes und der Länder: Verbesserung, 1995, S. 4.
150 Arbeitsgruppe des Bundes und der Länder: Verbesserung, 1995, S. 13.

Existenzgründern zu beseitigen, um damit Investitionen bzw. Gründungsinvestitionen anzustoßen und positive Beschäftigungseffekte zu bewirken.

Darüber hinaus ist festzuhalten, daß die Unterziele – die Orientierung der Instrumente – der Mittelstandsförderung durch den mittelstandspolitischen Konzeptionswechsel hin zu einer beschäftigungsorientierten Strukturpolitik keine grundlegende Veränderung erfuhren. Sie orientieren sich bis heute an der Idee des Nachteilsausgleichs.[151] Fraglich ist dadurch in erster Linie, inwieweit die Unterziele der Mittelstandsförderung mit den neuen Ober- und Zwischenzielen des Konzeptes der beschäftigungsorientierten Strukturpolitik vereinbar sind.

2.4 Instrumente der Mittelstandsförderung

2.4.1 Begriffe

2.4.1.1 Subventionen

Die Instrumente der Mittelstandsförderung stellen Subventionen an Kleinunternehmen dar.[152] In der finanzwissenschaftlichen Literatur ist der Ausspruch *Andels*, "der Grenzertrag der Diskussion über den Subventionsbegriff tendiert gegen Null, nicht selten ist er sogar negativ"[153], mit Recht zu einem geflügelten Wort geworden.[154] Auch an dieser Stelle erscheint es als wenig sinnvoll, die Zweckmäßigkeit unterschiedlicher Begriffe für Subventionen und Finanzierungshilfen bzw. Investitionshilfen zu diskutieren. Es erfolgt daher lediglich eine kurze Begriffsbestimmung.[155]

Auf *A. C. Pigou* und *G. Colm* geht eine Gliederung der öffentlichen Ausgaben in zwei Kategorien zurück. Die Unterscheidung erfolgt dabei in bezug auf die reale Disposition der Ausgaben, d. h. in Hinblick auf ihre volkswirtschaftliche Wirkung. Die erste Kategorie umfaßt Ausgaben, mit denen der Staat Produktionsfaktoren kauft und damit einer privatwirtschaftlichen Verwendung entzieht. Sie werden von *Pigou* als Nicht-Transferzahlungen und von *Colm* als Verwaltungsleistungen bezeichnet.[156] Beispiele für Ausgaben dieser Art sind Zahlungen für die Beamtenbesoldung oder Ausgaben für die Renovierung des Reichstages in

---

151 Vgl. dazu Kapitel 2.3.3.3 dieser Arbeit.

152 Vgl. Kapitel 2.1.1 dieser Arbeit.

153 Andel, N.: Interventionismus, 1970, S. 4.

154 Vgl. dazu Gröbner, B. F.: Subventionen, 1983, S.10 f.

155 Eine ausführlichere Darstellung und Diskussion unterschiedlicher Subventionsbegriffe findet sich z.B. bei Reige, J.: Subventionsmanagement, 1989, S. 34 ff.

156 Vgl. Hansmeyer, K.-H.: Ausgaben, 1982, S. 568.

Berlin. Die zweite Ausgabenkategorie dient zur Umverteilung von Einkommen. Diese Ausgaben werden als Transferzahlungen bezeichnet. Transferzahlungen lassen sich wiederum dahingehend unterscheiden, ob sie an Private (z. B.: Sozialhilfe, Kindergeld) oder an Unternehmen gezahlt werden.[157] Subventionen sind Transferzahlungen an Unternehmen.[158]

Diese Eingliederung der Subventionen in die Gesamtheit der öffentlichen Ausgaben umreißt bereits eine relativ enge und instrumentbezogene Subventionsdefinition.[159] Mit unterschiedlicher Nuancierung werden Subventionen in der finanzwissenschaftlichen Literatur in diesem Sinne als Geldzahlungen oder geldwerte Leistungen der öffentlichen Hand an Unternehmen bezeichnet, von denen anstelle einer marktwirtschaftlichen Gegenleistung bestimmte Verhaltensweisen gefordert oder erwartet werden, die dazu führen sollen, die marktwirtschaftliche Allokations- und/oder Distributionsergebnisse nach politischen Zielen zu korrigieren. [160]

2.4.1.2 Finanzierungs- und Investitionshilfen

Öffentliche Finanzierungshilfen werden bereits durch ihre Benennung charakterisiert.[161] Der Zweck von Finanzierungshilfen ist eine veränderte Inanspruchnahme von Kapital durch die Subventionsempfänger,[162] womit in der Regel für Unternehmen ein Anreiz zum Investieren geschaffen werden soll. Da Finanzierungshilfen in aller Regel zur Investitionsförderung dienen, ist es möglich, die Begriffe Finanzierungshilfe und Investitionshilfe äquivalent zu verwenden bzw. den Begriff der Investitionshilfe zur Verdeutlichung der Zielsetzung von Finanzierungshilfen heranzuziehen. Letzteres ist auch im Titel der vorliegenden Arbeit geschehen.

Im Vergleich zum Begriff Finanzierungshilfe ist die Bezeichnung Investitionshilfe weniger gebräuchlich. Die Begriffe Investitionshilfe und Investitionsförderung werden in der Literatur nicht selten in Zusammenhang mit Steuererleichterungen, die auf eine Anregung der Investitionstätigkeit abzielen, genutzt, wie z.B. Abschreibungsvergünstigungen, Investitionshilfen oder Investitionszuschüs-

---

157 Vgl. Hansmeyer, K.-H.: Ausgaben, 1982, S. 568.
158 Vgl. Hansmeyer, K.-H.: Transferzahlungen, 1977, S. 960.
159 Vgl. Andel, N.: Subventionen, 1977, S. 491 f.
160 Vgl. Hansmeyer, K.-H., Transferzahlungen, 1977, S. 963; Andel, N.: Subventionen, 1977, S. 491 f.; Alewell, K.: Subventionen, 1993, Sp. 4111.
161 Eine ausführliche Diskussion des Begriffes "Finanzierungshilfe" findet sich bei Dickertmann, D. : Finanzierungshilfen, 1980, S. 48 ff.
162 Vgl. Dickertmann, D.: Finanzierungshilfen, 1980, S. 31 ff.

se.[163] Da Steuererleichterungen dieser Art aus dem Blickwinkel der Investitionsfinanzierung auch als Steuerkredite bzw. Zuschüsse zur Finanzierung einer Investition angesehen werden können, werden sie an anderer Stelle auch als (steuerliche) Finanzierungshilfen bezeichnet.[164] Eine Differenzierung zwischen Investitionshilfen auf der einen und Finanzierungshilfen auf der anderen Seite kann insofern unterbleiben. Die vorliegende Arbeit verwendet aus diesem Grund im weiteren Verlauf den Begriff Finanzierungshilfe und subsumiert unter diesen auch steuerliche Investitionshilfen.

In der Subventionspraxis existieren öffentliche Finanzierungshilfen in unterschiedlicher Ausgestaltung.[165] Für die Mittelstandsförderung haben folgende Formen Bedeutung:[166]

- öffentliche Kredite
- öffentliches Beteiligungskapital
- Steuerkredite (vor allem in Form von Sonderabschreibungen)
- öffentliche Bürgschaften und Garantien
- Zinssubventionen

Der Subventionscharakter von Finanzierungshilfen liegt darin, daß öffentliche Kredite zinsverbilligt sind und über günstige Tilgungsmodalitäten verfügen. Zudem wird in einigen Fällen auf eine Besicherung ganz oder teilweise verzichtet. Der Subventionscharakter von Beteiligungskapital, Bürgschaften oder Garantien ergibt sich aus Konditionen, die im Vergleich zu Marktbedingungen vergünstigt sind.

Steuerkredite in Form von Steuerstundungen über Sonderabschreibungen haben Subventionscharakter, da sie es ermöglichen, Steuerzahlungen in die Zukunft zu verlagern. Dies kommt einer Kreditgewährung der öffentlichen Hand gleich und ermöglicht dem Subventionsempfänger, einen Zinsgewinn mit den eingesparten Steuerzahlungen zu erwirtschaften.[167]

Zur Illustration ein Beispiel: Im Rahmen des ERP-Eigenkapitalhilfe-Programms der Mittelstandsförderung werden öffentliche Kredite an Existenzgründer vergeben. Das Kapital wird mindestens bis zum fünften Jahr mit einem verbilligten, d.h. mit einem unter den marktüblichen Konditionen liegenden Zinssatz

---

163 Vgl. z.B. Scheffler, W.: Steuerbegünstigungen, 1991; Schneider, D.: Investitionsförderung, 1991; Frank, G.: Wirkungsanalysen, 1993.

164 So z.B. bei Wehrheim, L.: Rentabilitätseffekte, 1997.

165 Vgl. Oettle, K.: Finanzierungshilfen, 1974, S. 1448.

166 Vgl. dazu ausführlich DIHT; KPMG (Hrsg.): Fördermaßnahmen, 1997, insbesondere S. 79 ff. und Arbeitsgruppe des Bundes und der Länder: Verbesserung, 1995, S. 4 ff.

167 Zum Subventionscharakter einzelner Finanzierungshilfen vgl. Dickertmann, D.: Finanzierungshilfen, 1980, S. 50 ff.

gewährt. Die ersten beiden Jahre werden generell zinslos gestellt. Ein solches Darlehen ist in der Regel in den ersten 10 Jahren tilgungsfrei, danach erfolgt eine Tilgung in 20 gleichen Jahresraten. Ein bedeutender Vorteil – auch im Vergleich zu anderen öffentlichen Krediten der Mittelstandsförderung – liegt darin, daß keine banküblichen Sicherheiten gestellt werden müssen.[168]

Öffentliche Kredite der Mittelstandsförderung werden zumeist über die "Hausbank" als Intermediär an das geförderte Unternehmen vergeben.[169] Die Bank hat in der Regel, insbesondere bei Krediten aus dem ERP-Sondervermögen, die volle Haftung für das Darlehen zu übernehmen.[170] Das betroffene Kreditinstitut wird insofern bankübliche Sicherheiten vom Darlehensnehmer verlangen. Verfügt dieser nicht über solche Sicherheiten, so ist es möglich, das Darlehen über eine öffentliche Bürgschaft abzusichern.[171]

2.4.2 Struktur der Mittelstandsförderung

2.4.2.1 Systematisierung der Arbeitsgruppe des Bundes und der Länder

Die Mittelstandsförderung setzt sich aus Instrumenten zusammen, die dazu dienen sollen, Bereiche zu fördern, in denen Wachstumshemmnisse kleinerer Unternehmen im Vergleich zu Großunternehmen vermutet werden. Es macht daher Sinn, die Instrumente der Mittelstandsförderung nach diesen Bereichen zu gliedern. Die Arbeitsgruppe des Bundes und der Länder zur Verbesserung der Transparenz und Konsistenz der Mittelstandsförderung hat in diesem Sinne die Instrumente der Mittelstandsförderung vier Förderbausteinen zugeordnet, nämlich den Bereichen

- Finanzierung,
- Forschung/Technologie/Innovation,
- Beratung/Qualifizierung und
- Absatz.[172]

Finanzierungshilfen im eigentlichen Sinn werden sowohl im Förderbaustein Finanzierung als auch im Förderbaustein Forschung/Technologie/Innovation zur

168 Zu den Konditionen vgl. DIHT; KPMG (Hrsg.): Fördermaßnahmen, 1997, S. 79.

169 Vgl. Klemmer, P. u.a.: Mittelstandsförderung, 1996, S. 186 f.

170 Vgl. dazu BMWi (Hrsg.): Förderung, 1998; BMWi (Hrsg.): ERP, 1995, S. 21; o.V.: Finanzierungshilfen, 1995, S. 11.

171 Vgl. Arbeitsgruppe des Bundes und der Länder: Verbesserung, 1995, S. 7.

172 Vgl. Arbeitsgruppe des Bundes und der Länder: Verbesserung, 1995, S. 3; BMWi (Hrsg.): Verhältnis, 1999, S. 17.

Subventionierung von Kleinunternehmen eingesetzt, während man in den letzten beiden Förderbausteinen kaum auf dieses Instrument trifft.

2.4.2.2 Förderbaustein Finanzierung

Der Förderbaustein Finanzierung enthält Maßnahmen, die dazu dienen, Finanzierungsprobleme in Kleinunternehmen abzubauen, um damit die Investitionstätigkeit in diesen Unternehmen anzuregen.[173] Der Förderbaustein besteht auf Bundesebene aus

- zinsverbilligten Darlehen (z.B. Darlehen aus dem ERP-Sondervermögen),
- Beteiligungen (z.B. Beteiligungsfonds Ost),
- Bürgschaften und Garantien (z.B. DtA-Bürgschaftsprogramm in den neuen Ländern),
- Steuererleichterungen (z.B. Sonderabschreibungen nach § 7g I-VII EStG) und
- Zuschüssen (z.B. Zuschüsse für Existenzgründungen nach § 55 AFG).[174]

Während man die ersten vier Instrumentgruppen grundsätzlich als Finanzierungshilfe bezeichnen kann, ist diese Klassifikation für Zuschüsse nach § 55 AFG zumindest problematisch. Generell lassen sich die Maßnahmen des Förderbausteins Finanzierung danach unterscheiden, ob sie der Eigenkapitalbildung (z.B. Förderung von Beteiligungskapital) oder der Fremdkapitalbeschaffung (z.B. ERP-Existenzgründungsprogramm) dienen. Eine Zwitterstellung nimmt das Eigenkapitalhilfeprogramm ein. Zweck dieses Programms ist es, die Eigenkapitalbildung zu fördern. Die Förderung erfolgt jedoch durch ein öffentliches Darlehen, das über Zinszahlungen, also gewinnunabhängig, bedient wird, wobei auf die Stellung von Sicherheiten verzichtet wird.[175]

Darüber hinaus bietet es sich an, die Maßnahmen des Förderbausteines Finanzierung nach den Phasen des Lebenszyklus von Unternehmen, wie Gründung, Wachstum, Umstrukturierung und Nachfolge, zu unterteilen.[176] Der Löwenanteil der Finanzierungshilfen entfällt dabei auf Existenzgründungen (z.B. EKH-Programm, ERP-Existenzgründungsprogramm, §7g VII EStG), gefolgt von der Wachstumsphase (z.B. § 7g II u. III EStG, ERP-Regionalprogramm, KfW-Mittelstandsprogramm).[177]

Finanzierungshilfen in Form von Darlehen können danach unterschieden werden, ob sie zinssubventioniert (z.B. EKH-Programm, ERP-Darlehen) oder le-

---

173 Vgl. dazu auch die Ausführungen in Kapitel 2.3.3.3 dieser Arbeit.
174 Vgl. Klemmer, P. u.a.: Mittelstandsförderung, 1996, S. 67 f.
175 Vgl. BMWi (Hrsg.): Erfolg, 1999, S. 4.
176 Zur Gliederung der Maßnahmen der Mittelstandsförderung nach dem Lebenszyklus von Unternehmen vgl. DIHT; KPMG (Hrsg.): Fördermaßnahmen, 1997, S. 113 ff.
177 Vgl. Klemmer, P. u.a.: Mittelstandsförderung, 1996, S. 157 f.

diglich zinsgünstig sind. Im zweiten Fall liegt der Zinssatz zwar unter den üblichen Konditionen am Kapitalmarkt, er wird aber dennoch nicht aus öffentlichen Haushalten subventioniert. Zinsgünstige Darlehen werden von öffentlichen Banken (DtA, KfW) angeboten, denen es durch günstige Refinanzierungsmöglichkeiten möglich ist, relativ niedrige Zinsen für ihre Darlehen zu verlangen. Beispiele für solche Darlehen sind das DtA-Existenzgründungsprogramm und das KfW-Mittelstandsprogramm.[178]

Die bedeutensten Programme aus dem Bereich der Eigenkapitalförderungen sind die Sonderabschreibungsmöglichkeiten, die § 7g I-VII EStG bietet, und das ERP-Eigenkapitalhilfeprogramm. Hinzu kommen verschiedene Maßnahmen zur Förderung von Beteiligungskapital, wie z.B. das ERP-Beteiligungsprogramm.[179]

2.4.2.3 Förderbaustein Forschung/Technologie/Innovation

Der Förderbereich umfaßt unterschiedliche Maßnahmen, die zur Förderung von Forschung, Entwicklung und Innovation in Kleinunternehmen eingesetzt werden. Darunter fallen auch Maßnahmen, die der Finanzierungs- und Beratungsförderung dienen, also grundsätzlich auch anderen Förderbausteinen zugeordnet werden könnten.[180] Sie werden jedoch aufgrund ihres speziellen Förderzwecks in den Förderbereich Forschung/Technologie/Innovation eingegliedert.

Die Maßnahmen im Bereich dieses Förderbausteins lassen sich vier Teilbausteinen zuordnen:[181]

- Förderung von Forschung und Entwicklung/Innovation zur Steigerung der Technologiekompetenz und der technologischen Wettbewerbsfähigkeit
- Intensivierung des Technologietransfers
- Innovationsberatung zur Einführung neuer Technologien und Umstrukturierung von Produktionsprozessen
- Bereitstellung innovationsfördernder Infrastruktur

Forschung/Entwicklung/Innovation

Für das gesamte Bundesgebiet haben hier zwei Programme, die zur Stärkung der Innovationsfähigkeit dienen, Bedeutung. Es handelt sich dabei um die Förderung der industriellen Gemeinschaftsforschung und die Förderung der Forschungsko-

178 Vgl. Klemmer, P. u.a.: Mittelstandsförderung, 1996, S. 86.

179 Einen Überblick über die verschiedenen Instrumente gibt BMWi (Hrsg.): Erfolg, 1999, detailliertere Informationen finden sich bei DIHT; KPMG (Hrsg.): Fördermaßnahmen, 1997.

180 Vgl. dazu die Maßnahmen in BMWi (Hrsg.): Erfolg, 1999, S. 23 ff.

181 Vgl. Arbeitsgruppe des Bundes und der Länder: Verbesserung, 1995, S. 14.

operation.[182] Im Rahmen des ersten Programms soll durch die Unterstützung gemeinsamer Forschungsprojekte in 104 Forschungsvereinigungen Kleinunternehmen der Zugang zu praxisnahen Forschungs- und Entwicklungsergebnissen ermöglicht werden, um damit die Entwicklung neuer Produkte und Verfahren zu erleichtern. Das zweite Programm fördert die Zusammenarbeit von Kleinunternehmen im Rahmen gemeinsamer Forschungsprojekte, die Vergabe von FuE-Aufträgen zur Nutzung externen Wissens und den zeitlich befristeten Austausch von Forschungspersonal zwischen Kleinunternehmen und Forschungseinrichtungen.[183]

Die Fördermaßnahmen für die neuen Länder gehen auf Bundesebene noch über diese Programme hinaus. Hier erfolgt eine Unterstützung u.a. durch die FuE-Personalförderung Ost, die den Erhalt von FuE-Personal in Kleinunternehmen unterstützt und die FuE-Personalzuwachsförderung, die die Neueinstellung von FuE-Personal subventioniert. Hinzu kommt die Förderung marktvorbereitender Industrieforschung und die sog. Innovationsförderung.[184] Aus dieser Darstellung wird bereits die Bedeutung der neuen Bundesländer für den Teilbaustein Forschung/Entwicklung/Innovation deutlich.[185]

Technologietransfer

Zu diesem Bereich gehört u.a. die Förderung von innovativen Netzwerken. Diese Förderung soll Kleinunternehmen und speziell auch Handwerksunternehmen dabei unterstützen stärker mit Forschungseinrichtungen zusammenzuarbeiten.

Innovationsberatung

Die Beratungsmaßnahmen in diesem Teilbaustein umfassen die unternehmensbezogene Beratung bei sog. Querschnittstechnologien, beim Qualitätsmanagement und gehen bis zu wissenschaftlich, technischen Fachinformationen. Da man davon ausgeht, daß sie effizienter unternehmensnah und dezentralisiert vorgenommen werden können, wurden sie im Förderkanon von Bund und Ländern den Ländern zugewiesen.[186]

---

182 Vgl. Arbeitsgruppe des Bundes und der Länder: Verbesserung, 1995, S. 15.
183 Vgl. Klemmer, P. u.a.: Mittelstandsförderung, 1996, S. 70.
184 Zu den einzelnen Maßnahmen vgl. DIHT; KPMG (Hrsg.): Fördermaßnahmen, 1996, S. 87 ff. sowie BMWi (Hrsg.): Erfolg, 1999, S. 23 ff.
185 Vgl. Arbeitsgruppe des Bundes und der Länder: Verbesserung, 1995, S. 14.
186 Vgl. Arbeitsgruppe des Bundes und der Länder: Verbesserung, 1995, S. 17.

Infrastrukturmaßnahmen

Wiederum in erster Linie in den neuen Ländern unterstützt der Bund hier den Aufbau einer Infrastruktur, die Forschung und Entwicklung fördern soll. Das Engagement der Bundesländer konzentriert sich in diesem Bereich auf die Förderung von Technologie und Gründerzentren, Technologieberatungsstellen, Transfereinrichtungen, Erfinderzentren, Patentinformationszentren sowie auf Technologiestiftungen.[187]

Die obige Darstellung sollte die Vielschichtigkeit des Förderbausteines Forschung/Entwicklung/Innovation deutlich gemacht haben. Der Förderbaustein besteht in erheblichem Umfang aus Finanzierungshilfen.[188] Beispiele dafür sind Kredite aus dem ERP-Innovationsprogramm und das Programm Beteiligungskapital für kleine Technologieunternehmen. Beide Programme gelten bundesweit. Sie dienen dazu, über die Investitionsförderung das Umfeld für Innovationen zu verbessern.[189]

2.4.2.4 *Förderbausteine Beratung/Qualifizierung und Absatz*

Maßnahmen aus dem Förderbaustein Beratung/Qualifizierung dienen dazu, Probleme von Kleinunternehmen abzubauen, die im weiten Sinne bei der Informationsbeschaffung, -verarbeitung und -verwendung anfallen. Im Gegensatz zur Förderung von Sachkapital durch den Baustein Finanzierung geht es hier um die Förderung von Humankapital. Die Förderung besteht in diesem Förderbaustein häufig aus sogenannten Realtransfers. Das heißt, dem geförderten Unternehmen werden keine Geldleistungen, wie etwa verbilligte Kredite oder Zuschüsse, sondern verbilligte Leistungen angeboten, wie z.B. eine günstige oder kostenlose Unternehmensberatung.

Die Maßnahmen in diesem Bereich lassen sich danach unterteilen, ob sie zur

- Beratung,
- Bildung,
- Weiterbildung oder
- allgemein zur Information dienen.[190]

Der Teilbereich Beratung stellt den Schwerpunkt der Maßnahmen des Förderbausteins Beratung/Qualifizierung dar. Er besteht sowohl aus Fördermaßnahmen, die sich an alle Kleinunternehmen richten, als auch aus Instrumenten, die

---

187 Vgl. Arbeitsgruppe des Bundes und der Länder: Verbesserung, 1995, S. 17.

188 Vgl. Klemmer u.a.: Mittelstandsförderung, 1996, S. 90.

189 Vgl. BMWi (Hrsg.) Erfolg, 1999, S. 28.

190 Vgl. Arbeitsgruppe des Bundes und der Länder: Verbesserung, 1995, S. 9 ff.

sich nur auf bestimmte Wirtschaftsbereiche beziehen. Zum ersten Bereich gehört die Förderung von Unternehmens- und Existenzgründungsberatungen durch den Bund.[191] Zum zweiten Gebiet zählt die Beratung von Handwerksunternehmen durch Handwerkskammern. Diese wird zu einem Teil aus Mitteln der öffentlichen Hand und zum anderen aus Mitteln der Handwerksorganisationen finanziert. Sie steht den Handwerksunternehmen kostenlos zur Verfügung.[192]

Die Absatzförderung ist gemessen am Mittelaufkommen der kleinste Förderbaustein. Der Förderbaustein besteht aus der Inlandsmesseförderung, der Außenwirtschaftsförderung und sonstigen Maßnahmen. Der letzte Teilbaustein besteht im wesentlichen aus der Absatzförderung zugunsten von Kleinunternehmen in den neuen Bundesländern, hinzu kommen auf Ebene der Länder Maßnahmen zur Umstrukturierung und Förderung der Kooperation von Kleinunternehmen im In- und Ausland.[193]

2.4.3 Umfang und Zusammensetzung der Mittelstandsförderung

2.4.3.1 Der Umfang der Mittelstandsförderung

Aufgabe dieses und der folgenden Kapitel ist es, den Umfang und die Zusammensetzung der Mittelstandsförderung in der Bundesrepublik Deutschland abzuschätzen und den Anteil des Handwerks an der Subventionierung festzustellen. Allerdings ist dieses Vorhaben mit einigen Problemen verbunden. Wie bereits dargestellt wurde, besteht die Mittelstandsförderung aus einer fast unüberschaubaren Vielzahl von Instrumenten,[194] die von unterschiedlichen Trägern (Bund, Länder und EU) über verschiedene Intermediäre (Deutsche Ausgleichsbank, Kreditanstalt für Wiederaufbau u.v.a.) an Kleinunternehmen vergeben werden. Diese Komplexität erschwert eine Quantifizierung der Mittelstandsförderung. Orientiert man sich an den Haushaltsansätzen des Bundes ergibt sich für die Mittelstandsförderung das in Tabelle 2 dargestellte Bild.

In dieser Aufstellung sind weder Steuererleichterungen noch Mittel des ERP-Sondervermögens berücksichtigt. Beide Positionen haben jedoch für die Mittelstandsförderung große Bedeutung. So wurden im Jahre 1994 ca. DM 13 Mrd. an

---

191 Vgl. BMWi (Hrsg.): Erfolg, 1999, S. 45.

192 Vgl. ZDH (Hrsg.): Betriebsberatung, 1995, S. 57 ff.

193 Vgl. Arbeitsgruppe des Bundes und der Länder: Verbesserung, 1995, S. 19.

194 Die gemeinsame Arbeitsgruppe des Bundes und der Länder zur Verbesserung der Transparenz und Konsistenz der Mittelstandsförderung berücksichtigt ca. 400 Mittelstandsförderungsprogramme, vgl. Arbeitsgruppe des Bundes und der Länder: Verbesserung, 1995, S. 400.

Tabelle 2: Haushaltsansätze des Bundes für die Mittelstandsförderung 1995; in Mio. DM[195]

	Betrag	Sonderprogr., neue Länder
Finanzierung		
Eigenkapitalhilfeprogramm	1.250,0	
Zuschüsse für technologieorientierte Unternehmensgründungen		85,0
Beratung/Qualifizierung		
Beratung		
Förderung von Unternehmensberatung für KMU	17,0	
Förderung des Beratungs- und Informationswesens im Handwerk	50,0	
Dienstleistungen des RKW für KMU in den neuen Ländern		21,4
Schulung		
Personalqualifizierungsprogramm in Ostdeutschland		15,0
Bildung/Weiterbildung		
Förderung der überbetrieblichen beruflichen Bildung im Handwerk, Lehrlingsunterweisung	67,5	
Darlehensprogramm zur Förderung von beruflichen Fortbildungsmaßnahmen	23,0	
Bau und Ausbau überbetrieblicher Fortbildungs- und Technologietransferzentren	122,1	
FuE/Innovation		
Innovation		
Industrielle Gemeinschaftsforschung	170,0	
Forschungskooperation		62,0
Innovationsförderung		367,0
FuE-Personalzuwachsförderung		18,0
Technologietransfer		
Förderung des Technologietransfers für KMU	40,0	
Auftragsforschung-West-Ost		60,0
Infrastruktur		
Fachinformationsprogramm	15,0	
Absatz		
Außenwirtschaft		
Zuschüsse an Außenhandelskammern, Delegierte und Repräsentanten der Deutschen Wirtschaft	60,0	
Beschaffung von Außenwirtschaftsinformationen	36,5	
Förderung deutscher Direktinvestitionen in MOE/GUS und Entwicklungsländern	35,0	
Auslandsmesseförderung	65,0	
Sonstige		
Förderung des Absatzes ostdeutscher Produkte		60,0
Gesamtsumme:	2.639,5	
Anteil der Sonderprogramme für die neuen Bundesländer in %	26,1%	

195 Entnommen aus Klemmer, P. u.a.: Mittelstandsförderung, 1996, S. 159

Krediten im Rahmen des ERP-Vermögens bewilligt. Davon entfielen etwa DM 8,5 Mrd. auf Programme zur Mittelstandsförderung (alte Länder ca. DM 2,6 Mrd.; neue Länder ca. DM 5,9 Mrd.).[196] Im Bereich der Steuererleichterungen gibt der Subventionsbericht im gleichen Jahr einen Betrag von DM 1 Mrd. allein für die Sonderabschreibungen für Klein- und Mittelunternehmen nach § 7g EStG an.[197]

Haushaltsansätze des Bundes bzw. der Länder erscheinen nur auf den ersten Blick als eine befriedigende Datengrundlage zur Abschätzung des Umfanges der Mittelstandsförderung. Tatsächlich treten bei ihrer Verwendung zum Teil erhebliche Schwierigkeiten auf, die sich u.a. in folgenden Problemen manifestieren:[198]

- Die Mittelstandsberichte der Bundesländer sind in der Regel als Datenquellen nicht ausreichend, da sie keine Auskünfte über die Gesamtaufwendungen für Mittelstandsförderung einer bestimmten Periode enthalten.
- Fraglich ist, was im einzelnen unter "Mittelstandsförderung" zu subsumieren ist. Das RWI schätzt z.B., daß in den Ländern die Haushaltsansätze ca. um 40% und im Bund um ca. 10% über den Ausgaben liegen, die nach Abgrenzung der Bund-Länder-Kommission zur Mittelstandsförderung gezählt werden können.
- Meßprobleme tauchen bei Finanzierungshilfen auf. Diese werden z.B. in der Subventionsberechnung der Forschungsinstitute bzw. dem Subventionsbericht mit der gesamten Auszahlungssumme bewertet. Tatsächlich müßte ein solches Darlehen, da es in späteren Jahren zu Tilgungen kommt, gesondert mit dem Subventionswert bewertet werden.

Das *RWI* hat eine Schätzung der Mittelstandsförderung unter Berücksichtigung dieser Sachverhalte vorgenommen. Diese orientiert sich an den Haushaltsplänen von Bund und Ländern unter Berücksichtigung der genannten Korrekturfaktoren (40% auf Landes- und 10% auf Bundesebene). Weiterhin wurde der Anteil von ERP-Darlehen über den Subventionswert und nicht über die Darlehenssumme berechnet. Steuererleichterungen gingen nicht in die Berechnung ein. Insgesamt haben danach 1995 Bund und Länder DM 5,831 Mrd. für die Mittelstandsförderung ausgegeben. Davon entfielen DM 3,881 Mrd. auf die neuen und DM 1,950 Mrd. auf die alten Länder.[199]

---

196 Vgl. BMWi (Hrsg.): ERP, 1995, S. 9.

197 Vgl. Deutscher Bundestag (Hrsg.): Subventionsbericht, 1993, S. 181.

198 Vgl. dazu ausführlich Klemmer, P. u.a.: Mittelstandsförderung, 1996, S. 93 f.

199 Vgl. Klemmer, P. u.a.: Mittelstandsförderung, 1996, S. 92 u. 94 f.

2.4.3.2 *Die Bedeutung der einzelnen Förderbausteine für die Mittelstandsförderung*

Der Anteil der Förderbereiche an dem Gesamtvolumen der Mittelstandsförderung divergiert zum Teil erheblich. Das mit Abstand größte Gewicht hat der Förderbaustein Finanzierung.

Aus Ländermitteln entfielen auf diesen Förderbaustein im Jahr 1995 in den alten Bundesländern 60% der gesamten Mittelstandsförderung. Für Beratung/Qualifizierung wurden hingegen lediglich 12%, für den Förderbaustein Forschung/Technologie/Innovation 26% und für den Bereich Absatzförderung 2% der Mittel ausgegeben. In den neuen Bundesländern liegt in bezug auf Ländermittel mit einem Anteil von 18% ein stärkeres Gewicht auf dem Bereich Beratung/Qualifizierung. Auch der Absatzbereich schneidet etwas besser ab (5%). Dennoch dominiert auch hier der Finanzierungsbereich mit einem Anteil von 49% vor dem Förderbaustein Forschung/Technologie/Innovation (28%).[200]

Die Dominanz des Förderbausteins Finanzierung wird auch auf Bundesebene deutlich. Hier entfallen 70% der Gesamtförderung auf ihn (inklusive ERP-Darlehen). Auf den Plätzen folgen die Förderbausteine Forschung/Technologie/Innovation (17%), Beratung/Qualifizierung und Absatz (jeweils 7%). Insgesamt ergibt sich damit für das Jahr 1995 für Bund und Länder, bezogen auf das gesamte Bundesgebiet die in Abbildung 2 dargestellte Mittelverteilung nach Förderbausteinen.

Zu dieser an sich schon beeindruckenden Dominanz des Finanzierungsbereiches kommt, daß auch der Förderbaustein Forschung/Technologie/Innovation zu einem großen Teil aus Finanzierungshilfen besteht. Berücksichtigt man diesen Sachverhalt, so dürfte der Anteil der Finanzierungsförderungen etwa einen Umfang von 75 bis 80% erreichen.[201] Hinzu kommt, daß die oben dargestellten Anteile keine Steuerermäßigungen berücksichtigen. Der Löwenanteil der Steuerermäßigungen für Kleinunternehmen entfällt auf die Sonderabschreibungen des § 7g I-VII EStG und damit wiederum auf eine Förderung von Sachkapital.[202]

Für die Mittelstandsförderung im besonderen gilt daher der gleiche Zusammenhang, der für Wirtschaftsförderung im allgemeinen festgestellt werden kann: Sie ist in überwiegendem Maße eine Investitionsförderung und damit in erster

---

200 Diese und die folgenden Daten wurden entnommen aus: Klemmer, P. u.a.: Mittelstandsförderung, 1996, S. 90.

201 Vgl. Klemmer, P. u.a.: Mittelstandsförderung, 1996, S. 90.

202 Einen Überblick über Steuervergünstigungen für Kleinunternehmen findet sich bei DIHT; KPMG (Hrsg.): Fördermaßnahmen, 1997, S. 21 ff.

Linie eine Förderung des Produktionsfaktors Kapital.[203] Aufgrund der großen quantitativen Bedeutung von Finanzierungshilfen für die Mittelstandsförderung kann mit Recht behauptet werden, daß wenn von der Mittelstandsförderung ein spürbarer Effekt auf die gesamtwirtschaftliche Beschäftigung ausgehen soll, dieser von den Finanzierungshilfen bewirkt werden muß. Anderen Maßnahmen der Mittelstandsförderung scheint dafür schlichtweg die finanzielle Ausgestaltung zu fehlen, so daß ihre Wirkung wohl eher als eine Flankierung der Effekte der Finanzierungsförderung anzusehen ist.

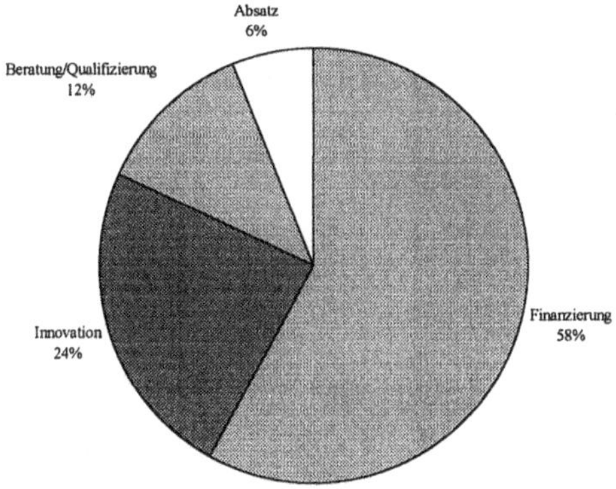

Abbildung 2: Bedeutung der Förderbausteine für die Mittelstandsförderung[204]

2.4.3.3 Der Anteil des Handwerks an der Mittelstandsförderung

Nur bei wenigen Fördermaßnahmen liegen Daten zu den Nutznießern der Programme vor. Aus diesem Grund ist es nicht möglich, den Anteil des Handwerks an der Mittelstandsförderung genau zu quantifizieren. Vor allem bei den Förderbausteinen Forschung/Technologie/Innovation, Beratung/Qualifizierung und Absatz besteht dafür eine völlig unzureichende Datenbasis. Im Bereich Finanzierung ist die Situation besser. Hier existiert in bezug auf den Bund und die Bundeslän-

203 Vgl. Köddermann, R.: Subventionen, 1996, S. 15; vgl. auch Mühlbacher, H.: Markterfolg, 1988, S. 45; Schuster, H.: 1984, S. 70.

204 Berechnet anhand von Daten aus Klemmer, P. u.a.: Mittelstandsförderung, 1996, S. 90.

der Hamburg und Bayern ein ausreichendes Zahlenmaterial.[205] Betrachtet man die Mittelverteilung in bezug auf die beiden wichtigsten Programme aus dem Förderbaustein Finanzierung, nämlich dem Eigenkapitalhilfeprogramm und dem ERP-Existenzgründungsprogramm, so ergibt sich für das Jahr 1996 folgendes Bild:[206]

Tabelle 3: Inanspruchnahme des Eigenkapitalhilfeprogramms

Wirtschafts-bereich	Anzahl		Volumen	
	absolut	in %	in Mio. DM	in %
Handel	2.287	16,1	315,9	14,2
Handwerk	6.684	38,2	667,2	30,1
Industrie	1.924	11,0	525,4	23,7
Dienstleistungen	3.435	19,6	460,4	20,8
Freie Berufe	2.648	15,1	248,6	11,2
Insgesamt	**17.518**	**100,0**	**2.217,5**	**100,0**

Tabelle 4: Inanspruchnahme des ERP-Existenzgründungsprogramms

Wirtschafts-bereich	Anzahl		Volumen	
	absolut	in %	in Mio. DM	in %
Handel	4.655	22,8	591,6	19,5
Handwerk	9.350	45,9	1.098,2	36,3
Industrie	1.964	9,6	611,8	20,2
Dienstleistungen	4.423	21,7	724,9	24,0
Freie Berufe	0	0,0	0	0,0
Insgesamt	**20.392**	**100,0**	**3.026,5**	**100,0**

Auf Handwerksunternehmen entfielen also nahezu ein Drittel der Fördergelder beider Programme. Der Anteil des Handwerks liegt dadurch mit deutlichem Abstand vor den Anteilen von Dienstleistungsunternehmen, Industrie, Handel und Freien Berufen.

Aus Sicht des Handwerks läßt sich auf Länderebene eine noch günstigere Verteilung von Finanzierungshilfen feststellen. So lag z.B. im Jahr 1990 der Anteil des Handwerks am Mittelstandsförderprogramm des Landes Hamburg mit ca. TDM 462 an Fördergeldern bei etwa 52% und damit vor allen anderen Wirtschaftsbereichen. In bezug auf das Hamburger Existenzgründerprogramm ergab

205 Vgl. Klemmer, P. u.a.: Mittelstandsförderung, 1996, S. 116 f.
206 Vgl. BMWi (Hrsg.): Unternehmensgrößenstatistik, 1996, S. 363 u. 365.

sich im gleichen Jahr sogar ein Anteil von 59% (= ca. TDM 398) für das Handwerk. Beim bayrischen Mittelstandskreditprogramm ist die Dominanz des Handwerks ähnlich deutlich: Von 1991-1995 wurde hier etwa die Hälfte aller Gelder bzw. DM 1,4 Mio. an Handwerksunternehmen vergeben.[207] Festgestellt werden kann damit, daß das Handwerk überproportional stark am Förderbaustein Finanzierung partizipiert. Wie hoch der Anteil an der Finanzierungsförderung von Bund und Ländern genau ist, kann allerdings an dieser Stelle nicht berechnet werden, da vor allem die Datenlage auf Länderebene zu lückenhaft ist.

Für die Förderbausteine Beratung/Qualifizierung, Forschung/Technologie/Innovation und Absatz kann eine solche Aussage nicht getroffen werden. Leider besteht hier eine äußerst unzureichende Datenbasis bezüglich der Aufteilung der Gelder nach Wirtschaftsbereichen.[208] Der Förderbaustein Beratung/Qualifizierung verfügt jedoch über einige Programme, die speziell auf bestimmte Wirtschaftsbereiche ausgerichtet sind. Betrachtet man die Haushaltsansätze des Bundes in Tabelle 2, so fällt im Bereich der spezifischen Förderung bestimmter Wirtschaftsbereiche auf, daß mit der Förderung des Beratungs- und Informationswesens im Handwerk (DM 50 Mio.) und mit der Subventionierung der überbetrieblichen beruflichen Bildung im Handwerk (DM 67,5 Mio.) relativ große Posten des Förderbausteines Beratung/Qualifizierung auf Handwerksunternehmen entfallen.

207 Eigene Berechnungen anhand von Klemmer, P. u.a.: Mittelstandsförderung, 1996, S. 119 f.

208 Vgl. Klemmer, P. u.a.: Mittelstandsförderung, 1996, S. 116 ff.

3 Arbeitslosigkeit – Formen, Ursachen und Lösungswege

3.1 Formen der Arbeitslosigkeit

Arbeitslosigkeit zu definieren ist nicht so einfach, wie es auf den ersten Blick erscheinen mag. Es treten vor allem dann Probleme auf, wenn der Begriff auch zur Messung dienen soll.[209] Bei einer rein „theoretischen" Betrachtung gestaltet sich die Definition weniger problematisch. Aus produktionstheoretischer Sicht ist Arbeitslosigkeit eine Unterbeschäftigung des Produktionsfaktors Arbeit. Eine Präzisierung der Begriffsbestimmung kann erfolgen, indem man bestimmte Eigenschaften der Arbeitslosen als Merkmal in die Definition mit aufnimmt oder Bedingungen des Arbeitsmarktes, wie z. B. das Lohnniveau, berücksichtigt.[210] Eine Begriffsbestimmung, die diese Eingrenzungsmöglichkeiten nutzt, bezeichnet Arbeitslosigkeit als „fehlende Beschäftigungsmöglichkeit für einen Teil der arbeitsfähigen und beim herrschenden Lohnniveau arbeitsbereiten Arbeitnehmer."[211]

Im Jahresdurchschnitt lag die registrierte Arbeitslosigkeit 1998 im gesamten Bundesgebiet bei rund 4,4 Mio. Menschen, was einer Arbeitslosenquote von 11,4% entsprach.[212] Jenseits von Auseinandersetzungen über Definition und Messung von Arbeitslosigkeit, liegt es auf der Hand, daß in Deutschland Massenarbeitslosigkeit herrscht. Wie bereits aus der oben angeführten Definition deutlich wird, stellt die Arbeitslosigkeit breiter Bevölkerungsschichten aus ökonomischer Sicht eine gigantische Verschwendung von Ressourcen dar. Die Probleme der Allokation auf den Arbeitsmärkten ziehen weite Kreise. Eine Zunahme der Arbeitslosigkeit bedeutet Einnahmeverluste und steigende Ausgaben für die öffentlichen Haushalte. Wichtiger noch: Der Lebensstandard, die soziale Stellung und nicht zuletzt die Selbstachtung vieler Menschen hängt von der Möglichkeit ab, einer ökonomisch sinnvollen Beschäftigung nachzugehen. In diesem Sinne gilt, „Arbeitsmärkte sind das Herzstück der Volkswirtschaft" .[213]

Die Gründe für das Auftreten von Arbeitslosigkeit sind vielfältig. Auch deshalb existiert kein allgemein akzeptiertes und in sich geschlossenes Erklärungs-

---

209 Vgl. dazu auch Wagner, J.: Arbeitslosigkeit, 1999, S. 25.

210 Vgl. Maneval, H.: Arbeitslosigkeit, 1977, S. 268.

211 Arentzen, U. u.a.: Wirtschafts-Lexikon, 1997, Sp. 304. Andere gängige Definitionen finden sich bei Wagner, J.: Arbeitslosigkeit, 1999, S. 25 ff.

212 Vgl. Bach, H.-U. u.a.: Arbeitsmarkt, 1999, S. 6.

213 Soltwedel, R.: Regulierungen, 1990, S. 1.

modell für Arbeitslosigkeit, indem die Gesamtheit der Ursachen der Arbeitslosigkeit berücksichtigt werden und Maßnahmen zur Bekämpfung isoliert untersucht werden können.[214] Um der Komplexität der Arbeitslosigkeit Herr zu werden, ist es zweckmäßig, Arbeitslosigkeit nach unterschiedlichen Ursachen zu unterteilen und Erklärungsansätze bzw. Maßnahmen zur Heilung des Problems isoliert zu betrachten.

Nahezu klassisch ist die Einteilung der Arbeitslosigkeit in friktionale, saisonale, konjunkturelle und strukturelle Ursachen. Friktionale und saisonale Ursachen der Arbeitslosigkeit werden im folgenden nicht näher betrachtet. Sie tragen zwar zur Arbeitslosigkeit bei, sind aber nicht Ursachen der Massenarbeitslosigkeit. Konjunkturelle und strukturelle Arbeitslosigkeit sind aus quantitativer Sicht weitaus bedeutsamer, und sie sind auch aus qualitativer Sicht problematischer, da sie zu langfristiger Arbeitslosigkeit führen können.[215]

Konjunkturelle Arbeitslosigkeit wird bereits durch ihre Benennung charakterisiert. Gesamtwirtschaftliche Konjunkturschwankungen führen dazu, daß Jahre mit relativ hoher wirtschaftlicher Aktivität und relativ nachfrageschwache Jahre zyklisch auftreten. Einbrüche der Nachfrage auf den Gütermärkten führen in der Regel zu mangelnder Auslastung der Kapazitäten und können als generelle Nachfrageschwäche bis auf die Arbeitsmärkte durchschlagen.[216] Ein gesamtwirtschaftlicher Nachfragerückgang betrifft nicht nur eine bestimmte Branche oder zieht nicht nur eine bestimmte Gruppe von Beschäftigten in Mitleidenschaft. Vielmehr sind durch ihn die unterschiedlichsten Zweige der Gesamtwirtschaft betroffen. Aus diesem Grund ist „die konjunkturelle Arbeitslosigkeit die makroökonomische Arbeitslosigkeit par exellence“.[217]

Im Gegensatz zur konjunkturellen Arbeitslosigkeit gestaltet sich die Begriffserläuterung in bezug auf die strukturelle Arbeitslosigkeit schwieriger. Sie stellt einen Sammelbegriff unterschiedlicher Typen von Arbeitslosigkeit dar, die in vielen Fällen zu langfristiger Arbeitslosigkeit führen.[218] An manchen Stellen wird strukturelle Arbeitslosigkeit im Gegensatz zur konjunkturellen Arbeitslosigkeit definiert, indem man sie als den Teil der Arbeitslosigkeit bezeichnet, der im konjunkturellen Aufschwung nicht wieder abgebaut wird.[219]

---

214 Vgl. Sachverständigenrat: Aufschwung, 1994, S. 248.

215 Vgl. Rothschild, K. W.: Theorien, 1988, S. 3; vgl. dazu auch Wagner, J.: Arbeitslosigkeit, 1999, S. 31.

216 Zum Begriff der konjunkturellen Arbeitslosigkeit vgl. z. B. Rothschild, K. W.: Theorien, 1988, S. 3., Maneval, H.: Arbeitslosigkeit, 1977, S. 270, Arentzen, U. u.a.: Wirtschafts-Lexikon , 1997, Sp. 304.

217 Maneval, H.: Arbeitslosigkeit, 1977, S. 270

218 Rothschild, K. W.: Theorien, 1988, S. 3.

219 Vgl. dazu z.B. Fels, G.: Problem, 1977, S. 9; Rudolph, H.: Kehrseite, 1994, S. 179.

Eine andere, engere Begriffsbestimmung versteht unter struktureller Arbeitslosigkeit ausschließlich sogenannte Mis-Match-Arbeitslosigkeit.[220] Arbeitslosigkeit durch Matchingprobleme bedeutet, daß Qualifikation oder Wohnort von Arbeitnehmern nicht mit dem Anforderungsprofil der Arbeitsplätze übereinstimmt. Das eigentliche Problem liegt darin, daß es dem Arbeitsmarkt nicht gelingt, diese Matchingprobleme abzubauen. Allgemeiner und umfassender lassen sich daher strukturelle Ursachen von Arbeitslosigkeit charakterisieren, indem man sie als Funktionsstörungen auf dem Arbeitsmarkt auffaßt.[221] Diese Funktionsstörungen können sehr vielfältig sein und äußern sich nicht nur in einem Mis-Match.

Im Gegensatz zur konjunkturellen Arbeitslosigkeit wird strukturelle Arbeitslosigkeit nicht durch einen gesamtwirtschaftlichen Nachfragemangel, sondern durch eine mangelnde Anpassungsfähigkeit auf Einzelmärkten, speziell auf dem Arbeitsmarkt, hervorgerufen.[222] Funktionsstörungen auf dem Arbeitsmarkt ziehen die Koordinierung von Angebot und Nachfrage in Mitleidenschaft und stehen damit der Schaffung neuer Arbeitsplätze im Wege. Weiterhin können Funktionsstörungen auf anderen Einzelmärkten, z.B. dem Kapitalmarkt oder dem Wohnungsmarkt, die Schaffung von Arbeitsplätzen behindern. Aus diesem Blickwinkel ist Arbeitslosigkeit vor allem ein mikroökonomisches Problem.[223] Als typische Merkmale struktureller Arbeitslosigkeit werden Langzeitarbeitslosigkeit, hohe Arbeitslosenquoten und sogenannte Sockelarbeitslosigkeit[224] angesehen.[225]

Eine Unterscheidung zwischen konjunktureller und struktureller Arbeitslosigkeit kann man folgendermaßen treffen: Konjunkturelle Arbeitslosigkeit läßt sich durch einen Anstieg im Auslastungsgrad im vorhandenen Produktionspotential abbauen, indem man also vorübergehend „stillgelegte" Arbeitsplätze wieder besetzt. Zur Bekämpfung der strukturellen Arbeitslosigkeit müssen neue (rentable) Arbeitsplätze entstehen, d. h. es geht um ein Wachstum des gesamtwirtschaftlichen Produktionspotentials.[226]

---

220 Eine Eingrenzung dieser Art nimmt Maneval, H.: Arbeitslosigkeit, 1977, S. 269 vor.

221 Vgl. Sachverständigenrat: Aufschwung, 1994, S. 248.

222 Vgl. Rudolph, H.: Kehrseite, 1994, S. 179 ff.

223 Vgl. Soltwedel, R.: Regulierungen, 1990, S. 2.

224 Als Sockelarbeitslosigkeit wird das Phänomen bezeichnet, daß sich Arbeitslosigkeit während konjunktureller Abschwünge aufbaut, sich aber in Boomphasen nicht wieder abbaut. Man hat es in diesem Fall mit einem langfristig steigenden Sockel von Arbeitslosigkeit zu tun, der durch konjunkturellen Aufschwung nicht bekämpft werden kann.

225 Vgl. Rudolph, H.: Kehrseite, 1994, S. 181; Siebert, H.: Beschäftigung, 1996.

226 Vgl. Fels, G.: Problem, 1977, S. 9; vgl. auch Rudolph, H.: Kehrseite, 1994, S. 179 ff.

3.2 Umfang struktureller und konjunktureller Arbeitslosigkeit

Die verschiedenen Ursachen der Arbeitslosigkeit bedingen unterschiedliche Maßnahmen zur Bekämpfung. Eine eher keynsianisch ausgerichtete Gruppe von Ökonomen sieht den gesamtwirtschaftlichen Nachfragemangel und damit makroökonomische Sachverhalte als die wichtigere Ursache für Arbeitslosigkeit an. Tendenziell klassisch orientierte Wirtschaftswissenschaftler führen Unterbeschäftigung auf Funktionsstörungen der Arbeitsmärkte, also auf mikroökonomische Probleme, zurück. Die aus diesen Einsichten abgeleiteten Vorschläge zur Bekämpfung der Arbeitslosigkeit sind dementsprechend kontrovers.[227] Die Frage, ob konjunkturelle oder strukturelle Ursachen für die derzeitige Arbeitslosigkeit in der Bundesrepublik das bedeutendere Problem darstellen, ist daher für eine Beurteilung von Maßnahmen zur Bekämpfung von Arbeitslosigkeit evident.

Während in der Rezessionsphase Ende der 60er Jahre und in den frühen 70er Jahren die Ansicht überwog, daß Arbeitslosigkeit vor allem konjunkturell bedingt war und daher folgerichtig stabilisierungspolitische Maßnahmen gegen die Arbeitslosigkeit ergriffen wurden,[228] setzt sich in neuerer Zeit die These durch, daß die anhaltend hohe Arbeitslosigkeit in der Bundesrepublik strukturelle Ursachen hat.[229]

Für diese These spricht die zunehmende Bedeutung von typischen Erscheinungsformen struktureller Arbeitslosigkeit auf dem Arbeitsmarkt. So ist seit Anfang der 80er Jahre eine starke Zunahme der Arbeitslosigkeitsdauer zu verzeichnen.[230] Mitte der 90er Jahre waren in der Bundesrepublik bereits etwa ein Drittel aller Arbeitslosen Langzeitarbeitslose, d.h. über einem Jahr ohne Beschäftigung.[231] Beängstigend erscheint auch die Bedeutung der Sockelarbeitslosigkeit. Nach Angaben von *Siebert* steigt diese seit den 70er Jahren schubartig in jeder Rezession um etwa 800.000 Personen an.[232] In der Bundesrepublik ist es in keinem Beschäftigungsaufschwung der letzten 20 Jahre gelungen, die Arbeitslosen-

---

227 Vgl. Berthold, N.: Lohnstarrheit, 1987, S. 11., ähnlich drücken sich z. B. auch Franz, W.: Ursachen, 1995, S. 16 und Soltwedel, R.: Regulierungen, 1990, S. 1 f. aus.

228 Vgl. Engels, W.: Arbeitslosigkeit, 1984, S. 241 u. S. 242.; Fels, G.: Problem, 1977, S. 9

229 Vgl. Soltwedel, R.: Regulierungen, 1990, S. 2.; Engels, W.: Arbeitslosigkeit, 1984, S. 218.

230 Vgl. Steiner, V.; Kaltenborn, B.: Arbeitsdynamik, 1996, S. 29; Jerger, J.; Spermann, A.: Arbeitslosenfalle, 1997, S. 53.

231 Vgl. Wissenschaftlicher Beirat: Langzeitarbeitslosigkeit, ,1996; Jerger, J.; Spermann, A.: Arbeitslosenfalle, 1997, S. 53.

232 Vgl. Siebert, H.: Beschäftigung, 1996, S. 3.

quote wieder auf den Stand vor der jeweils letzten Rezession zurückzuführen.[233] Dies bewirkt eine zunehmende „Strukturalisierung" der Arbeitslosigkeit im Zeitablauf, von Rezession zu Rezession.

Eine genaue Quantifizierung des strukturell bedingten Teils der Arbeitslosigkeit gestaltet sich schwierig. Dies hängt mit der weiten und eher „theoretischen" Begriffsbestimmung zusammen, die wenig Anknüpfungspunkte für eine Messung bietet.[234] Der Sachverständigenrat zur Begutachtung der gesamtwirtschaftlichen Entwicklung schätzt den Anteil konjunktureller (also nicht-struktureller) Arbeitslosigkeit in einem Sonderbericht zum Jahresgutachten 1994/95 auf ca. ein Fünftel bis ein Viertel der gesamten Arbeitslosigkeit des Jahres 1994.[235] Dies läßt im Umkehrschluß abschätzen, welchen Umfang strukturelle Arbeitslosigkeit in Deutschland haben muß.[236] In dieses Bild passen Schätzungen, die die *OECD* anhand eigener Abgrenzungskriterien zwischen struktureller und konjunktureller Arbeitslosigkeit vorgenommen hat. Für das Jahr 1996 stellt die *OECD* fest, daß die Arbeitslosigkeit in der Bundesrepublik im wesentlichen struktureller Natur ist.[237]

Auch wenn eine Quantifizierung Probleme bereitet, kann man davon ausgehen, daß überwiegend strukturelle Ursachen für die Arbeitslosigkeit in der Bundesrepublik verantwortlich sind. Hinzu kommt, daß die Mittelstandsförderung kaum über Instrumente mit spezieller konjunktur- bzw. stabilisierungspolitischer Ausrichtung verfügt.[238] Für diese Untersuchung ist es daher zweckmäßig, eine Konzentration auf die strukturelle Ursachen der Arbeitslosigkeit vorzunehmen.

3.3 Ursachen struktureller Arbeitslosigkeit

3.3.1 Grundmodell des Arbeitsmarktes

Wie oben dargestellt wurde, sind Funktionsstörungen auf dem Arbeitsmarkt die Ursache für strukturelle Arbeitslosigkeit. Aus diesem Grund wird im folgenden ein einfaches Grundmodell des Arbeitsmarktes dargestellt. Es dient dazu, um einerseits einige grundlegende Funktionen des Arbeitsmarktes darzustellen, die an anderen Stelle dieser Arbeit weitere Verwendung finden, und anderseits, um aus

233 Vgl. Walwei, U.: Länder, 1998, S. 335.
234 Vgl. Rudolph, H.: Kehrseite, 1994, S. 194.
235 Vgl. Sachverständigenrat: Aufschwung, 1994, S. 248 sowie Franz, W.: Ursachen, 1995, S. 9.
236 Vgl. Wagner, J.: Komponenten, 1999, S. 219.
237 Vgl. OECD (Hrsg.): Implementing, 1997, S. 16.
238 Vgl. Klemmer, P. u.a.: Mittelstandsförderung, 1996, S. 101.

diesem Grundmodell Funktionsstörungen des Arbeitsmarktes als Ursachen für Arbeitslosigkeit abzuleiten.

Der Arbeitsmarkt des Grundmodells ist ein Faktormarkt auf den der Produktionsfaktor Arbeit gehandelt wird. Daher existiert im folgenden Modell der neoklassischen Theorie kein prinzipieller Unterschied zwischen der Funktionsweise des Arbeitsmarktes und anderer Märkte. Die Betrachtung einer wie auch immer gearteten „ökonomischen Sonderstellung“ des Arbeitsmarktes kann anhand des im folgenden dargestellten Modells nur durch eine Variation von Prämissen erfolgen. Die Darstellung geht von folgende Prämissen aus:[239]

- Die Anpassungsgeschwindigkeit der Marktteilnehmer ist unendlich groß.
- Es herrscht vollständige Markttransparenz.
- Das Arbeitsangebot ist homogen.
- Die Marktteilnehmer sind völlig mobil.
- Auf dem Arbeitsmarkt befindet sich eine Vielzahl von Marktteilnehmern (atomistische Konkurrenz). Es bestehen keine Wettbewerbs- oder Marktzutrittsbeschränkungen. Es tritt somit keine Marktmacht auf.
- Es treten keine externen Effekte auf.
- Es besteht Preis- bzw. Lohnflexibilität.
- Die Arbeitsanbieter verfolgen das Ziel der Nutzenmaximierung und die Arbeitsnachfrager haben das Ziel der Gewinnmaximierung.

3.3.2 Arbeitsangebot

Das zur Erklärung des Arbeitsmarktes herangezogene Modell geht von der Annahme aus, daß die Arbeitsanbieter das Ziel verfolgen, ihren Nutzen zu maximieren. Zur Steigerung des Nutzens trägt der Konsum knapper Güter bei. Damit Haushalte Güter konsumieren können, benötigen sie Einkommen, so daß angenommen wird, daß der Nutzen des Haushaltes unter sonst gleichen Bedingungen mit steigendem Einkommen steigt.[240] Da hier das Arbeitsangebot hergeleitet werden soll, ist es zweckmäßig, davon auszugehen, daß der Haushalt ausschließlich seine Arbeitskraft zur Erzielung von Einkommen anbietet und ihm keine anderen Einkunftsquellen zur Verfügung stehen.

Die maximale Arbeitszeit wird durch die insgesamt zur Verfügung stehende Zeit T limitiert. Die Zeit, in der der Haushalt nicht arbeitet, wird als Freizeit F bezeichnet.[241] Dabei geht das Modell von der Annahme eines positiven Grenz-

---

239 Schmid, H.; Dosky, D. v.: Arbeitsmarkttheorien, 1990, S. 4 f.
240 Vgl. Linde, R.: Mikroökonomie, 1996, S. 76.
241 Vgl. Franz, W.: Arbeitsmarktökonomik, 1996, S. 29.

nutzen der Freizeit aus. Das heißt, daß eine Zunahme der Freizeit den Nutzen steigert, während eine Zunahme der Arbeitszeit ihn verringert. Man spricht insofern auch von Arbeitsleid.[242]

Eine Erhöhung der Arbeitszeit wirkt sich somit in zweierlei Hinsicht auf den Nutzen des Haushaltes aus: Während sie durch Verringerung der Freizeit Nutzenverschlechterungen mit sich bringt, bewirkt sie eine Erhöhung des Realeinkommens und damit eine Nutzensteigerung. Das Arbeitsangebot ergibt sich daher in diesem Modell aus einer Optimierungsüberlegung zwischen Einkommen und Freizeit.[243]

Der Nutzen des Haushaltes ist somit von dem erwirtschafteten Realeinkommen Y_r und der zur Verfügung stehenden Freizeit F abhängig:[244]

Gleichung 3-1
$$U = U(Y_r, F)$$

Arbeitet der Haushalt (T-F) Stunden zu einem realen Stundenlohn von *w/p* so beträgt sein Realeinkommen

Gleichung 3-2
$$y_r = \frac{w}{p} * (T - F)$$

Gleichung 3-2 zeigt mögliche Kombinationen von Freizeit und Realeinkommen bei einem bestimmten Reallohn. Sie stellt somit die Budgetrestriktion des Haushaltes dar. Der Haushalt wird diejenige Kombination von Realeinkommen und Freizeit wählen, die für ihn nutzenmaximal ist. Mathematisch handelt es sich um die Maximierung einer (Nutzen-) Funktion unter einer Nebenbedingung:

Gleichung 3-3
$$L = U(Y_r, F) + \lambda * (Y_r - \frac{w}{p} * (T - F))$$

Aus Gleichung 3-3 ergibt sich die notwendige Marginalbedingung für ein Nutzenmaximum:

---

242 In der Realität muß dies nicht der Fall sein und trifft sicher nicht für alle Menschen zu. Dennoch ist die Prämisse durchaus plausibel. Da der Freiheitsgrad bei Betätigungen in der Freizeit größer als in der Arbeitszeit ist, gelingt es Haushalten wahrscheinlich in der Freizeit Aktivitäten nachzugehen, die einen höheren Nutzen stiften als die Arbeitstätigkeit.

243 Vgl. Andel, N.: Finanzwissenschaften, 1992, S. 131.

244 Die folgenden Ausführungen lehnen sich eng an Franz, W.: Arbeitsmarktökonomik, 1996, S. 29 ff.; Brinkmann, G.: Arbeitsökonomik, 1999, S. 72 ff.; Linde, R.: Mikroökonomik, 1996, S. 74 ff. und Sohmen, E.: Allokationstheorie, 1992, S. 73 f. an.

Gleichung 3-4 $$\frac{U_F}{U_{Yr}} = \frac{w}{p}$$

Das heißt, das Arbeitsangebot des Haushaltes ist dann optimal, wenn das Verhältnis von Grenznutzen der Freizeit U_F zu Grenznutzen des Realeinkommens U_{yr} gleich dem Reallohn ist.

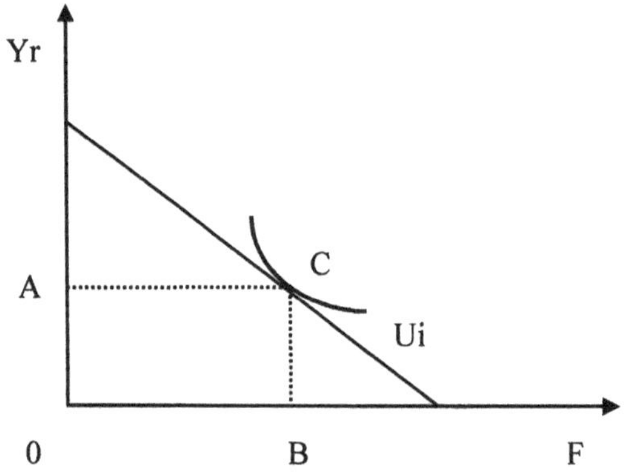

Abbildung 3: Haushaltsoptimum

Wie verläuft die Arbeitsangebotskurve des Haushaltes im Preis-Mengen-Diagramm? Mit anderen Worten, wie verändert sich das Arbeitsangebot, wenn der Reallohn steigt? Um diese Fragen zu beantworten, muß man sich darüber im klaren sein, daß das Modell annimmt, daß sowohl der Grenznutzen der Freizeit als auch der Grenznutzen des Realeinkommens abnimmt. Je mehr Freizeit eine Person besitzt, desto kleiner wird die Nutzensteigerung einer zusätzlichen Einheit Freizeit sein. Das gleiche gilt für das Realeinkommen.[245]

Wenn der Reallohn steigt, so erhöhen sich die Opportunitätskosten der Freizeit, was auf eine Steigerung des Arbeitsangebotes hinwirkt. Dieser Effekt wird als Substitutionseffekt bezeichnet (Freizeit wird durch Arbeitszeit substituiert).[246]

Eine Reallohnerhöhung bedeutet aber auch eine Steigerung des Einkommens des Haushaltes. Dieser Einkommenseffekt bewirkt entweder eine Erhöhung der Freizeit oder eine Verringerung der Freizeit und zwar je nachdem ob Freizeit ein superiores Gut oder ein inferiores Gut ist. Ist Freizeit ein superiores Gut, d. h.

245 Vgl. Franz, W.: Arbeitsökonomik, 1996, S. 29.
246 Vgl. Brinkmann, G.: Arbeitsökonomik, 1999, S. 75 f.

steigt die Nachfrage nach Freizeit mit steigendem Einkommen, so ist der Gesamteffekt nicht eindeutig. Der Substitutionseffekt wirkt auf eine Erhöhung des Arbeitsangebotes hin und der Einkommenseffekt bewirkt eine Verringerung des Arbeitsangebotes.[247]

In der Regel löst man dieses Problem der Uneindeutigkeit, indem angenommen wird, daß der Substitutionseffekt den Einkommenseffekt überwiegt und sich der Gesamteffekt erst bei relativ hohen Einkommen umkehrt.[248] Im Normalfall sollte daher eine Steigerung des Reallohns eine Erhöhung des Arbeitsangebotes bewirken. Die Arbeitsangebotskurve des betrachteten Haushalts verläuft im Preis-Mengen-Diagramm von links nach rechts steigend. Unter den getroffenen Annahmen gilt dies auch für die gesamtwirtschaftliche Arbeitsangebotskurve A_S. Sie ergibt sich graphisch aus der horizontalen Aggregation der Arbeitsangebotskurven der einzelnen Haushalte der betrachteten Volkswirtschaft.

3.3.3 Arbeitsnachfrage

Unternehmen setzen Arbeit als Produktionsfaktor ein. Wieviel Arbeit benötigt wird, um einen bestimmten Output zu produzieren, hängt von der Produktionsfunktion und der eingesetzten Menge anderer Produktionsfaktoren ab. Nimmt man an, daß außer Arbeit ausschließlich Kapital zur Produktion eingesetzt wird, so gilt für den Output x:[249]

Gleichung 3-5 $$x = x(A; K)$$

Dem Unternehmen entstehen Kosten in Höhe des Lohnsatzes w pro eingesetzter Arbeitseinheit und in Höhe des Zinses r pro eingesetzter Kapitaleinheit. Es sei angenommen, das vollkommene Konkurrenz auf Güter- und Faktormarkt herrscht. Der betrachtete Unternehmer verhält sich also als Mengenanpasser, der den Marktpreis p seines Gutes und den Lohnsatz w nicht beeinflussen kann. Für die Gewinnfunktion gilt dann:

Gleichung 3-6 $$G = p * x(A; K) - w * A - r * K$$

---

247 Ausführlich beschäftigt sich Franz, W.: Arbeitsökonomik, 1996, S. 33 ff. mit diesem Problembereich.

248 Vgl. Linde, R.: Mikroökonomik, 1996, S. 80 f.

249 Die folgende Herleitung lehnt sich an Sohmen, E.: Allokationstheorie, 1992, S. 75 an. Eine Variation unter Aufgabe der Prämisse der vollständigen Konkurrenz findet sich bei Franz, W.: Arbeitsökonomik, S. 120 ff.

Der Unternehmer wird die Menge Arbeit nachfragen, bei der sein Gewinn maximal ist. Eine notwendige Bedingung dafür ist, daß die erste Ableitung der Gewinnfunktion nach der Variablen A gleich null ist:

Gleichung 3-7

$$\frac{\partial G}{\partial A} = p * \frac{\partial x}{\partial A} - w = 0$$

Umgeformt ergibt sich somit:

Gleichung 3-8

$$p * \frac{\partial x}{\partial A} = w$$

Auf der linken Seite der Gleichung 3-8 befindet sich das Wertgrenzprodukt der Arbeit. Dieses gibt an, um welchen Betrag der Erlös der Unternehmung steigt, falls eine zusätzliche Einheit Arbeit zur Verfügung steht.

Zur Realisierung des Gewinnmaximums muß das Wertgrenzprodukt der Arbeit gleich dem Preis der Arbeit, dem Lohn, sein.[250] Ist das Wertgrenzprodukt größer als der Marktpreis des Faktors Arbeit, so ist es für das Unternehmen rational mehr Arbeit nachzufragen, da eine zusätzliche Menge Arbeit weniger kostet als sie erlöst, eine Gewinnsteigerung ist in diesem Fall noch möglich; das Gewinnmaximum ist noch nicht erreicht.[251] Anders ausgedrückt besagt Gleichung 3-, daß die Obergrenze für die Entlohnung eines Arbeitnehmers der Betrag ist, den er für ein Unternehmen erwirtschaftet. Eine Unternehmung wird immer dann eine weitere Arbeitskraft einstellen, wenn ihr Beitrag zum Gewinn größer ist als die Kosten, die sie verursacht.[252]

Die Herleitung der Arbeitsangebotskurve ist damit allerdings noch nicht komplett. Die Grenzproduktivitätsregel stellt lediglich eine notwendige Bedingung für ein Gewinnmaximum dar, hinreichend ist sie nicht. Damit an dieser Stelle der Gewinnfunktion tatsächlich ein Gewinnmaximum vorliegt, müssen verschiedene Bedingungen erfüllt sein.

Eine dieser Bedingungen besagt, daß die Grenzproduktivität des Faktors Arbeit abnimmt, wenn die Einsatzmenge des Faktors Arbeit zunimmt. Das heißt, je mehr Arbeit eingesetzt wird, desto kleiner werden die dadurch hervorgerufenen Steigerungen des Outputs. Selbstverständlich kann die Gewinnfunktion Bereiche mit steigender Grenzproduktivität aufweisen, nur liegt an solchen Stellen kein

250 Vgl. Brinkmann, G.: Arbeitsökonomik, 1999, S. 113.
251 Vgl. Linde, R.: Mikroökonomik, 1996, S. 119.
252 Vgl. Siebert, H.: Vollbeschäftigung, 1986, S. 6.

Gewinnmaximum vor. Das Gewinnmaximum muß in einem Bereich mit fallender Grenzproduktivität des Faktors Arbeit liegen.[253]

Damit liegt auf der Hand, wie sich Unternehmen verhalten, falls der Lohnsatz größer ist als das Wertgrenzprodukt der Arbeit: Die Unternehmen werden den Einsatz von Arbeit reduzieren und damit das Wertgrenzprodukt der eingesetzten Arbeit erhöhen. Dies wird solange geschehen, bis sich Wertgrenzprodukt und Lohnsatz wieder entsprechen.[254]

Die Arbeitsnachfragekurve des Unternehmens verläuft somit im Preis-Mengen-Diagramm von links nach rechts fallend. Die bei einem bestimmten Lohn nachgefragte Menge an Arbeit entspricht der Summe der Arbeitsnachfrage der einzelnen Unternehmen. Die gesamtwirtschaftliche Arbeitsnachfragekurve A_D ergibt sich graphisch aus einer horizontalen Aggregation der Arbeitsnachfragekurven der einzelnen Unternehmen. Auch sie verläuft im Preis-Mengen-Diagramm von links nach rechts fallend.[255]

3.3.4 Vollbeschäftigung als Gleichgewicht auf dem Arbeitsmarkt

Verhalten sich die Arbeitsanbieter und die Arbeitsnachfrager auf die in den vorangegangenen Kapiteln dargestellten Weise, so gilt für die Arbeitsangebotskurve As und für die Arbeitsnachfragekurve Ad:[256]

Gleichung 3-9 $$As = As(\frac{w}{p})$$

und

Gleichung 3-10 $$Ad = Ad(\frac{w}{p}),$$

wobei das Arbeitsangebot sich mit steigendem Reallohn erhöht und die Arbeitsnachfrage mit steigendem Reallohn abnimmt. Graphisch stellt sich dieser Zusammenhang folgendermaßen dar:

253 Vgl. dazu im einzelnen Linde, R.: Mikroökonomie, 1996, S.120.
254 Vgl. Brinkmann, G.: Arbeitsökonomik, 1999, S. 119.
255 Vgl. Brinkmann, G.: Arbeitsökonomik, 1999, S. 119.
256 Vgl. Schmid, H.; Dosky, D. v.: Arbeitsmarkttheorien, 1990, S. 5 f.

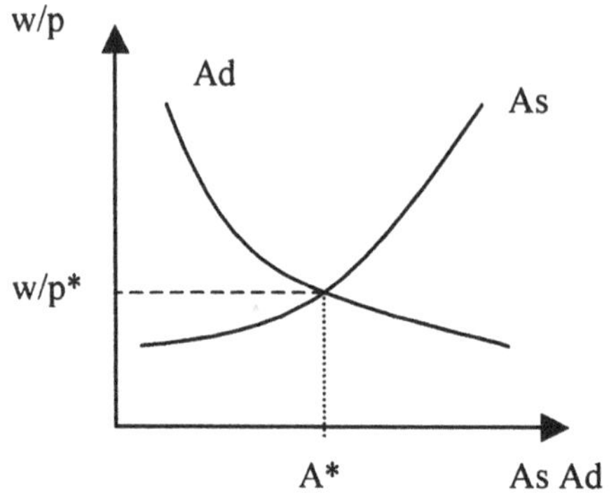

Abbildung 4: Arbeitsmarktgleichgewicht

In Abbildung 4 schneiden sich die Angebots- und Nachfragekurve, d. h. es existiert ein Marktgleichgewicht. Dieses Marktgleichgewicht ist stabil. Eine Abweichung vom Marktgleichgewicht ruft Mechanismen hervor, die Reallohn und Arbeitsmenge wieder zum Gleichgewicht führen.[257]

Dazu ein einfaches Beispiel: Angenommen der Marktlohn liegt über dem Gleichgewichtslohn. In diesem Fall werden die Unternehmen weniger Arbeit nachfragen und zwar solange, bis sich Wertgrenzprodukt und Lohnsatz wieder entsprechen.[258] Es wird somit zu einer Unterbeschäftigung von Arbeit kommen. Personen, die Arbeiten wollen, aber zu dem herrschenden Lohn keine Arbeit finden, werden den Marktlohn unterbieten.

Für die Unternehmen bedeutet dies wiederum, daß Arbeit existiert, deren reale Entlohnung unter ihrem Wertgrenzprodukt liegt. Die Unternehmen werden also aufgrund des Ziels der Gewinnmaximierung mehr Arbeit nachfragen.[259] Diese Effekte werden solange auftreten, bis der Markt geräumt ist. In diesem Modell existiert somit keine unfreiwillige Arbeitslosigkeit.[260] Es kommen keine Arbeitslosen vor, die zum Gleichgewichtslohnsatz arbeiten wollen und keine Arbeit finden.[261]

Aufgrund der in der Realität zu beobachtenden Arbeitslosigkeit könnte man dem dargestellten Grundmodell Realitätsferne oder einen zu hohen Abstraktions-

---

257 Zur Stabilität von Marktgleichgewichten vgl. Linde, R.: Mikroökonomie, 1996, S. 142 ff.
258 Vgl. Sohmen, E.: Allokationstheorie, 1992, S. 75 f.
259 Vgl. Brinkmann, G.: Arbeitsökonomik, 1999, S. 119.
260 Vgl. Schmid, H.; Dosky, D. v.: Arbeitsmarkttheorien, 1990, S. 7.
261 Vgl. Sohmen, E.: Allokationstheorie, 1992, S. 87.

grad anlasten. Das Modell kann jedoch konstruktiver genutzt werden. Das Grundmodell stellt ein Idealbild des Arbeitsmarktes ohne Arbeitslosigkeit dar. Die Prämissen des Modells existieren in der Realität nicht oder zumindest nicht in der angenommen Weise. Es tritt Arbeitslosigkeit auf. Aus diesem Grund liefern Prämissenvariationen des Grundmodells unterschiedliche Erklärungen für das Auftreten von struktureller Arbeitslosigkeit.[262]

Die vollkommene Anpassungsflexibilität des Grundmodells basiert – vereinfachend dargestellt – im Wesentlichen auf völlig flexiblen Löhnen und vollkommener Mobilität der Marktteilnehmer. Beide Prämissen sind in der Realität nicht zu halten und gelten daher als zentrale Erklärungsansätze für Funktionsstörungen des Arbeitsmarktes und für das Auftreten von struktureller Arbeitslosigkeit.[263]

3.3.5 Arbeitslosigkeit durch Funktionsstörungen des Arbeitsmarktes

3.3.5.1 Anpassungslasten und Arbeitslosigkeit

In einer dynamischen Volkswirtschaft sind gesamtwirtschaftliche Datenänderungen nicht die Ausnahme, sondern die Regel. Bei einer Interdependenz der Märkte schlagen diese Datenänderungen auf die Arbeitsmärkte durch. Es treten Anpassungslasten für die Arbeitsmärkte auf.[264] Die Beispiele für solche Anpassungslasten sind vielfältig: Wechselkursschwankungen, Inflation oder technischer Fortschritt können ebenso zu Anpassungsbedarf führen, wie Rohstoffpreisschocks, demographische Veränderungen, Einbrüche der gesamtwirtschaftlichen Nachfrage oder strukturelle Verschiebungen im Nachfrageverhalten der Konsumenten. Diese Liste läßt sich beliebig verlängern.

Anpassungslasten wirken sich direkt oder indirekt auf das Wertgrenzprodukt bestimmter Arbeitsplätze aus. Besonders problematisch sind dabei Anpassungslasten, die nicht nur zeitweise das Produktionspotential einer Volkswirtschaft in Mitleidenschaft ziehen, sondern das Produktionsgefüge insgesamt verändern, also strukturellen Wandel verursachen. „Unrentable Arbeitsplätze verschwinden im Zuge des Strukturwandels und werden, wenn die Bedingungen dafür gegeben

---

262 Tatsächlich stellen streng genommen alle neoklassisch fundierten Erklärungen für Arbeitslosigkeit Prämissenvariationen des Grundmodells dar. Anschaulich zeigen dies z.B. Schmid, H; Dosky, D. v.: Arbeitsmarkttheorien, 1990, S. 73 f.

263 Vgl. Berthold, N.: Lohnstarrheit, 1987, S. 62; vgl. dazu auch Berthold, N.: Arbeitslosigkeit, 1992, S. 53.

264 Zur Entstehung von Ungleichgewichten durch Änderungen der gesamtwirtschaftlichen Rahmenbedingungen und sich daraus ergebenden Anpassungslasten für die Arbeitsmärkte vgl. Berthold, N.: Lohnstarrheit, 1987, S. 14-18.

sind, durch neue Arbeitsplätze ersetzt..."[265] Das heißt, Anpassungslasten müssen, selbst wenn sie durch einen strukturellen Wandel hervorgerufen werden, nicht zu dauerhafter Arbeitslosigkeit führen, so lange der Arbeitsmarkt funktioniert.

Strukturelle Arbeitslosigkeit tritt erst dann auf, wenn Anpassungslasten auf nicht ausreichende Anpassungsfähigkeit des Arbeitsmarktes treffen. In diesem Fall gelingt es auf dem Arbeitsmarkt nicht, das Arbeitskräfteangebot und die Arbeitskräftenachfrage zu koordinieren und als Ersatz für unrentable Arbeitsplätze neue Arbeitsplätze im Wachstumsprozeß zu schaffen.

Die Anpassungsfähigkeit des Arbeitsmarktes hängt davon ab, wie gut es den beteiligten Akteuren gelingt, auf Veränderungen der gesamtwirtschaftlichen Datenlage zu reagieren.[266] Unter den Annahmen des im vorangegangenen Kapitel dargestellten Gleichgewichtsmodells gelingt das ideal, ohne daß eine unfreiwillige Arbeitslosigkeit auftritt. Aus diesem Grund kann der Arbeitsmarkt des allgemeinen Gleichgewichtsmodells als Referenz zur Erläuterung von Funktionsstörungen auf den tatsächlichen Arbeitsmärkten dienen.

Funktionsstörungen können auftreten, wenn die Prämissen des Modells in der Realität nicht oder zumindest nicht in annähernder Weise erfüllt sind. Wie bereits dargestellt, wird die Anpassungsfähigkeit des Arbeitsmarktes in der Realität in erster Linie durch zwei Problembereiche eingeschränkt, die es verhindern, daß Arbeitsmärkte wie Rohstoff oder Devisenmärkte auf entstehende Ungleichgewichte schnell und flexibel reagieren:[267]

1. Eine mangelhafte qualifikatorische und regionale Mobilität der Arbeitnehmer.
2. Eine geringe Flexibilität der Löhne und eine in bezug auf die inter- und intrasektoral unterschiedlichen Produktivitäten nicht ausreichend differenzierte Lohnstruktur.

3.3.5.2 Mobilitätsdefizite

Der Faktor Arbeit besitzt eine Besonderheit: Er ist an die jeweilige Person gebunden. Diese Personengebundenheit der Arbeitskraft ist eine Ursache dafür, daß in der Realität zwei Annahmen des Grundmodells nicht haltbar sind, nämlich die Homogenität und die vollkommene Mobilität des Produktionsfaktors Arbeit.[268]

Durch die Aufgabe der Prämisse der Homogenität ist es möglich, daß Arbeitsplätze andere Berufe und Qualifikationen verlangen, als sie die Bewerber aufweisen. Hinzu kommt, daß Wohnort von Arbeitnehmer und Standort von Ar-

---

265 Vgl. Sachverständigenrat: Aufschwung, 1994, S. 254.
266 Vgl. dazu auch Berthold, N: Arbeitslosigkeit, 1992, S. 53.
267 Vgl. Berthold, N.: Lohnstarrheit, 1987, S. 62; vgl. dazu auch Berthold, N.: Arbeitslosigkeit, 1992, S. 53.
268 Vgl. Rothschild, K. W.: Theorien, 1988, S. 25.

beitgeber differieren können.[269] Diese Formen von „Mis-Match" auf dem Arbeitsmarkt können Probleme bei der Abstimmung von Arbeitskräfteangebot und Arbeitskräftenachfrage nach sich ziehen, wenn der Faktor Arbeit in qualifikatorischer bzw. regionaler Hinsicht nicht ausreichend mobil ist.

Mobilitätsdefizite können durch unterschiedliche Faktoren hervorgerufen werden: „Sie umfassen den angespannten Wohnungsmarkt, hohe Grundstückspreise, institutionelle Hemmnisse, beispielsweise in Form eines regional differenzierten Schulsystems, soziale Bindungen, die unzulängliche Bereitschaft und Fähigkeit, neue Qualifikationen zu erwerben, und eine mangelnde Bereitschaft notfalls Lohneinbußen hinzunehmen."[270]

Der Sachverständigenrat zur Begutachtung der gesamtwirtschaftlichen Lage schätzt in seinem Jahresgutachten 1994/95 den Anteil der Mis-Match-Arbeitslosigkeit als „grobe Orientierungsgröße" auf 500.000 Personen oder einem Fünftel der gesamten Arbeitslosigkeit.[271] Auf anderen Modellen basierende Schätzungen gehen sogar von einer über dieser Angabe liegende Größenordnung aus.[272]

Mis-Match-Arbeitslosigkeit aufgrund von Mobilitätsdefiziten ist nicht unabhängig von dem zweiten Problemkreis, der Flexibilität der Lohnstruktur. Mit anderen Worten: Die Beziehungen zwischen Arbeitslosigkeit und Mobilitätsdefiziten auf der einen Seite und Lohnrigiditäten auf der anderen Seite sind nicht monokausal.[273] Aus diesem Grund soll im folgenden die Beziehung zwischen den Prämissenvariationen in bezug auf vollkommene Mobilität und Homogenität des Faktors Arbeit und dem Lohn als Regulativ des Arbeitsmarktes dargestellt werden.

3.3.5.3 Lohnrigidität

Grundsätzlich ist der Lohn als Preis der Arbeit das Regulativ des Arbeitsmarktes. Anpassungslasten, die das Wertgrenzprodukt der Arbeit in Mitleidenschaft ziehen, führen immer dann nicht zu Mengenreaktionen der Unternehmen, wenn es möglich ist eine Anpassung über den Faktorpreis, d.h. über den Lohn, vorzunehmen.[274] Arbeitslosigkeit entsteht aus dieser Sichtweise immer dann, wenn die

---

269 Vgl. Sachverständigenrat: Aufschwung, 1994, S. 252.
270 Sachverständigenrat: Aufschwung, 1994, S. 252.
271 Vgl. Franz, W.: Ursachen, 1995, S. 9 sowie Sachverständigenrat: Aufschwung, 1994, S. 254.
272 Vgl. Entorf, H.: Mismatch-Analyse, 1995, S. 92.
273 Vgl. Berthold, N.: Lohnstarrheit, 1987, S. 62.
274 Vgl. Engels, W.: Arbeitslosigkeit, 1984, S. 267 f.

Marktteilnehmer nicht bereit sind, die Anpassungslasten über eine Lohnreaktion zu tragen.

Rigide Löhne stehen daher im Verdacht, Arbeitslosigkeit zu verursachen.[275] Die Beziehungen zwischen Lohn und Beschäftigung sind in der Realität nicht so eindimensional, wie sie unter dem rigiden Annahmegerüst des Grundmodells dargestellt werden. Der Komplex der Lohnrigidität bezieht hier auch den Bereich der Lohnstrukturrigidität mit ein und steht in Verbindung mit Mobilitätsdefiziten und Heterogenität des Produktionsfaktors Arbeit.

Wie bereits dargestellt wurde, ergibt sich die gesamtwirtschaftliche Arbeitsnachfragekurve grafisch durch eine horizontale Aggregation der Nachfragekurven der einzelnen Unternehmen.[276] Die Nachfragekurven der einzelnen Unternehmen resultieren aus der Grenzproduktivitätsregel.[277] Die Produktivitäten der einzelnen Arbeitsplätze unterscheiden sich in der Realität aber von Unternehmen zu Unternehmen und auch innerhalb eines Unternehmens. Dieser Sachverhalt wird durch die Heterogenität des Arbeitsangebotes verstärkt. Aufgrund von Qualifizierungen besetzen Arbeitnehmer mit verschiedener Ausbildung Arbeitsplätze, die sich in ihrer Produktivität unterscheiden.

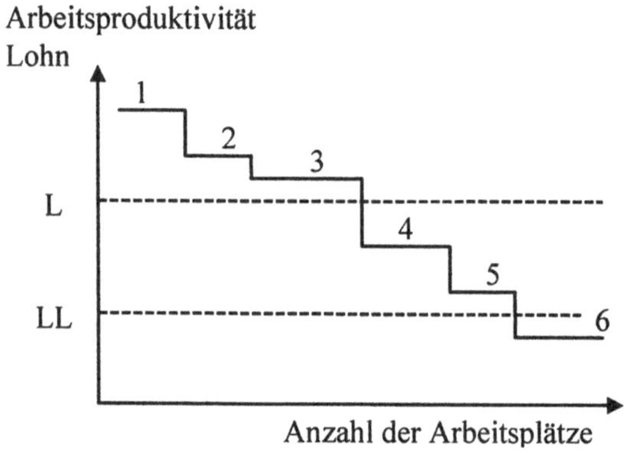

Abbildung 5: Lohndifferenzierung und Beschäftigung

Die gesamtwirtschaftliche Arbeitsnachfragekurve stellt eine Ordnung unterschiedlicher Produktivitäten dar. Oben links befinden sich die Arbeitsplätze mit der höchsten Produktivität, die dann im Verlauf der Nachfragekurve kontinuier-

275 Vgl. Sachverständigenrat: Aufschwung, 1994, S. 258.
276 Vgl. Kapitel 3.3.4 dieser Arbeit.
277 Vgl. die Ausführungen in Kapitel 3.3.3 dieser Untersuchung.

lich abnimmt, bis man unten rechts bei dem Arbeitsplatz mit der niedrigsten Produktivität angelangt ist. Nimmt man zur Vereinfachung an, alle Arbeitsplätze einer Volkswirtschaft könnten sechs Produktivitätsstufen zugeordnet werden, so daß die Arbeitsplätze der Stufe eins die höchste und die Arbeitsplätze der Stufe sechs die niedrigste Produktivität aufweisen, kommt man zu einer Arbeitsnachfragekurve wie sie in Abbildung 5 dargestellt ist.[278]

Nimmt man in dieser Situation an, daß auf dem Arbeitsmarkt ein einheitlicher Lohn L gezahlt wird, so erkennt man in Abblidung 5, daß nur Arbeit der Produktivitätsstufen 1, 2 und 3 nachgefragt werden. Für die Produktivitätsstufen 4, 5 und 6 finden sich keine Interessenten, da ihr Beitrag zum Erlös eines Unternehmens geringer ist als ihre Entlohnung. Der Einheitslohn müßte, soll eine Erhöhung der Beschäftigung bewirkt werden, deutlich sinken. Bei einem Einheitslohn von LL würden z.B. auch Arbeitsplätze der Produktivitätsstufen 4 und 5 besetzt werden.[279]

Eine andere Möglichkeit besteht darin, für eine ausreichend differenzierte Lohnstruktur zu sorgen.[280] Stellt man sich in dem Beispiel sechs an den unterschiedlichen Produktivitäten orientierte Lohngruppen vor, so würde es gelingen, sämtliche Produktivitätsstufen einer Beschäftigung zuzuführen. In diesem Fall ist es möglich, die Arbeitsplätze der unteren Produktivitätsstufen zu besetzen und gleichzeitig die höheren Produktivitätsstufen besser zu entlohnen. Wenn es um mehr Beschäftigung geht, kann somit eine verstärkte Lohndifferenzierung eine Alternative zu einer allgemeinen Lohnsenkung sein.[281]

Lohndifferenzierung hängt eng mit der Forderung nach Schaffung neuer, unterer Lohngruppen zusammen.[282] Dies hat folgenden Grund: Arbeitsplätze mit niedriger Produktivität, weisen in der Regel keine hohen Ansprüche an die Qualifikation des Arbeitnehmers auf. Tendenziell gilt aber (zumindest im produzierenden Gewerbe), je anspruchsloser die Tätigkeit ist, desto einfacher läßt sie sich durch maschinelle Arbeit ersetzen. Für Arbeitsplätze mit niedriger Produktivität sind Arbeit und Kapital häufig substitutionale Produktionsfaktoren. Ein über der

---

278 Das folgende Beispiel wurde aus Siebert, H.: Arbeit, 1995, S. 124 f. entnommen.

279 Vgl. Siebert, H.: Arbeit, 1995, S. 125.

280 Zu Arten und Ausmaß der Lohndifferenzierung in der Bundesrepublik vgl. Franz, W.: Arbeitsökonomik, 1996, S. 324 ff.; Siebert, H.: Beschäftigung, 1996, S. 10; Möller, J.; Bellmann, L.: Wandel, 1995 jeweils mit weiteren Literaturverweisen sowie Sachverständigenrat: Aufschwung, 1994, S. 261 f.

281 Vgl. Donges, J. B. u.a.: Strukturwandel, 1988, S. 80; Siebert, H.: Arbeit, 1995, S. 125.

282 Vgl. Siebert, H.: Beschäftigung, 1996, S. 10.; Sachverständigenrat: Aufschwung, 1994, S. 262.

Produktivität liegender Lohn führt daher in unteren Lohngruppen leichter zu einer Rationalisierung als in oberen.[283]

Als Fazit gilt jedoch nicht nur für untere Produktivitätsstufen: Unterschiedliche Produktivitäten machen unterschiedliche Löhne notwendig.[284] In der Realität existieren nicht nur sechs Stufen, sondern eine unüberschaubare Vielzahl unterschiedlicher Produktivitäten. Dementsprechend weist die Arbeitsnachfragekurve keinen stufenförmigen, sondern einen kontinuierlichen Verlauf auf. In der Realität wird es daher nicht möglich sein, in bezug auf jede Produktivität eine Anpassung des Lohnes vorzunehmen.[285] Dies ändert jedoch nichts an der Zweckmäßigkeit einer differenzierteren Lohnstruktur als Mittel der Beschäftigungsförderung.[286]

Findet eine Lohndifferenzierung nach unterschiedlichen Produktivitäten statt, bedeutet dies nichts anderes als Leistungsgerechtigkeit. Die Arbeitnehmer, die ein relativ hohes Wertgrenzprodukt für ein Unternehmen erzielen, erhalten einen relativ hohen Lohn, umgekehrtes gilt für Arbeitnehmer mit einer relativ niedrigen Produktivität.

Eine ausreichend differenzierte Lohnstruktur stellt einen Anreiz für Arbeitnehmer dar, auf Arbeitsplätze mit einer möglichst hohen Produktivität und einen möglichst hohem Lohn zu wechseln. Sie erhöht die Mobilitätsbereitschaft der Arbeitnehmer. Lohndifferenzierung trägt somit dazu bei, daß der Faktor Arbeit in seine produktivste Verwendung gelenkt und eine Verschwendung knapper Ressourcen vermieden wird. Allerdings steigt das erforderliche Ausmaß der Lohndifferenzierung mit sinkender Mobilitätsbereitschaft der Arbeitnehmer.[287] Mit anderen Worten: Die eingangs geschilderten Mobilitätsdefizite und ihre Bedeutung für das Auftreten von struktureller Arbeitslosigkeit hängen auch vom Ausmaß der Lohndifferenzierung ab.

Der Anreizmechanismus einer flexiblen und differenzierten Lohnstruktur gewinnt bei Veränderungen im Produktionsgefüge einer Volkswirtschaft an Bedeutung. So kann ein Wandel der Verbraucherpräferenzen oder technischer Fortschritt dazu führen, daß sich die Produktivitäten bestimmter Arbeitsplätze verändern. Es tritt ein struktureller Wandel auf. Von Strukturwandel sind jedoch nicht alle Branchen gleich betroffen. Einige Branchen werden durch den Strukturwandel Produktivitätsfortschritte zu verzeichnen haben, während andere Produktivitätseinbrüchen erleben. Da die unterschiedlichen Branchen nicht gleichmäßig auf

283 Vgl. Wissenschaftlicher Beirat: Langzeitarbeitslosigkeit, 1996, S. 18.

284 Vgl. Donges, J. B.: Deregulierung, 1992, S. 33.

285 Zur Frage inwieweit das Verhalten der Tarifparteien einer knappheitsgerechten Lohndrift entgegensteht, vgl. Donges, J. B.: Deregulierung, 1992, S. 33.

286 Vgl. Siebert, H.: Arbeit, 1995, S. 125.

287 Vgl. Bellmann, L.: Spreizung, 1995, S. 329.

die Regionen verteilt sind, wird sich der sektorale Strukturwandel auch auf die Regionen auswirken, so daß Regionen mit relativ hoher und relativ niedriger Produktivität entstehen.[288]

Ist die Lohnstruktur ausreichend flexibel, so reagieren die Lohnrelationen auf die Veränderungen des sektoralen und regionalen Produktivitätsgefüges. Produktiveren Branchen ist es dann möglich, einen höheren Lohn zu zahlen, während unproduktiver gewordene Branchen nur noch einen niedrigeren Lohn aufbringen können. Einerseits führt Lohndifferenzierung in diesem Fall dazu, daß ein Strukturwandel nicht unmittelbar Mengenreaktionen auf dem Arbeitsmarkt, also einen Abbau von Arbeitsplätzen, bewirken muß. Andererseits kann durch einen funktionsfähigen Arbeitsmarkt der Strukturwandel und damit die Schaffung neuer Arbeitsplätze unterstützt werden.[289]

Zum ersten Punkt: Ist es Unternehmen möglich, auf Produktivitätseinbrüche mit einer Lohnanpassung zu reagieren, und nehmen die Arbeitnehmer dies hin, entstehen keine Mobilitätsprobleme, da keine Freisetzung von Arbeitskräften erfolgt.[290] In diesem Sinne ist es z.B. durchaus denkbar, daß Arbeitnehmer aufgrund von Präferenzen in bezug auf Wohnort oder Unternehmen ein niedrigeres Lohnniveau akzeptieren und damit zur Verbesserung der Wettbewerbsfähigkeit von strukturschwachen Regionen oder zur Sanierung von in Gefahr geratenen Unternehmen beitragen.[291]

Zum zweiten Punkt: Erfüllt der Lohn seinen Zweck als Anreizmechanismus, so wird die differenzierte Lohnstruktur dazu führen, daß Arbeitskräfte aus den unproduktiven Arbeitsplätzen in die produktiveren wandern.[292] Ab einem gewissen Grad der Lohndifferenzierung lohnt sich bereits eine Umschulung oder Weiterbildung. Zudem werden junge Menschen tendenziell eine Ausbildung wählen, die im späteren Berufsleben einen höheren Lohn verspricht. Eine differenzierte und flexible Lohnstruktur fördert die regionale und qualifikatorische Mobilität der Arbeitskräfte und erleichtert den gesamtwirtschaftlichen Strukturwandel.[293] Das heißt nicht, daß die oben beschriebenen Mobilitätshemmnisse nicht existent sind, im Gegenteil, sie bedingen geradezu eine ausreichende Ausdifferenzierung der Löhne. Denn je höher die Nachteile sind, die durch regionale oder qualifika-

---

288 Vgl. Siebert, H.: Arbeit, 1995, S. 127.
289 Vgl. Donges, J. B.: Strukturwandel, 1988, S. 82 ff.
290 Vgl. Siebert, H.: Arbeit, 1995, S. 127.
291 Vgl. Donges, J. B.: Deregulierung, 1992, S. 34.; Donges, J. B.: Strukturwandel, 1988, S. 80.
292 Vgl. Siebert, H.: Vollbeschäftigung, 1986, S. 7.
293 Vgl. Donges, J. B.: Strukturwandel, 1988, S. 82 f.

torische Mobilität entstehen, desto stärker muß die Anreizwirkung der Entlohnung sein, die eine solche Mobilität belohnt.[294]

Zusammenfassend läßt sich somit behaupten, daß Mobilitätsdefizite und die Heterogenität des Faktors Arbeit die Ansprüche an den Lohn als Regulativ des Arbeitsmarktes erhöhen. Andererseits trägt jedoch eine flexible und differenzierte Lohnstruktur dazu bei, Mobilitätsdefizite abzubauen. Allerdings kann auch bei einer flexiblen und differenzierten Lohnstruktur ein Grad von Mis-Match-Arbeitslosigkeit auf dem Arbeitsmarkt bestehen. So nehmen z. B. Umschulungsmaßnahmen Zeit in Anspruch. Dies wird vor allem bei einer sich intensivierenden Geschwindigkeit des strukturellen Wandels und gehäuft auftretenden Datenänderungen mehr und mehr zum Problem. Weiterhin schlagen im Bereich der regionalen Mobilität Probleme der Unvollkommenheit und Regulierung des Wohnungsmarktes auf den Arbeitsmarkt durch. Ähnliche Defizite existieren bei Bildungs- und Ausbildungsentscheidungen, wodurch die qualifikatorische Mobilität in Mitleidenschaft gezogen werden kann. Festzuhalten bleibt jedoch: Einer flexiblen und differenzierten Lohnstruktur kommt für die Bewältigung des strukturellen Wandels auf dem Arbeitsmarkt und damit für den Abbau von Arbeitslosigkeit eine zentrale Bedeutung zu.[295]

3.4 Wirtschaftswachstum als Instrument der Beschäftigungspolitik

3.4.1 Determinanten der Arbeitsnachfrage

Im vorangegangenen Kapitel wurde gezeigt, daß gesamtwirtschaftliche Datenänderungen Anpassungslasten für den Arbeitsmarkt mit sich bringen. Diese Anpassungslasten können strukturelle Arbeitslosigkeit verursachen. Voraussetzung dafür ist jedoch, daß es den Arbeitsmarktteilnehmern aufgrund von Funktionsstörungen auf dem Arbeitsmarkt nicht gelingt, sich an auftretende Datenänderungen anzupassen. Eine grundsätzliche Möglichkeit zum Abbau von Arbeitslosigkeit besteht daher darin, Funktionsstörungen auf dem Arbeitsmarkt abzubauen und dadurch eine reibungslosere Koordination von Arbeitsangebot und Arbeitsnachfrage zu gewährleisten.

In Hinblick auf die Bedeutung struktureller Arbeitslosigkeit in der Bundesrepublik liegt es zudem nahe, alles zu tun, was den Arbeitsmarkt entlastet und zur Schaffung neuer Arbeitsplätze beiträgt. Fraglich ist in diesem Zusammenhang, was Unternehmen dazu bewegt, Arbeitsplätze zu schaffen, was also die Determi-

294 Vgl. Bellmann, L.: Spreizung, 1995, S. 392.

295 Vgl. Sachverständigenrat: Aufschwung, 1994, S. 261.

nanten der Arbeitsnachfrage sind. Tatsächlich besteht in der Arbeitsmarktforschung ein erhebliches Defizit an einzel- und gesamtwirtschaftlichen Informationen über die Nachfrageseite des Arbeitsmarktes.[296] Dennoch haben sich einige Determinanten in theoretischen Analysen als besonders relevant für die Arbeitsnachfrage erwiesen, nämlich[297]

- die Faktorpreise,
- die Substitution zwischen Arbeit und anderen Produktionsfaktoren und
- der Output der Unternehmen.

Mittelstandsförderung als beschäftigungsorientierte Strukturpolitik bezieht sich auf die zuletzt genannte Determinante der Arbeitsnachfrage. Sie setzt also auf Wirtschaftswachstum als ein Instrument zur Steigerung der Arbeitsnachfrage. Neu daran ist, daß nicht auf ein allgemeines Wirtschaftswachstum oder auf eine Ausdehnung der Produktion in Großunternehmen, sondern auf eine Outputsteigerung in Kleinunternehmen gesetzt wird.

3.4.2 Der Zusammenhang zwischen Wirtschaftswachstum und Beschäftigung

3.4.2.1 Aus theoretischer Sicht

Der Zusammenhang zwischen Wirtschaftswachstum und Beschäftigung läßt sich anhand einer gesamtwirtschaftlichen Produktionsfunktion zeigen:[298]

Gleichung 3-11 $$Y = A^{\alpha} * K^{\beta} * e^{\lambda}$$

Dabei stellt Y den gesamtwirtschaftlichen Output, A die Beschäftigung und K den Kapitalbestand dar. α und β bezeichnen die Produktionselastizität der Arbeit und des Kapitals, λ_t ist die technische Fortschrittsrate und e ein Faktor, der die Produktivität der Produktionsfaktoren symbolisiert.

Für die Durchschnittsproduktivität des Faktor Arbeit gilt:

Gleichung 3-12 $$\frac{Y}{A} = A^{\alpha-1} * K^{\beta} * e^{\lambda}$$

---

296 Vgl. Projektgruppe Betriebspanel: Ansatz, 1991, S.1.

297 Vgl. Franz, W.: Arbeitsmarktökonomik, 1995, S. 157 f.

298 Es handelt sich um eine Copp-Douglas-Produktionsfunktion. Eine ähnliche Funktion wird vom Sachverständigenrat zur Begutachtung der gesamtwirtschaftlichen Lage für Aussagen zur Entwicklung der Grenzproduktivität und Empfehlungen an die Lohnpolitik genutzt. Die folgende Darstellung lehnt sich daher an Sachverständigenrat: Reformen, 1996, S. 309 an.

Für die Grenzproduktivität der Arbeit gilt:

Gleichung 3-13 $$\frac{\partial Y}{\partial A} = \alpha * A^{\alpha-1} * K^{\beta} * e^{\lambda}$$

Grenzproduktivität und Durchschnittsproduktivität stehen damit in einem proportionalen Zusammenhang:[299]

Gleichung 3-14 $$\frac{\partial Y}{\partial A} = \alpha * \frac{Y}{A}$$

Verfolgen die Unternehmen das Ziel der Gewinnmaximierung, so orientiert sich die gesamtwirtschaftliche Nachfrage nach Arbeit an der Grenzproduktivitätsregel, es gilt somit:

Gleichung 3-15 $$w = p * \alpha * \frac{Y}{A}$$

Löst man diese Gleichung nach der gesamtwirtschaftlichen Nachfrage nach Arbeit auf, erhält man:

Gleichung 3-16 $$A = \frac{\alpha * Y}{\frac{w}{p}}$$

Nimmt man an, daß die Produktionselastizität α im Zeitablauf konstant ist, so gilt für die Veränderungsrate der Beschäftigung:

Gleichung 3-17 $$\hat{A} = \hat{Y} - (\hat{w} - \hat{p})$$

299 Dieser proportionale Zusammenhang zwischen Grenz- und Durchschnittsproduktivität ist für Empfehlungen an die Lohnpolitik von Bedeutung. Die Forderung nach einer an der Grenzproduktivität orientierten Lohnpolitik stößt auf statistische Probleme, da die Grenzproduktivität als marginale Größe volkswirtschaftlich nicht unmittelbar meßbar ist. Meßbar ist hingegen die Durchschnittsproduktivität. Durch Annahme einer Produktionsfunktion von Copp-Douglas-Typ löst z.B. der Sachverständigenrat über den Umweg der Durchschnittsproduktivität die Diskrepanz zwischen theoretischer Bedeutung und statistischem Defizit der Grenzproduktivität (vgl. Sachverständigenrat: Reformen, 1996, S. 309).

Natürlich stellt Gleichung 3-17 eine Vereinfachung der Determinanten der Arbeitsnachfrage dar. Sie macht jedoch einige grundlegende Zusammenhänge deutlich: Eine Steigerung der Arbeitsnachfrage läßt sich danach durch zwei Möglichkeiten bewirken. Einerseits durch eine Steigerung des gesamtwirtschaftlichen Outputs und andererseits durch eine Senkung der Reallöhne. Es liegt auf der Hand, welche dieser beiden „klassischen" Alternativen zur Schaffung neuer Arbeitsplätze politisch einfacher zu realisieren ist. Während Reallohnsenkungen breiten Bevölkerungsschichten Einkommenseinbußen zumuten, geht mit Wirtschaftswachstum eine Steigerung des Bruttoinlandsproduktes und damit eine Verbesserung von Verteilungsspielräumen einher.

Die Gleichung 3-17 zeigt, daß es grundsätzlich möglich ist, über Wirtschaftswachstum zu einer Steigerung der Arbeitsnachfrage zu gelangen. Sie zeigt jedoch auch, daß Wirtschaftswachstum nicht immer zu einer Steigerung der Arbeitsnachfrage führen muß. Ist die Steigerung des gesamtwirtschaftlichen Outputs und des Reallohnes gleich hoch, ergibt sich kein Effekt auf die Arbeitsnachfrage.[300] Die Beschäftigungsintensität des Wirtschaftswachstums hängt nach Gleichung 3-17 also von der Entwicklung der Reallöhne ab.

In der Realität ist der Zusammenhang zwischen Wirtschaftswachstum und Beschäftigung erheblich komplexer: Wirtschaftswachstum ist eine, nicht aber die einzige Determinante der Arbeitsnachfrage. Ob durch wirtschaftliches Wachstum ein positiver Gesamteffekt auf die Arbeitsnachfrage induziert werden kann, hängt auch vom Einfluß und der Entwicklung anderer Determinanten der Arbeitsnachfrage ab. Zentrale Einflußfaktoren sind dabei Determinanten der Arbeitsnachfrage, die bereits angesprochen wurden, nämlich das Verhältnis der Faktorpreise und die Substituierbarkeit von Arbeit durch andere Produktionsfaktoren.[301]

Verschlechtert sich das Verhältnis der Faktorpreise zu Ungunsten des Faktors Arbeit, so steigt der Anreiz für Unternehmen, relativ teure Arbeit durch andere, relativ billige Produktionsfaktoren zu ersetzen, es kommt zu Rationalisierungsinvestitionen.[302] In der Realität fließt in diese Entscheidung nicht nur der reine Faktorpreis der Arbeit ein. Unternehmen werden bestrebt sein, bei der Investitionsentscheidung „Schaffung eines Arbeitsplatzes" alle mit dieser Entscheidung verbundenen zusätzlichen Einnahmen und Ausgaben zu berücksichtigen und sie mit anderen Alternativen zu vergleichen.

Alles, was Arbeit als Produktionsfaktor in diesem Sinne verteuert, kann sich negativ auf die Beschäftigungsintensität des Wirtschaftswachstum auswirken.

300 Vgl. dazu auch Siebert, H.: Beschäftigung, 1996, S. 7 ff.

301 Vgl. Franz, W.: Arbeitsmarktökonomik, 1996, S. 157 f.; Bogai, D.: Wachstum, 1996, S. 238.

302 Vgl. Sachverständigenrat: Aufschwung, 1994, S. 264.

Das gleiche gilt für alles, was andere, konkurrierende Produktionsfaktoren verbilligt.[303] Die Beschäftigungsintensität des Wirtschaftswachstums wird also nicht nur von der Lohnhöhe und der Lohnstruktur bestimmt. Auch die Belastung des Faktors Arbeit durch Abgaben und Steuern sowie Regulierungen des Arbeitsmarktes, welche die Flexibilität des Einsatzes des Faktors Arbeit herabsetzen, beeinflussen Einstellungsentscheidungen von Unternehmen.[304] Ist die Belastung des Faktors Arbeit im Vergleich zu anderen, konkurrierenden Produktionsfaktoren relativ hoch, so besteht ein Anreiz für Unternehmen Arbeit durch andere Faktoren zu substituieren.[305]

Die Substitutionselastizität ist eine Größe, die zur Messung der wechselseitigen Ersetzbarkeit von Produktionsfaktoren dient. Verfügt eine Unternehmung über eine Produktionsfunktion mit einer hohen Substitutionselastizität, so werden relativ geringe Veränderungen des Faktorpreisverhältnisses schon zu einer relativ starken Substitution zwischen den Produktionsfaktoren führen.[306] Dabei muß es sich nicht um eine Substitution von Arbeit durch Kapital handeln, auch andere Alternativen sind denkbar. So kann inländische durch ausländische Arbeit ersetzt werden, etwa durch die Verlagerung von Produktionsstätten ins Ausland oder durch die Beschäftigung ausländischer Arbeitnehmer im Inland. Andere Möglichkeiten der Substitution bestehen darin, auf die Schattenwirtschaft oder auf Überstunden auszuweichen.[307]

Ist ein Anreiz für Unternehmen vorhanden, Arbeit durch andere Produktionsfaktoren, etwa durch Kapital, zu ersetzen und verfügen diese Unternehmen über eine relativ hohe Substitutionselastizität, so kommt es zu einer relativ starken Anpassung der Produktion. Das Einsatzverhältnis der Produktionsfaktoren verändert sich zu Ungunsten des Faktors Arbeit. Zur Herstellung eines bestimmten Outputs ist dann weniger Arbeit erforderlich. Die Arbeitsproduktivität steigt.

Falls ein solcher Effekt auftritt, so läuft er einer erhöhten Nachfrage nach Arbeit, die durch eine Steigerung des Output induziert wird, entgegen. In diesem Fall verringert sich die Beschäftigungsintensität wirtschaftlichen Wachstums. Im Extremfall kann dies zu dem Phänomen eines „jobless growth“ führen, also zu einem Wirtschaftswachstum, das völlig am Arbeitsmarkt vorbeigeht.

---

303 Dies gilt grundsätzlich auch für Programme zur Investitionsförderung, die den Produktionsfaktor Kapital im Vergleich zu Arbeit relativ verbilligen (vgl. dazu Schuster, H.: Wirtschaftsförderung, 1984, S. 70 und das Kapitel 4.4.2 dieser Arbeit).

304 Vgl. Donges, J. B.: Deregulierung, 1992, S. 15; Siebert, H.: Beschäftigung, 1996, S. 13 f.; Sachverständigenrat: Aufschwung, 1994, S. 265 f.

305 Vgl. Siebert, H.: Arbeit, 1995, S. 66.

306 Vgl. Franz, W.: Arbeitsmarktökonomik, 1996, S. 123 ff.

307 Zur Bedeutung der Schattenwirtschaft als Konkurrent des Handwerks vgl. Döring, U.: Schattenwirtschaft, 1990.

Zwischen den Steigerungsraten der Produktivität (Durchschnittsproduktivität der Arbeit) und der Produktion besteht dabei ein einfacher Zusammenhang: Im Fall einer Steigerungsrate der Produktivität, die über der Wachstumsrate der Produktion liegt, wird im Wachstumsprozeß Arbeit freigesetzt, während im umgekehrten Fall eine zusätzliche Nachfrage nach Arbeit entsteht. Steigen Produktivität und Output in gleichem Maße, so ergibt sich kein Effekt auf die Beschäftigung.[308] Diese Wachstumsrate der gesamtwirtschaftlichen Produktion wird auch als „kritisch" bezeichnet oder mit dem Begriff „Beschäftigungsschwelle" belegt. Erst bei einem wirtschaftlichen Wachstum, das über dieser Beschäftigungsschwelle liegt, ergeben sich positive Effekte auf dem Arbeitsmarkt.[309]

3.4.2.2 Aus empirischer Sicht

Das oben dargestellte Szenario eines Wirtschaftswachstums, das am Arbeitsmarkt vorbeigeht, ist nicht unrealistisch. Tatsächlich war wirtschaftliches Wachstum in der Bundesrepublik in den beiden letzten Jahrzehnten mit wenig neuer Beschäftigung verbunden.[310]

Hof gibt für die alte Bundesrepublik im Zeitraum von 1981 bis 1994 eine Beschäftigungsschwelle von 1,5% an.[311] In einem vergleichbaren Bereich liegt eine Schätzung, die *Siebert* für den Zeitraum von 1970 bis 1989, also ohne Berücksichtigung des Vereinigungsbooms, macht. Danach liegt die Beschäftigungsschwelle bei 1,7%. Ab dieser Schwelle führt ein Prozentpunkt Wirtschaftswachstum zu einer Ausdehnung der Beschäftigung um 0,4%. Ein Anstieg des realen Bruttoinlandsproduktes um 2,7% erhöht nach dieser Schätzung also die Beschäftigung um 0,4%.[312] In jüngerer Zeit ist die Beschäftigungsschwelle noch gestiegen. So sprechen neuere Untersuchungen von einer Beschäftigungsschwelle in Deutschland, die im Bereich von 2% Wachstum des realen Bruttoinlandsproduktes liegt.[313]

Diese Zahlen machen drei Grundzusammenhänge deutlich: Erstens ist es korrekt, daß Wirtschaftswachstum ein Mittel für mehr Beschäftigung darstellt. Zweitens gilt jedoch, daß die Beschäftigungsintensität des Wirtschaftswachstums in der Bundesrepublik zu gering, ist, um sich allein von einer Steigerung des realen Bruttoinlandsproduktes eine Lösung des Problems der Massenarbeitslo-

---

308 Vgl. Werner, J.: Arbeitslosigkeit, 1988, S. 485.

309 Vgl. Bogai, D.: Wachstum, 1996, S. 238 f. sowie Werner, J.: Arbeitslosigkeit, 1988, S. 485.

310 Vgl. Siebert, H.: Beschäftigung, 1996, S. 5.

311 Vgl. Hof, B.: Gleichgewicht, 1995.

312 Vgl. Siebert, H.: Beschäftigung, 1996, S. 5 und Siebert, H.: Arbeit, 1995, S. 64 ff.

313 Vgl. Werner, H.: Länder, 1998, S. 326.

sigkeit zu erhoffen. Drittens zeigen die unterschiedlichen Angaben zur Beschäftigungsintensität des Wirtschaftswachstums, daß die dargestellten Zahlen keinen Ausschließlichkeitsanspruch erheben können und nur den groben Zusammenhang zwischen Wirtschaftswachstum und Beschäftigung für einen bestimmten Zeitraum darstellen. Da zwischen Wirtschaftswachstum und Beschäftigung keine strikte Kopplung besteht, sind die Zusammenhänge keine konstanten Größen. Vielmehr unterliegt die Beschäftigungsintensität des Wirtschaftswachstums Schwankungen aufgrund von Veränderungen der auf sie einwirkenden Faktoren.[314] Aus diesem Grund unterscheidet sie sich von Land zu Land, von Branche zu Branche und von Unternehmen zu Unternehmen. Zudem ist sie im Zeitablauf Veränderungen unterworfen.

Interessant ist in diesem Zusammenhang ein Vergleich zwischen der Bundesrepublik und anderen Industrienationen. So läßt sich zeigen, daß in vergleichsweise beschäftigungspolitisch erfolgreichen Ländern, wie Dänemark, Großbritannien, den USA und den Niederlanden, Wirtschaftswachstum erheblich beschäftigungsintensiver ist als in der Bundesrepublik.[315]

Während z.B. in der Zeit von Mitte der 80er Jahre bis zur Mitte der 90er Jahre ein Prozentpunkt Wirtschaftswachstum die Beschäftigung in den USA um durchschnittlich 0,76% anstiegen ließ, ergab sich in der Bundesrepublik (alte Länder) lediglich ein durchschnittlicher Effekt auf die Beschäftigung von 0,24%. Die Beschäftigungsintensität des Wirtschaftswachstums war damit in den USA in diesem Zeitraum im Durchschnitt mehr als dreimal so hoch wie in der Bundesrepublik.[316] Hinzu kommt, daß die Beschäftigungsschwelle in den USA in der Nähe der 0%-Marke liegt, während man in der Bundesrepublik diese Größe auf ca. 2% taxiert.[317] Das heißt, daß Wirtschaftswachstum in den Vereinigten Staaten nicht nur erheblich beschäftigungsintensiver als in Deutschland ist, sondern daß auch erheblich geringere Wachstumsraten des Bruttoinlandsproduktes ausreichen, um Beschäftigung zu schaffen.

Dieser Vergleich macht deutlich, daß Wachstumspolitik durchaus eine erfolgversprechende Strategie zum Abbau von Arbeitslosigkeit sein kann. In der Bundesrepublik müßte dazu jedoch die Beschäftigungsintensität des Wirtschaftswachstums deutlich erhöht werden. Dazu bieten sich zwei grundsätzliche Möglichkeiten an.

Einerseits ist es denkbar, die Rahmenbedingungen auf den Arbeitsmärkten so zu verändern, daß für Unternehmen stärkere Anreize geschaffen werden, im

---

314 Vgl. Siebert, H.: Arbeit, 1995, S. 66.
315 Vgl. Werner, H.: Länder, 1998, S. 327.
316 Vgl. Walwei, U.; Werner, H.: Union, 1994.
317 Vgl. Werner, H.: Länder, 1998, S. 328.

Wachstumsprozeß neue Arbeitsplätze zu schaffen. Ähnlich wie Energiepreise Auswirkungen auf die Energieintensität des wirtschaftlichen Wachstums haben, wird die Beschäftigungsintensität durch Lohnsätze, Lohnstrukturen und die Regulierungen des Arbeitsmarktes beeinflußt.[318] Ein Schlüssel für eine Steigerung der Beschäftigungsintensität des Wirtschaftswachstums liegt damit auf den Arbeitsmärkten, genauer gesagt in der eingangs aufgeworfenen Frage nach der Funktionsfähigkeit der Arbeitsmärkte in der Bundesrepublik.

Andererseits ist es theoretisch möglich, die Beschäftigungsintensität des Wirtschaftswachstums zu erhöhen, indem sich die Wachstumspolitik auf bestimmte Unternehmen konzentriert, von denen ein relativ starker Beitrag zur Beschäftigungsexpansion erwartet wird. Das bedeutet, eine Konzentration auf Unternehmen vorzunehmen, die relativ stark und beschäftigungsintensiv wachsen, also die beschäftigungspolitischen Gewinner des Strukturwandels darstellen. Zentrale Prämisse der mittelstandspolitischen Konzeption einer beschäftigungsorientierten Strukturpolitik ist, daß Kleinunternehmen und Existenzgründer eine Gruppe darstellen, die über diese Voraussetzungen verfügen.[319] Diese zentrale Annahme einer beschäftigungsorientierten Mittelstandsförderung wird im folgenden Kapitel einer Überprüfung unterzogen.

3.5 Beschäftigungswachstum in Kleinunternehmen und Handwerk

3.5.1 Unternehmensgröße bzw. -alter und Beschäftigungswachstum

3.5.1.1 Strukturwandel und Job-Turnover

Die oben dargestellten Zusammenhänge zwischen Wirtschaftswachstum und Beschäftigung stellen eine Durchschnittsbetrachtung dar. In der Realität tritt wirtschaftliches Wachstum nicht gleichmäßig auf. Eine Ausweitung des technischen Wissen, disproportionales Wachstum der Produktionsfaktoren und eine autonome oder wachstumsbedingte Veränderung der Bedarfstruktur sind Ursachen für ein unterschiedlich starkes Auftreten von Wachstum und Schrumpfung in verschiedenen Bereichen der Volkswirtschaft. Sie stellen damit Ursachen für strukturellen Wandel dar.[320]

---

318 Vgl. Siebert, H.: Arbeit, 1995, S. 66; vgl. auch Sachverständigenrat: Zeit, 1993, Tz. 366.

319 Vgl. Kapitel 2.3.3.2 dieser Arbeit.

320 Vgl. Giersch, H.: Aufgaben, 1964, S. 61.

Dieser Strukturwandel wirkt sich auch auf die Beschäftigung aus. Während in schrumpfenden Unternehmen Arbeitsplätze unrentabel werden und damit verlorengehen, entstehen in anderen, wachsenden Unternehmen Chancen für neue Beschäftigung. Dieser Umschlagsprozeß der Vernichtung und Schaffung von Arbeitsplätzen, der sogenannte „Job-Turnover", läßt sich für eine Analyse in folgende Komponenten zerlegen, nämlich in[321]

- Beschäftigungswachstum durch bestehende Betriebe,
- Beschäftigungswachstum durch neu gegründete Betriebe,
- Beschäftigungsabbau durch bestehende Betriebe und
- Beschäftigungsabbau durch Betriebsschließungen.

Als Nettozuwachs bzw. -verlust an Arbeitsplätzen wird in dieser Terminologie die Differenz zwischen Bruttozuwachs (durch Expansionen und Neugründungen) und Bruttoverlust (durch Schrumpfungen und Schließungen) an Arbeitsplätzen bezeichnet.

Seit Anfang der 80er Jahre werden in zunehmendem Maße auch in der Bundesrepublik Kleinunternehmen bzw. -betriebe als besonders wichtige Größe für die Bewältigung des strukturellen Wandels und für die Schaffung neuer Arbeitsplätze angesehen.[322] Die Ursache dafür liegt im wesentlichen in empirischen Untersuchungen von *Birch*, die für die USA ein überproportionales Beschäftigungswachstum im Bereich der kleineren Betriebe nachweisen. Für den Zeitraum von 1969 bis 1979 zeigt *Birch* z.B., daß 80% des Nettozuwachses an Arbeitsplätzen in den USA auf die Gruppe der Kleinbetriebe mit weniger als 100 Beschäftigten entfallen. Besonders stark tritt dabei die Größenklasse mit unter 20 Beschäftigten, also der typischen Größenklasse von Handwerksunternehmen, hervor. Sie verursachte allein zwei Drittel des Nettozuwachses im Beobachtungszeitraum.[323]

Auch in Hinblick auf eine längere Periode sind die Daten *Birchs* beeindrukkend: So wurden in den USA in den 70er und 80er Jahren 78% aller neuen Stellen in Unternehmen mit weniger als 100 Beschäftigten geschaffen, obwohl im Durchschnitt der Anteil dieser Unternehmen an der Gesamtbeschäftigung lediglich bei 41% lag.[324] Eine besondere Bedeutung kommt nach den Analysen *Birchs* für die Beschäftigung auch Neugründungen zu. So wird angegeben, daß zwischen

321 Vgl. dazu z.B. Boeri, T.; Cramer, U.: Wachstumsprozesse, 1991, S. 1 sowie Ewers, H.-J.: Ansatzpunkt, 1984, S. 89.

322 Vgl. Ewers, H.-J.: Ansatzpunkt, 1984, S. 1.

323 Vgl. Birch, D. L.: Jobs, 1981, S. 7 f.

324 Vgl. Brüderl, J.; Bühler, C.; Ziegler, R.: Beschäftigungswirkung, 1993, S. 1; Birch, D. L.: Jobs, 1981; Birch, D. L.: Creation, 1987.

1974 und 1976 ca. 80% des Nettoarbeitsplatzzuwachses der USA auf Betriebe entfiel, die zu dieser Zeit bis zu vier Jahre alt waren.[325]

Die Untersuchungen *Birchs* sind nicht unkritisiert geblieben,[326] dennoch verursachten sie aufgrund ihres deutlichen und unerwarteten Ergebnisses auch in der Bundesrepublik eine intensive politische und wissenschaftliche Diskussion; legen sie doch den Schluß nahe, den Schwerpunkt der Beschäftigungspolitik auf Kleinunternehmen zu legen.[327] Für die Frage, ob Kleinunternehmen die richtige Ansatzstelle für eine beschäftigungsorientierte Strukturpolitik sind, muß die Birch-These[328] für die Bundesrepublik überprüft werden. Dies erfolgt in den nächsten zwei Kapiteln in bezug auf die nach *Birch* für die Arbeitsplatzdynamik bedeutsamen Aggregate: Betriebsgröße und Betriebsalter.

Die folgenden Ausführungen konzentrieren sich überwiegend nicht auf die Untersuchungseinheit Unternehmen als wirtschaftlich-rechtliches Aggregat, sondern auf den Betrieb als örtliche Produktionsstätte. Dies hat einen einfachen Grund. Die wichtigsten Primärstatistiken, die Rückschlüsse auf Größenunterschiede der Arbeitsplatzdynamik zulassen, basieren in der Bundesrepublik auf der Erhebungseinheit Betrieb. Dies gilt sowohl für die Beschäftigtenstatistik der Bundesanstalt für Arbeit als auch für die Statistik des produzierenden Gewerbes des statistischen Bundesamtes.[329] Dieser Umstand hat dazu geführt, daß diejenigen Untersuchungen, die die zuverlässigsten Daten zu diesem Problemkreis liefern, in der Bundesrepublik auf der Erhebungseinheit Betrieb basieren.[330]

Die Beschäftigung mit dem Analyseaggregat Betrieb anstelle von Unternehmen ist, aufgrund des vorliegenden statistischen Materials, nicht zu umgehen. Betriebe als örtliche Produktionsstätte sind jedoch nicht identisch mit rechtlich-selbständigen Unternehmen, welche die Adressaten der Mittelstandsförderung darstellen.[331] Ergebnisse in bezug auf die Beschäftigungsdynamik in kleineren Betrieben können daher nicht ohne weiteres auf kleinere Unternehmen verallgemeinert werden.[332] Dies ist ein wichtiger Kritikpunkt, wenn es darum geht, aus

---

325 Vgl. Birch, D. L.: Jobs, 1981, S. 8.

326 Eine kritische Betrachtung von empirischen Forschungen zur Dynamik der Arbeitsplatzentwicklung in den USA, u.a. auch zu Analysen von *Birch*, findet sich z.B. bei Eckart, W.; Einem, E. v.; Stahl, K.: Dynamik, 1987.

327 Vgl. Schmidt, A. G.: Beitrag, 1996, S. 538 mit weiteren Literaturverweisen.

328 In Deutschland wird dafür auch die auf Albach, H.; Dahremöller, A.: Beitrag, 1986 zurückgehende Bezeichnung „Mittelstandshypothese" verwendet.

329 Vgl. Clemens, R. u.a.: Unternehmensgrößenstatistik, 1997, S. 153 ff. und Schmidt, A. G.: Beitrag, 1996, S. 541.

330 Vgl. Schmidt, A. G.: Beitrag, 1996, S. 541.

331 Auf dieses Manko der empirischen Forschung zur Bedeutung von Kleinunternehmen für die Beschäftigung weist bereits Bade, F.-J.: Bedeutung, 1987, S. 84 ff. hin.

332 Vgl. Clemens, R. u.a.: Unternehmensgrößenstatistik, 1997, S. 157.

den unten dargestellten Untersuchungen und Erhebungen, eine zentrale Bedeutung des „selbständigen Mittelstandes“ für die Entwicklung der Beschäftigung und damit Förderbedarf für diese Unternehmensgruppe abzuleiten.

3.5.1.2 Unternehmens- bzw. Betriebsgröße und Beschäftigung

Im Laufe der 80er und 90er Jahre wurde die Birch-These in der Bundesrepublik mehrfachen Überprüfungen unterzogen.[333] Leider basieren viele Analysen auf einer unzureichenden Datenbasis oder weisen methodische Mängel auf.[334] So wird in vielen Untersuchungen von verzerrtem (nur überlebende Betriebe), selektierten (nur Betriebe einer bestimmten Gruppe) oder aus anderen Erhebungen indirekt abgeleitetem Datenmaterial ausgegangen.[335] Die Aussagen zur beschäftigungspolitischen Bedeutung kleinerer Unternehmen bzw. Betriebe sind dementsprechend heterogen, so daß das Ergebnis der wissenschaftlichen Diskussion in vielen Fällen auch von Fachleuten nur noch schwer durchschaubar ist.[336]

Am ehesten lassen sich relativ sichere Aussagen hinsichtlich sogenannter Survivor-Einheiten treffen, also in bezug auf Gruppen von Betrieben bzw. Unternehmen, die über den gesamten Zeitraum einer Analyse existiert haben. *Fritsch* und *Hull* ziehen in bezug auf Untersuchungen zur Beschäftigungsdynamik in Unternehmen unterschiedlicher Größe dazu folgendes Fazit:[337] Bei einer reinen Betrachtung von überlebenden Unternehmen (Survivor-Einheiten) ist in der Regel der Anteil von Unternehmen mit expandierender Beschäftigung in den unteren Größenklassen relativ hoch und nimmt mit zunehmender Größe (mehr oder weniger) kontinuierlich ab. „In so gut wie sämtlichen Survivor-Analysen ist die Netto-Arbeitsplatzentwicklung in den unteren Größenklassen positiv, während die Großunternehmen als Gruppe insgesamt meist Arbeitsplätze abbauen.“[338]

---

333 Einen Überblick über Untersuchungen der 80er geben Fritsch, M.; Hull, C.J.: Befunde, 1987, S. 154 f. Ferner vgl. dazu Dahrenmöller, A.: Bedeutung, 1986 und Ewers, H.-J; Fritsch, M.: Bedeutung, 1985. Jüngere Analysen finden sich z.B. bei Brüderl, J.; Preisendörfer, P.; Ziegler, R.: Erfolg, 1998, S. 16 ff.; Schmidt, A. G.: Beitrag, 1996, S. 539 f.; Gerlach, K.; Wagner, J.: Nachfrageseite, 1997; Brand, R.; Carstensen, V.: Eignung, 1997; Hinz, T.; Wilsdorf, S. H.; Ziegler, R.: Beschäftigungsentwicklung und Fritsch, M.: Analysen, 1997.

334 Vgl. Brüderl, J; Bühler, C.; Ziegler, R.: Beschäftigungswirkung, 1993, S. 521; Fritsch, M; Hull, C. J.: Befunde, 1987, S. 150 ff.; Bade, F.-J.: Bedeutung, 1987, S. 72 ff.

335 Vgl. Brüderl, J; Bühler, C.; Ziegler, R.: Beschäftigungswirkung, 1993, S. 521.

336 Vgl. Fritsch, M.; Hull, C. J.: Befunde, 1987.

337 Vgl. Fritsch, M.; Hull, C. J.: Befunde, 1987, S. 149 und S. 162 ff.

338 Fritsch, M.; Hull, C. J.: Befunde, 1987, S. 163.

Allerdings liegt gerade in der Betrachtung von reinen Survivor-Einheiten ein zentrales Problem der empirischen Forschung zur Arbeitsplatzdynamik in Unternehmen bzw. Betrieben unterschiedlicher Größe bzw. Alters. In der Gruppe der Kleinbetriebe ist der Anteil von Stillegungen im Vergleich zu Großbetrieben relativ hoch.[339] Weiterhin sind Neugründungen zu Beginn ihrer Tätigkeit sehr anfällig für Schließungen.[340] Betrachtet man in einer Untersuchung ausschließlich überlebende Betriebe und nicht die Arbeitsplatzeffekte von Stillegungen, so kann dadurch die Bedeutung für die Beschäftigungsentwicklung sowohl in bezug auf Kleinbetriebe als auch in bezug auf Betriebsgründungen systematisch überschätzt werden.

Eine Ursache für diesen, auch als „Survivor-Bias" bezeichneten, Schätzfehler liegt in der Methode der Datenerfassung. Durch eine einmalige Datenerhebung, also eine Befragung zu einem bestimmten Zeitpunkt, läßt sich die Betriebsfluktuation und damit der Effekt von Gründungen und Schließungen auf die Beschäftigung kaum abschätzen. So ist es z.B. bei retrospektiven, einmaligen Datenerhebungen zumindest äußerst schwierig die Arbeitsverluste durch Betriebsschließungen zu erfassen, da die entsprechenden Betriebe zum Untersuchungszeitpunkt nicht mehr existieren. Auch bei einer prospektiven Schätzung ist kaum davon auszugehen, daß Inhaber oder Manager Stillegungen korrekt antizipieren. Ähnliche Probleme tauchen auch bei Neugründungen auf.[341]

Bei einer einmaligen Datenerhebung lassen sich daher sinnvolle Aussagen nur für Survivor-Einheiten, also für die Wachstums- und Schrumpfungskomponente der Arbeitsplatzentwicklung, treffen.[342] Will man alle Komponenten korrekt berücksichtigen – d. h. auch die Auswirkung von Schließungen und Neugründungen – muß hingegen eine mehrmalige Längsschnitterhebungen anhand eines Panels von Untersuchungseinheiten durchgeführt werden.[343]

Das IAB hat in Hinblick auf Defizite an systematischen und für die Gesamtheit der Betriebe repräsentativen Informationen über die Einflußgrößen der Be-

339 Vgl. Fritsch, M.: Arbeitsplatzentwicklung, 1990, S. 158.

340 Vgl. Gerlach, K.; Wagner, J.: Paneldaten, 1996, S. 7; Hunsdiek, D.; May-Stobl, E.: Gründungsfinanzierung, 1987, S. 124 f.

341 Vgl. Fritsch, M.: Arbeitsplatzentwicklung 1990, S. 158.

342 Einen eingehenden Vergleich zwischen einmaligen Datenerhebungen und mehrmaliger Längsschnitterhebungen in bezug auf die Fähigkeit zur Analyse unterschiedlicher Komponenten der Arbeitsplatzentwicklung gibt Fritsch, M.: Arbeitsplatzentwicklung, 1990, S. 157 ff.

343 Vgl. Fritsch, M.: Arbeitsplatzentwicklung, 1990, S. 158 sowie Sachverständigenrat: Aufschwung, 1994, S. 256; zu den Vor- und Nachteilen einer regelmäßigen Längsschnittanalyse vgl. Projektgruppe Betriebspanel: Ansatz, 1991, S. 516.

schäftigung Anfang der 90er Jahre ein solches Panel eingerichtet.[344] Dieses „Betriebs-Panel“ weist nicht, wie ähnlich angelegte Untersuchungen, in sektoraler oder regionaler Hinsicht Einschränkungen auf. Im folgenden sollen daher einige Ergebnisse von Auswertungen, die sich auf dieses Panel stützen, dargestellt werden.

Für die Erhebungseinheit Betrieb wurde für das IAB-Betriebs-Panel eine Eingrenzung gewählt, die auf der Beschäftigtenstatistik basiert. Danach gelten wirtschaftliche Einheiten nur dann als Betrieb, wenn sie über mindestens einen sozialversicherungspflichtigen Beschäftigten verfügen. Ausgeschlossen aus den Erhebungen sind damit Betriebe ohne sozialversicherungspflichtige Beschäftigte, also der „Ein-Mann-Betrieb“.[345]

In der Grundtendenz bestätigen die bisherigen Ergebnisse dieses Panels die Birch-These für die Bundesrepublik. Abbildung 6 macht diese Aussage anschaulich.

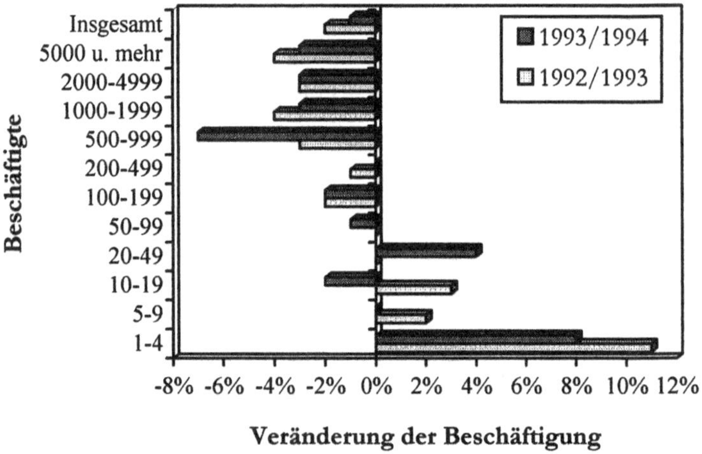

Abbildung 6: Beschäftigungsentwicklung in westdeutschen Betrieben unterschiedlicher Größenklassen[346]

344 Zu Ansatz, Aufbau und kritischen Punkten des IAB-Betriebspanels vgl. Projektgruppe Betriebspanel: Ansatz, 1991 sowie Projektgruppe Betriebspanel: Testphase, 1992.

345 Vgl. Projektgruppe Betriebspanel: Testphase, 1992, S. 402 f.

346 Vgl. Projektgruppe Betriebspanel: Ergebnisse, 1993, S. 25.

Danach verfügten im Zeitraum von 1992 bis 1993 ausschließlich Kleinbetriebe (unter 50 Beschäftigte) über eine positive Netto-Arbeitsplatzentwicklung. Ähnliches gilt für die Zeit von 1993 bis 1994. Aufgrund der in diesem Zeitraum verstärkt auftretenden Rezession wird die Anzahl der Größenklassen mit einer positiven Entwicklung der Beschäftigung geringer. Weiterhin sind es jedoch in erster Linie die Großbetriebe mit über 500 Beschäftigten, die den Löwenanteil des relativen Nettoverlustes an Beschäftigung aufweisen. Einige Gruppen der Kleinbetriebe konnten ihre Beschäftigung trotz der negativen konjunkturellen Rahmenbedingungen ausweiten.[347] Auffällig ist in beiden betrachteten Perioden, daß es die Kleinstbetriebe mit unter fünf Beschäftigten sind, welche über die mit Abstand beste relative Beschäftigungsentwicklung verfügen.

Weniger eindeutig sind die Ergebnisse, die das IAB-Betriebspanel für den Zeitraum von 1995 bis 1996 liefert. Dennoch sind es auch hier Großbetriebe mit über 500 Beschäftigten, die eine negative Beschäftigungsentwicklung aufweisen, während in diesem Zeitraum vor allem Betriebe zwischen fünf und 499 Beschäftigten neue Arbeitsplätze schufen. Anders als in der Zeit von 1992 bis 1994 weist hier allerdings auch die Gruppe der Kleinstbetriebe (mit unter fünf Beschäftigten) einen relativ großen Rückgang der Beschäftigung von rd. 5% auf.[348]

Die bisherigen Ergebnisse des IAB-Betriebspanels sind somit in bezug auf die Betriebsgröße nicht ganz eindeutig, bestätigen jedoch in der Grundtendenz die Birch-These. Allerdings beziehen sich die Daten des IAB-Betriebspanels auf einen relativ kurzen Zeitraum. Fraglich ist, ob die oben dargestellten Beschäftigungstrends auch für einen längeren Zeitraum gelten oder ob sie durch kurz- bis mittelfristige Einflüsse, wie z.B. konjunkturelle Schwankungen, hervorgerufen wurden.

Als Referenz zum IAB-Betriebspanel sollen daher an dieser Stelle Ergebnisse der Beschäftigtenstatistik des Instituts für Arbeitsmarkt und Berufsforschung der Bundesanstalt für Arbeit dargestellt werden. Diese Statistik bietet nicht nur einen aktuellen und repräsentativen Überblick über die Betriebsgrößen- und Beschäftigtenstruktur, sondern liefert auch Ergebnisse für einen relativ langen Zeitraum. Im folgenden werden Daten für die Jahre 1977 bis 1996 dargestellt. Diese Zeitspanne umfaßt alle unterschiedlichen Phasen der konjunkturellen Entwicklung.

Die sozialversicherungspflichtige Beschäftigung hat sich von 1977 bis 1996 um 2.569.000 Beschäftigungsverhältnisse erhöht. Dennoch verringerte sich die Anzahl der Personen, die in Großbetrieben beschäftigt waren, um mehr als 2,5 Mio., was einen Rückgang der Beschäftigung in diesen Betrieben von mehr

347 Vgl. Projektgruppe Betriebspanel: Ergebnisse, 1993, S. 24.
348 Vgl. Bellmann, L.; Kölling, A.: Bestimmungsgrößen, 1996, S. 96.

Tabelle 5: Sozialversicherungspflichtige Beschäftigte nach Betriebsgrößenklassen[349]

Sozialversicherungspflichtige Beschäftigte in tausend nach Betriebsgrößenklassen (altes Bundesgebiet)

Jahr	Betriebe mit ... Beschäftigten			
	1-9	10-499	500 u. mehr	Insgesamt
1977	2.931	9.813	5.366	18.110
1978	2.992	9.978	5.346	18.315
1979	3.074	10.234	5.456	18.764
1980	3.136	10.469	5.533	19.138
1981	3.181	10.409	5.425	19.015
1982	3.212	10.193	5.242	18.647
1983	3.249	9.997	5.079	18.324
1984	3.291	10.042	4.891	18.224
1985	3.314	10.069	5.141	18.523
1986	3.309	10.201	5.360	18.870
1987	3.374	10.388	5.398	19.161
1988	3.442	10.553	5.401	19.395
1989	3.449	10.847	5.588	19.883
1990	3.530	11.315	5.769	20.614
1991	3.604	11.851	5.941	21.396
1992	3.668	12.169	5.905	21.742
1993	3.716	12.110	5.535	21.361
1994	3.763	12.047	5.207	21.017
1995	3.784	12.069	5.055	20.908
1996	3.800	11.999	4.880	20.679

Veränderung der sozialversicherungspflichtigen Beschäftigung zum Vorjahr (altes Bundesgebiet)

Jahr	Betriebe mit ... Beschäftigten			
	1-9	10-499	500 u. mehr	Insgesamt
1977				
1978	+2,07%	+1,68%	-0,38%	+1,13%
1979	+2,77%	+2,57%	+2,06%	+2,45%
1980	+2,02%	+2,30%	+1,42%	+2,00%
1981	+1,42%	-0,57%	-1,96%	-0,65%
1982	+0,98%	-2,08%	-3,36%	-1,93%
1983	+1,14%	-1,92%	-3,12%	-1,73%
1984	+1,31%	+0,45%	-3,70%	-0,55%
1985	+0,69%	+0,27%	+5,12%	+1,64%
1986	-0,14%	+1,31%	+4,26%	+1,87%
1987	+1,98%	+1,84%	+0,71%	+1,54%
1988	+1,99%	+1,58%	+0,04%	+1,22%
1989	+0,20%	+2,79%	+3,47%	+2,52%
1990	+2,36%	+4,32%	+3,24%	+3,67%
1991	+2,10%	+4,74%	+2,97%	+3,79%
1992	+1,77%	+2,69%	-0,59%	+1,62%
1993	+1,31%	-0,49%	-6,28%	-1,76%
1994	+1,27%	-0,52%	-5,92%	-1,61%
1995	+0,55%	+0,18%	-2,92%	-0,52%
1996	+0,44%	-0,58%	-3,47%	-1,09%

als 9% bedeutet. Im Gegensatz dazu konnte die Gruppe der Kleinbetriebe Beschäftigungsgewinne verbuchen. In Betrieben mit unter 10 Mitarbeitern stieg die Beschäftigung um 870.000 Personen bzw. um mehr als 29%. In Betrieben, die zwischen 10 und 499 Mitarbeiter beschäftigten, läßt sich ein ähnlicher Zuwachs feststellen. Die Beschäftigung stieg hier von 1977 bis 1996 um über 22% bzw. in absoluten Zahlen um über zwei Millionen Beschäftigungsverhältnisse. Auffällig

349 Es handelt sich um eigene Berechnungen anhand von Zahlen aus Clemens, R. u.a.: Unternehmensgrößenstatistik, 1997, S. 162 ff. Die Zahlen der Unternehmensgrößenstatistik basieren auf einer Sonderauswertung der Beschäftigtenstatistik durch das Institut für Arbeitsmarkt und Berufsforschung der Bundesanstalt für Arbeit, Nürnberg und Berechnungen des Instituts für Mittelstandsforschung, Bonn.

ist auch, daß kleinere Betriebe (bis 9 Mitarbeiter) ihre Beschäftigung nahezu in allen Jahren, also ungeachtet von konjunkturellen Schwankungen, ausdehnten, was für eine hohe Stabilität des festgestellten Befundes spricht. Der obigen Auswertung der Beschäftigtenstatistik muß jedoch einschränkend hinzugefügt werden, daß sich die dargestellten Effekte in jüngster Zeit abgeschwächt haben und auch die Gruppe der Kleinbetriebe – mit Ausnahme des Dienstleistungsbereiches – Beschäftigungsverluste hinnehmen mußte.[350]

Im Gegensatz zu den Erhebungen bzw. Auswertungen des IAB berücksichtigt die Handwerkszählung auch sozialversicherungsfreie Beschäftigungsverhältnisse. So wurde im Rahmen der Handwerkszählung 1995 u.a. auch im Unternehmen tätige Inhaber oder mitarbeitende Familienangehörige als Beschäftigte gezählt. Zudem beziehen sich die Daten dieser Zählung auf die Erhebungseinheit Unternehmen.[351]

Handwerkszählungen sind stichtagsbezogene Totalerhebungen. Aus diesem Grund ist es ohne weitere Schätzungen nur möglich, den Beschäftigungsumfang im Handwerk zu zwei Zeitpunkten miteinander zu vergleichen, ohne genauere Angaben über die Entwicklung der Beschäftigung zwischen diesen Zeitpunkten machen zu können. Problematisch ist weiterhin, daß die Anzahl der Beschäftigten in der Handwerkszählung nach „Köpfen“ und nicht anteilig nach geleisteten Arbeitsstunden erfolgt. Dieser Umstand kann Ergebnis aufgrund von Teilzeitarbeit erheblich verzerren.

Betrachtet man trotz dieser Einwände die Ergebnisse der Handwerkszählung, so zeigt sich folgendes Bild: Im alten Bundesgebiet hat sich die Beschäftigung in Handwerksunternehmen (einschließlich handwerklicher Nebenbetriebe) von 1976 bis 1994 um 31,2 % erhöht.[352] Interessant in Hinblick auf die vorangegangene Untersuchung ist dabei, daß 1994 allein 10% der im Handwerk tätigen Personen in Unternehmen arbeiteten, die keine Angestellten, Arbeiter oder Auszubildende beschäftigten und die damit nicht in die Beschäftigtenstatistik eingehen.[353]

---

350 Vgl. BMWi: Verhältnis, 1999, S. 10

351 Zum Untersuchungsdesign der Handwerkszählung vgl. Veldhues, B.: Handwerkszählung, 1994 und Ziebach, B.: Zählung, 1996.

352 Vgl. Statistisches Bundesamt: Handwerkszählung 1995, 1996, S. 268.

353 Vgl. Eigene Berechnung anhand von Statistisches Bundesamt: Handwerkszählung 1995, 1996, S. 17.

3.5.1.3 *Neugründungen und Beschäftigung*

Junge Betriebe sind in aller Regel in den ersten Jahren ihrer Existenz relativ klein.[354] Aus diesem Grund wäre es möglich, daß sich das überproportionale Beschäftigungswachstum in kleineren Betrieben in erster Linie auf das Beschäftigungswachstum in jungen Betrieben zurückführen ließe. Dies muß hier kurz überprüft werden.

Neugründungen sind in den ersten Jahren verhältnismäßig expansiv; sie unterliegen jedoch auch einem strengen Ausleseprozeß, was nicht selten zu Schließungen führt.[355] Gerade aus diesem Grund führten Survivor-Analysen in der Vergangenheit zu einer Überschätzung der Arbeitsplatzeffekte von neu gegründeten Betrieben.[356] Verläßlicher sind hier wiederum mehrmalige Längsschnittuntersuchungen in Form eines Panels. Es bietet sich daher an, wiederum auf Ergebnisse des Betriebspanels des Instituts für Arbeitsmarkt und Berufsforschung zurückzugreifen. Das Problem eines zur Zeit noch zu kurzen Untersuchungszeitraums tritt jedoch im Bereich der Arbeitsplatzeffekte von neu gegründeten Betrieben relativ stark zutage, da die Beschäftigungseffekte dieser Betriebe in erster Linie langfristiger Natur sind.

Einen Einblick in die langfristige Entwicklung der Beschäftigung erlaubt eine Auswertung des IAB aufgrund der Beschäftigtenstatistik. Vergleicht man die Entwicklung der vier im vorangegangenen Kapitel aufgeführten Komponenten der Beschäftigung von 1981 bis 1994 anhand von Daten aus der Beschäftigtenstatistik, so ergibt sich die in Abbildung 7 dargestellte Entwicklung.[357]

Das Bruttobeschäftigungswachstum hängt in erster Linie vom Wachstum bestehender Betriebe und nicht von Neugründungen ab. Der Beitrag der zuerst genannten Komponente zum Beschäftigungswachstum war in dem genannten Zeitraum fast genau dreimal so hoch wie der Beitrag von Neugründungen.[358] Ähnliches gilt in bezug auf die Verringerung der Beschäftigung. Auch hier liegt die Bedeutung von Schrumpfungen bestehender Betriebe mit 15.421 abgebauten Ar-

---

354 Vgl. Brüderl, J.; Preisendörfer, P.; Ziegler, R.: Erfolg, 1998, S. 97.

355 Vgl. Gerlach, K; Wagner, J.: Paneldaten, 1996, S. 7; Gruhler, W.: Existenzgründer, 1996, S. 10; Hunsdiek, D.: Wirkungen, 1987.

356 Vgl. Sachverständigenrat: Aufschwung, 1994, S. 256 sowie Fritsch, M.: Arbeitsplatzentwicklung, 1990, S. 157 ff.

357 Die folgende Daten wurden entnommen aus Bellmann, L. u.a.: Flexibilität, 1996, S. 105 ff., sie beziehen sich ausschließlich auf sozialversicherungspflichtige Beschäftigungsverhältnisse.

358 Während durch Expansion bestehender Betriebe von 1982 bis 1994 16.100 sozialversicherungspflichtige Arbeitsplätze geschaffen wurden, entfielen auf Neugründungen 5.357 neue Beschäftigungsverhältnisse (vgl. Bellmann, L. u.a.: Flexibilität, 1996, S. 109 f.).

beitsplätzen deutlich über dem Beitrag von Betriebsschließungen mit einer Verringerung um 3.948 Arbeitsplätze.

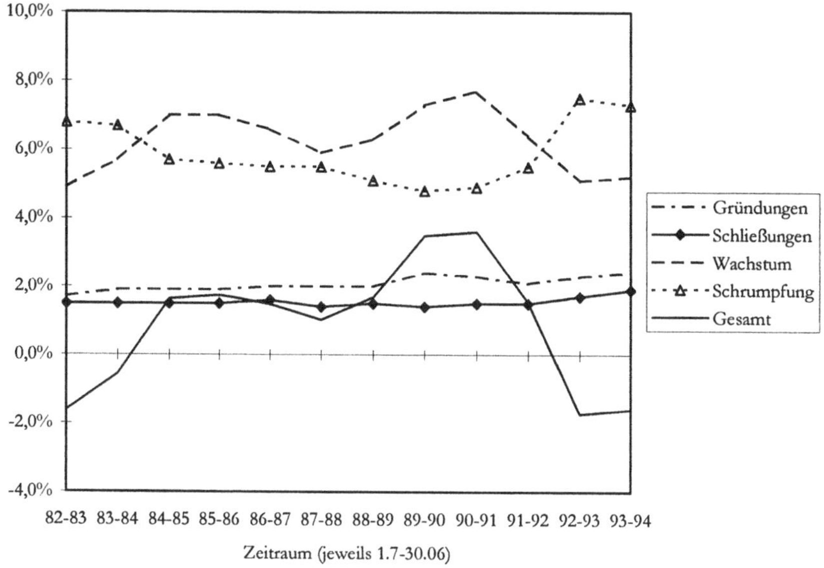

Abbildung 7: Komponenten der Beschäftigungsentwicklung von 1981 bis 1994 (ohne Landwirtschaft und öffentlicher Dienst)[359]

Aufgrund dieser großen Bedeutung der Wachstums- und Schrumpfungskomponente für die Nettobeschäftigungsentwicklung ergab sich für den betrachteten Zeitraum immer dann eine Zunahme (Abnahme) der Gesamtbeschäftigung, wenn der Saldo der Beschäftigungseffekte aus Expansion und Schrumpfung positiv (negativ) war. Auffallend ist jedoch, daß die Beiträge der Wachstumskomponente und der Schrumpfungskomponente zur Veränderung der Beschäftigung um einen Betrag von jeweils etwa 6% zu schwanken scheinen, so daß sich ihr Einfluß auf die Nettobeschäftigung langfristig eher ausgleicht. Im Gegensatz dazu liegt der Beitrag von Gründungen auf die Beschäftigung in allen Berichtsjahren über der Beschäftigungsverringerung durch Betriebsschließungen.

Wenn also auch der Einfluß von Expansion und Schrumpfung die Richtung der Nettobeschäftigungsentwicklung kurz- bis mittelfristig bestimmt, so ist es langfristig der Saldo zwischen Gründungen und Schließungen, der den bedeuten-

359 Diese Graphik wurde aus Bellmann, L. u.a.: Flexibilität, 1996, S. 106 entnommen.

deren Anteil des Nettobeschäftigungswachstums ausmacht. So betrug im Zeitraum von 1984 bis 1994 der Saldo von Gründungen und Schließungen 1,4 Mio. Arbeitsplätze (= 62% des Nettozuwachses), während durch Expansionen und Schrumpfungen lediglich 0,86 Mio. Arbeitsplätze (= 38% des Nettozuwachses) entstanden.[360]

Ohne Berücksichtigung des Vereinigungsprozesses kommen *Boeri und Cramer* für den Zeitraum von 1978 bis 1987 zu ähnlichen Ergebnissen: Danach lag der Effekt von Gründungen abzüglich Schließungen bei ca. 750.000 neuen Arbeitsplätzen, während bestehende Betriebe per Saldo lediglich etwa 300.000 neue Stellen schufen.[361] Weiterhin zeigt diese Untersuchung, daß am Ende des Untersuchungszeitraumes allein 17,6% der Beschäftigten in Betrieben tätig waren, die innerhalb der betrachteten Dekade gegründet wurden.[362] Betriebsgründungen kommt daher aufgrund von Auswertungen der Beschäftigtenstatistik für die langfristige Entwicklung der Beschäftigung eine zentrale Rolle zu. Sie können als Motor des langfristigen Beschäftigungswachstums angesehen werden.

3.5.2 Ursachen für überproportionales Beschäftigungswachstum in Kleinunternehmen und Handwerk

3.5.2.1 Vorüberlegungen

Die in den vorangegangenen Kapiteln dargestellten, empirischen Befunde bestätigen die Birch-These für die Bundesrepublik, wenn auch in einer abgeschwächten Form. Für eine beschäftigungsorientierte Strukturpolitik, die aufgrund dieser Befunde Kleinunternehmen zu ihren Adressaten erklärt, ist die Frage nach den Ursachen eines überproportionalen Beschäftigungswachstums in Kleinbetrieben von zentraler Bedeutung. Durch diese Kenntnis ließe sich eine zielgenaue und damit letztlich effiziente Förderung gestalten.

Leider kann die Frage nach den Ursachen eines überproportionalen Beschäftigungswachstums in Kleinbetrieben bis heute nicht befriedigend beantwortet werden. Wie bereits in den vorangegangenen Kapiteln erläutert wurde, ist ein Mangel an Erkenntnissen über die einzelwirtschaftlichen Einflußgrößen der Arbeitsnachfrage zu beklagen. Dies gilt gerade auch in bezug auf Unterschiede des Beschäftigungswachstums in Betrieben verschiedener Größe.

360 Vgl. Bellmann, L. u.a.: Flexibilität, 1996, S. 106 f.
361 Vgl. Boeri, T.; Cramer, U.: Wachstumsprozesse, 1991, S. 72.
362 Vgl. Boeri, T.; Cramer, U.: Wachstumsprozesse, 1991, S. 79.

Hinzu kommt, daß Beschäftigungsgewinne in Kleinbetrieben nicht mit Beschäftigungswachstum in Kleinunternehmen gleichzusetzen sind. Ein Unternehmen als wirtschaftlich-rechtliches Aggregat kann aus mehreren Betrieben im Sinne von Produktionsstätten bestehen. Damit ist es jedoch theoretisch denkbar, daß Beschäftigungswachstum in Kleinbetrieben in erster Linie auf strategische Umstrukturierungen innerhalb von Großunternehmen zurückgeht.[363]

Durch sogenanntes „Downsizing" versuchen Großkonzerne, kleinere, dezentralisierte Entscheidungseinheiten zu schaffen, um flexibel auf Kundenwünsche zu reagieren. Dies kann als Indiz für eine höhere Effizienz von kleinbetrieblichen Strukturen in diesen Bereichen gewertet werden. „Downsizing" bedeutet jedoch auch, daß die Gruppe der Kleinbetriebe, nicht jedoch die Gruppe der Kleinunternehmen, Beschäftigungsgewinne verbucht. Das gleiche gilt für Branchen mit starker Filialisierung, man denke dabei nur an kleine Filialen oder Filialgründungen großer Handelskonzerne, die als Kleinbetriebe bzw. Neugründungen in die oben zitierten Zahlenwerke eingehen.[364]

Durch diese Problematik wird die Aussagekraft der Birch-These für das Analyseaggregat Unternehmensgröße weiter abgeschwächt. Einschränkend muß man jedoch hinzufügen, daß ein Großteil der Beschäftigungsgewinne von Kleinbetrieben auf Unternehmen des Dienstleistungsgewerbes und des dienstleistungsorientierten Handwerks zurückgeht.[365] Aufgrund der mittelständischen Struktur dieser Wirtschaftsbereiche haben hier jedoch (kleine) Zweigbetriebe von Großunternehmen nur eine untergeordnete Bedeutung.[366]

3.5.2.2 Vor- und Nachteile von Unternehmen bzw. Betrieben unterschiedlicher Größe

Tabelle 6 stellt als Momentaufnahme aus dem Jahr 1996 die Entwicklung der Beschäftigung innerhalb unterschiedlicher Betriebsgrößenklassen dar und zeigt, daß gerade bei Betrieben mit bis zu 50 Beschäftigten erhebliche Personalzugänge und -abgänge gleichzeitig auftraten.[367] Dies weist auf eine relativ heterogene Entwicklung der Beschäftigung innerhalb dieser Größenklasse hin. Weiterhin kamen Betriebe mit wachsender bzw. schrumpfender Beschäftigung in allen drei Betriebsgrößenklassen vor.[368] Mit anderen Worten: Es waren bei weitem nicht alle

363 Vgl. Bade, F.-J.: Bedeutung, 1987, S. 84 ff. hingewiesen.

364 Vgl. Schmidt, A. G.: Beitrag, 1996, S. 545 ff.

365 Vgl. dazu Kapitel 3.5.2.4 dieser Arbeit.

366 Zur Unternehmensgrößenstruktur unterschiedlicher Wirtschaftsbereiche vgl. Clemens, R. u.a.: Unternehmensgrößenstatistik, 1997, S. 19 ff.

367 Dies zeigt auch Wagner, J.: Job, 1995, S. 10 anhand eigener Analysen.

368 Vgl. Projektgruppe Betriebspanel: Beschäftigungsentwicklung, 1996.

Kleinbetriebe, die eine Expansion der Beschäftigung zeigten. Umgekehrt bauten nicht alle Großbetriebe Beschäftigung ab.

Tabelle 6: Personaleinstellungen und -abgänge Januar bis Juni 1996 in Westdeutschland[369]

Betriebsgröße	**Einstellungen**	**in % aller Beschäftigten (1/96)**	**Abgänge**	**in % aller Beschäftigten (1/96)**
1-50 Beschäftigte	54,3%	6,1%	46,8%	6,0%
51-500 Beschäftigte	32,4%	4,9%	31,7%	5,5%
500 und mehr Beschäftigte	13,3%	2,6%	21,5%	4,9%
Insgesamt	100,0%	4,8%	100,0%	5,5%

Es ist daher durchaus naheliegend, die Betriebs- bzw. Unternehmensgröße nicht als die eigentliche Variable anzusehen, die zu einem überproportionalen Beschäftigungswachstum führt, sondern sie als eine übergeordnete „Proxi-Variable" zu betrachten, hinter der sich andere Einflußfaktoren der Beschäftigung verbergen.[370] In diesem Sinne würden bei kleineren Betrieben bzw. Unternehmen Einflußfaktoren, die zu einer positiven (negativen) Entwicklung der Beschäftigung beitragen, relativ stark (schwach) auftreten. Ein erster Schritt zur Analyse größenstruktureller Unterschiede im Beschäftigungsverhalten wäre dann, Unterschiede zwischen kleineren und größeren Betrieben bzw. Unternehmen herauszuarbeiten und sie in Hinblick auf ihre Auswirkung auf die Beschäftigung zu analysieren.[371]

Als Vorteile kleinerer Organisationseinheiten werden in der Literatur vor allem folgende genannt:[372]

---

369 Die Daten dieser Tabelle stammen aus Projektgruppe Betriebspanel: Beschäftigungsentwicklung, 1996, S. 55.

370 Vgl. Fritsch, M.; Hull C.: Befunde, 1987, S. 165 sowie Fritsch, M.: Arbeitsplatzentwicklung, 1990, S. 179.

371 Zu Unterschieden zwischen Klein-, Mittel- und Großbetrieben vgl. Pfohl, H.-C.; Kellerwesel, P.: Abgrenzung, 1990, S. 1-23. Einen Überblick über theoretische und empirische Forschungen von größenbedingten Effizienzvorteilen gibt Bartel, R.: Organisationsgrößenvorteile, 1990.

372 Eine Literaturauswertung findet sich bei Bartel, R.: Organisationsgrößenvorteile, 1990, S. 15.

- eine größere Kunden- und Marktnähe und damit eine höhere Sensitivität für Änderungen der Nachfrage
- eine größere Flexibilität aufgrund einer spezifischeren Fertigung
- eine geringere Bürokratie und weniger Agency-, Kommunikations- und Koordinationsprobleme
- geringere Personalkosten aufgrund eines geringeren gewerkschaftlichen Organisationsgrad der Mitarbeiter
- ein größerer Druck zur wirtschaftlichen Effizienz und Innovation, durch Wettbewerb, da eine marktbeherrschende Stellung fehlt
- ein Dezentralisierungseffekt des technischen Fortschritts

Als Vorteile größerer Organisationseinheiten werden hingegen in erster Linie folgende angeführt:[373]

- eine leichtere Möglichkeit Marktzugangsbarrieren zu überwinden, wenn dies relativ kosten- oder know-how-intensiv ist, insbesondere im Export, bei Direktinvestitionen und im F&E-Bereich
- einen leichteren Zugang zu Sach- und Humankapital
- Losgrößenvorteile durch hohen Marktanteil und Massenfertigung
- Diversifikationsvorteile, was die Möglichkeit zur Risikostreuung bedeutet (bei Kleinunternehmen ist dies aufgrund von Unteilbarkeiten nur schwer möglich)
- Finanzierungsvorteile, die insbesondere in bezug auf Forschung und Entwicklung auftreten,
- Vorteile durch Kumulation des technischen Fortschritts
- größere personalpolitische Gestaltungsspielräume

3.5.2.3 „Angebotsseitige“ Wachstumsbedingungen

Fraglich ist, ob in den letzten 20 Jahren eine Verschiebung in bezug auf die oben dargestellten, „angebotsseitigen“ Wachstumsbedingungen stattgefunden hat, da dies als Begründung für ein überproportionales Beschäftigungswachstum in Kleinbetrieben bzw. –unternehmen dienen könnte. Nach dieser Argumentation hat sich die Wettbewerbsstellung von Kleinunternehmen gegenüber Großunternehmen in den letzten Jahren verbessert, so daß die optimale Betriebsgröße gesunken ist und ein überproportionalen Wachstum in Kleinunternehmen bewirkt wurde. Für eine Überlegenheit kleinerer Unternehmen wird dabei in erster Linie auf zwei Argumente hingewiesen, die allerdings bislang lediglich Hypothesen darstellen. Dabei handelt es sich um:

---

373 Vgl. Bartel, R.: Organisationsgrößenvorteile, 1990, S. 15.

Die „Technologiehypothese“:[374] Danach hat die Entwicklung des technischen Fortschritts dazu beigetragen, daß die aus produktionstheoretischer Sicht mindestoptimale Betriebsgröße gesunken ist.[375] Tatsächlich hat die Entwicklung der Computertechnik zu Fortschritten in der Informations- und Steuerungstechnik geführt. Nach der Technologiehypothese habe dies wiederum dazu beigetragen, daß auch Kleinunternehmen in wachsendem Umfang die Vorteile der Automatisierung für sich nutzen könnten, die aufgrund der früher notwendigen großen Serien in der Regel Großbetrieben vorbehalten gewesen wären.[376]

Die „Flexibilitätshypothese“: Danach sind Kleinunternehmen flexibler als Großunternehmen, insbesondere da sie über eine spezifischere Produktion bei Werkstatt bzw. Auftragsfertigung durch Verwendung von Mehrzweckanlagen verfügen bzw. Dienstleistungen anbieten. Diese Produktion ließe sich leichter auf sich verändernde Bedürfnisse der Kunden einstellen. Kleinunternehmen könnten sich somit gesamtwirtschaftlichen Datenänderungen, wie z.B. Änderungen im Nachfrageverhalten der Verbraucher, schneller anpassen. Dieser Fähigkeit käme aufgrund von gehäuft auftretenden Datenänderungen und eines sich intensivierenden Strukturwandels eine zunehmende Bedeutung zu.[377]

Lange Zeit war die Ansicht vorherrschend, daß der technische Fortschritt Zentralisierung und Konzentration fördert bzw. erfordert.[378] Seit Mitte der 50er Jahre zeigt sich jedoch, daß vom technischen Fortschritt in zunehmendem Maße ein Beitrag zur Dezentralisierung und zur Verkleinerung der mindestoptimalen Betriebsgröße ausgeht.[379] In diesem Sinne ist auch im Handwerk ein zunehmender Einsatz von EDV-Anlagen und NC-gesteuerten Maschinen zu beobachten, der tendenziell weg von der traditionellen Einzelfertigung und hin zur Produktion von Kleinserien führt.[380]

Kritischer als die Technologiehypothese ist m.E. die Flexibilitätshypothese zu betrachten. Obwohl das Argument einer höheren Flexibilität von Handwerk und Kleinunternehmen recht beliebt ist, ist die empirische Evidenz von Untersuchungen zu einer besonders hohen Flexibilität von kleineren Betrieben bislang eher bescheiden.[381] Dabei muß zwischen der Flexibilität einzelner Kleinunternehmen

374 Eine ausführliche Diskussion der Technologiehypothese findet sich bei Sorge, A.: Wandel, 1987.

375 Vgl. dazu z.B. Ewers, H.-J.; Fritsch, M.; Kleine, J.: Strategien, 1984, S. 15 f.

376 Vgl. Ewers, H.-J.; Fritsch, M.: Bedeutung, 1985, S. 18.

377 Vgl. Cramer, U.: Hoffnungsträger, 1987, S. 15 sowie Fritsch, M.: Arbeitsplatzentwicklung, 1990, S. 179.

378 Dies ist auch eines der Argumente der Konzentrationstheorie, vgl. dazu Kapitel 2.3.2 dieser Arbeit.

379 Vgl. Kaufer, E.: Industrieökonomik 1980, S. 31-50, insbesondere S. 49 f.

380 Vgl. Endreß, R.: Handwerksbetriebe, 1993, S. 1616.

381 Vgl. Fritsch, M.: Arbeitsplatzentwicklung, 1990, S. 184.

bzw. -betriebe und der Flexibilität des Aggregates, also der Gesamtheit der Gruppe der kleineren Unternehmen/Betriebe, unterschieden werden. Auch wenn eine höhere Flexibilität einzelner Kleinunternehmen gegenüber Großunternehmen nicht nachweisbar ist, kann die Gruppe der Kleinunternehmen als Gesamtheit aufgrund der höheren Unternehmensfluktuation durchaus flexibler sein als die Gruppe der Großunternehmen.[382]

Ein gewisser Einfluß auf die Verbesserung der Wettbewerbsfähigkeit von Kleinunternehmen läßt sich wohl in bezug auf beide Argumente nicht verneinen. Hat sich aber die Effizienz von Unternehmen unterschiedlicher Größe in den letzten Jahren so stark verschoben, daß sich eine generelle Überlegenheit von Kleinunternehmen über Großunternehmen ergeben hat?

Bis heute ist in der empirischen und theoretischen Forschung keine eindeutige Überlegenheit einer bestimmten Betriebsgröße nachweisbar. Auffällig ist allerdings, daß gerade in bezug auf die Ressourcenausstattung und die Stellung auf den Faktormärkten eine Reihe von Untersuchungen eine Unterlegenheit kleinerer Wirtschaftseinheiten ergeben haben und zwar in nahezu allen Bereichen.[383]

Wenn also auch durch die Dezentralisierungswirkung des technischen Fortschritts oder durch eine höhere Flexibilität ein positiver Effekt auf die Effizienz von Kleinunternehmen ausgeht, so stehen diesen auch heute noch gewichtige Nachteile gegenüber. Meines Erachtens ist es daher nicht angebracht, von einer generellen Überlegenheit kleinerer Unternehmen in bezug auf angebotsseitige Wachstumsbedingungen auszugehen. Aus diesem Grund halte ich Zweifel für angebracht, wenn eine überproportionale Beschäftigungsentwicklung in Kleinunternehmen in erster Linie mit den beiden angeführten Argumenten begründet wird.

3.5.2.4 „Nachfrageseitige" Wachstumsbedingungen

Man sollte bei der Analyse der Ursachen eines überproportionalen Beschäftigungswachstums in kleineren Betrieben nicht die andere Seite des Marktes außer Acht lassen, d.h. den Einfluß von Veränderungen im Nachfrageverhalten der Verbraucher. Eine Hypothese, die dieses Erklärungsmuster nutzt, kann als Nachfrageargument oder als Nachfrageverschiebungshypothese bezeichnet werden.[384]

Danach bieten Kleinunternehmen vor allem spezielle Güter mit hoher Einkommenselastizität an und sind in „Marktnischen" tätig. Die Tertiärisierung der

382 Vgl. Fritsch, M. Arbeitsplatzentwicklung, 1990, S. 184.
383 Vgl. Fritsch, M.: Arbeitsplatzentwicklung, 1990, S. 179. Zu den angesprochenen Untersuchungen vgl. Fritsch, M.: Wirtschaft, 1987 und die dort angegebene Literatur.
384 Vgl. Cramer, U.: Hoffnungsträger, 1987, S. 15

Wirtschaft, das heißt der Wandel der Nachfragestruktur hin zu mehr individuell-differenzierten Gütern und Dienstleistungen, begünstigt sie daher.[385] Hinzu kommt, daß Massenprodukte von Großunternehmen einer zunehmenden Importkonkurrenz durch sog. Niedriglohnländern unterliegen.[386] Diese Importkonkurrenz kann sich unterschiedlich auswirken: Sie könnte zu Rationalisierungen, zu dem Verlust von Marktanteilen oder zu einer Auslagerung der Produktion ins Ausland führen; mit dementsprechend negativen Auswirkungen auf die inländische Beschäftigung.

Nach der sogenannten „Drei-Sektoren-Hypothese" bewirken steigende Einkommen ein Wandel der Wirtschaftsstruktur. Nach dieser Hypothese ist es im langfristigen Wachstumsprozeß zuerst der sekundäre Sektor, der den Anteil des primären Sektors zurückdrängt, um dann bei weiterhin steigenden Einkommen schließlich selbst vom tertiären Sektor verdrängt zu werden. In unterentwickelten Volkswirtschaften findet man danach einen relativ hohen Anteil des primären Sektors. Während in entwickelten Volkswirtschaften der sekundäre Sektor und in hochentwickelten der tertiäre Sektor dominiert.[387]

Der Grund für diese Entwicklung liegt in unterschiedlichen Einkommenselastizitäten der Nachfrage in bezug auf die Güter und Dienstleistungen, die die verschiedenen Sektoren einer Volkswirtschaft produzieren. Der primäre Sektor (Land- und Forstwirtschaft, Fischerei) bietet in erster Linie Güter des Grundbedarfes mit einer relativ niedrigen Einkommenselastizität (kleiner als 0,5) an. Der sekundäre Sektor (produzierendes Gewerbe) fertigt hingegen Güter mit einer mittleren Einkommenselastizität der Nachfrage (zwischen 0,5 und 1). Der tertiäre Sektor umfaßt ökonomische Aktivitäten, die über eine relativ hohe Einkommenselastizität (größer als 1) verfügen. Bei steigendem Einkommen wird sich daher in zunehmendem Maße eine Entwicklung in Richtung des tertiären Sektors ergeben.[388]

Tatsächlich ist in der Bundesrepublik, wie auch in anderen westlichen Industrienationen, ein Prozeß der De-Industrialisierung und „Tertiärisierung" der Wirtschaft zu beobachten.[389] Dies schlägt sich auch in Veränderungen der Beschäftigungsstruktur nieder: Belief sich der Anteil des produzierenden Gewer-

---

385 Vgl. Fritsch, M.: Arbeitsplatzentwicklung, 1990, S. 179.

386 Vgl. Ewers, H.-J.: Ansatzpunkt, 1984, S. 98; Ewers, H.-J.; Fritsch, M.; Kleine, H.-J.: Strategien 1984, S. 16.

387 Zur Drei-Sektoren-Hypothese vgl. Wilms, M.: Strukturpolitik, 1992, S. 373-376.

388 Vgl. Meißner, W.; Fassing, W.: Wirtschaftsstruktur, 1989, S. 108.

389 Vgl. dazu auch Bellmann, L. u.a.: Flexibilität, 1996, S. 107 f.

bes[390], also des sekundären Sektors, in den 60er und 70er Jahren noch auf annähernd die Hälfte der Erwerbstätigen, so betrug er im Jahr 1996 nur noch etwas mehr als ein Drittel.[391]

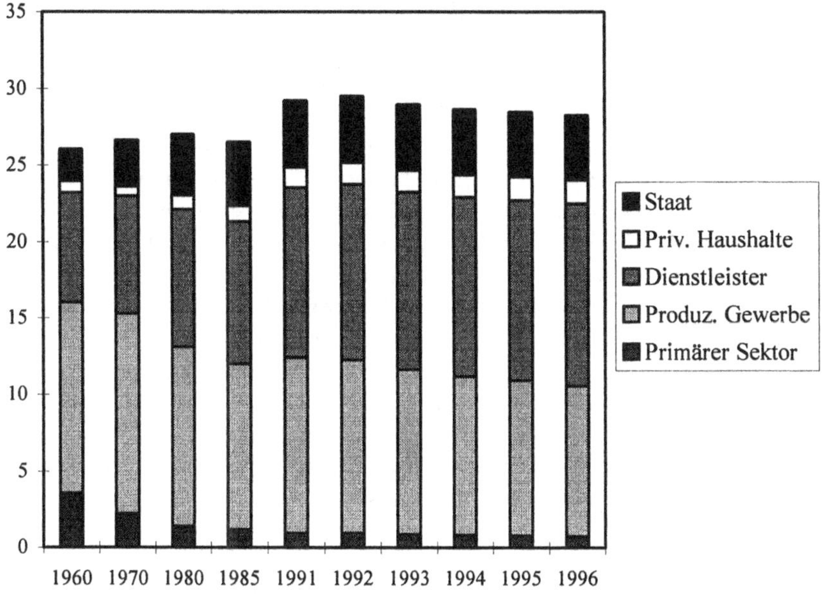

Abbildung 8: Sektorale Struktur der Erwerbstätigen in Deutschland (alte Länder in Mio. Erwerbstätige)

Im Zeitraum von 1960 bis 1996 gingen im alten Bundesgebiet im produzierenden Gewerbe etwa 2,6 Mio. Arbeitsplätze verloren. Konträr zu dieser Entwicklung wuchs die Beschäftigung in Dienstleistungsunternehmen. Von 1960 bis 1996 entstanden hier ca. 4,2 Mio. Arbeitsplätze (ausschließlich alte Länder). Waren im Dienstleistungsbereich (ohne Handel und Verkehr) 1960 lediglich 9,1% der Erwerbstätigen beschäftigt, so beträgt der Anteil von Dienstleistungsunternehmen an der Beschäftigung im Jahre 1996 etwa 23,2%. Zusammen mit Handel

390 Das produzierende Gewerbe umfaßt die drei Abteilungen 1. Energie- und Wasserversorgung, 2. Verarbeitendes Gewerbe und Bergbau, 3. Baugewerbe, vgl. Gesetz über die Statistik im produzierenden Gewerbe vom 6.11.1975.

391 Vgl. Sachverständigenrat: Reformen, 1996, S. 107.

und Verkehr beschäftigten Dienstleister 1996 in den alten Ländern ca. 43,2% der Erwerbstätigen.[392]

Ein ähnliches Bild zeigen Angaben des *iwd*: Danach sind von 1977 bis 1999 im Dienstleistungsgewerbe rund 2,2 Mio. zusätzliche Arbeitsplätze entstanden, während in diesem Zeitraum alle Produktionsbereiche zusammen ca. 1 Mio. Arbeitsplätze abgebaut haben.[393] Es verwundert daher nicht, daß die Drei-Sektoren-Hypothese als eine der wenigen Gesetzmäßigkeiten der Ökonomie gilt, die eindrucksvoll bestätigt werden konnte.[394]

Kleinunternehmen profitieren von der oben dargestellten Entwicklung überproportional, da sie im wachsenden Dienstleistungsbereich relativ stark vertreten sind. Die mittelständische Struktur des Dienstleistungsgewerbes[395] wird bereits dadurch deutlich, daß im Jahr 1994 ca. 90% aller Unternehmen in diesem Bereich über einen Jahresumsatz von weniger als DM 1 Mio. verfügten.[396] Nach der Unternehmensgrößenstatistik lagen die Umsatzanteile von Kleinunternehmen in verschiedenen Bereichen des Dienstleistungsgewerbes im Jahr 1994 zwischen 60% und 70%, während zur gleichen Zeit der Umsatzanteil der Kleinunternehmen über alle Wirtschaftsbereiche 50% betrug.[397]

Die zunehmende Tertiärisierung der Wirtschaft schlägt auch auf das Gründungsgeschehen durch. So läßt sich anhand der Beschäftigtenstatistik zeigen, daß im Zeitraum von 1983 bis 1994 im Durchschnitt 74% aller Gründungen auf den Dienstleistungssektor entfielen.[398] Führt man sich die Bedeutung von Unternehmensgründungen für die langfristige Entwicklung der Beschäftigung vor Augen,[399] läßt sich abschätzen, welche Bedeutung die Entwicklung des Dienstleistungssektors für die Beschäftigungssituation in der Zukunft haben wird. Diese Potentiale scheinen in der Bundesrepublik zur Zeit noch nicht ausgeschöpft zu sein. So zeigt eine Untersuchung des *iwd*, daß in Deutschland im Vergleich zu Dänemark und den USA pro tausend erwerbsfähigen Personen fast 160 Dienstleistungsjobs fehlen.[400]

Ein Strukturwandel, der durch massive Arbeitsplatzverluste in wichtigen Bereichen des verarbeitenden Gewerbes und Arbeitsplatzzuwächse im Dienstlei-

---

392 Diese Zahlen und die folgende Grafik basieren auf eigene Berechnungen anhand von Sachverständigenrat: Reformen, 1996, S. 107.
393 Vgl. iwd (Hrsg.): Dienstleistungen, 1999, S. 4.
394 Vgl. Meißner, W.; Fassing, W.: Wirtschaftsstruktur, 1989, S. 109.
395 Ohne Handel, Verkehr und Nachrichtenübermittlung und Finanzdienstleistungen.
396 Vgl.: Clemens, R. u.a.: Unternehmensgrößenstatistik, 1997, S. 22.
397 Vgl. Clemens, R. u.a.: Unternehmensgrößenstatistik, 1997, S. 51 ff.
398 Vgl. Fritsch, M.: Analysen, 1997, S. 16.
399 Vgl. Kapitel 3.5.1.3 dieser Arbeit.
400 Vgl. iwd (Hrsg.): Dienstleistungen, 1999, S. 5.

stungsbereich gekennzeichnet ist, begünstigt nach den obigen Darstellungen Kleinunternehmen.[401] Speziell Handwerksunternehmen könnten von steigenden Einkommen der Verbraucher profitieren, da sie als Anbieter von individualisierten Erzeugnissen gelten und daher nicht selten über Produkte oder Dienstleistungen mit einer hohen Einkommenselastizität der Nachfrage verfügen sollten.[402]

Im folgenden soll dazu die Entwicklung der Beschäftigung im Handwerk anhand von Ergebnissen der Handwerkszählungen 1977 und 1995 betrachtet werden. Handwerkszählungen stellen lediglich Momentaufnahmen dar, die von konjunkturellen Faktoren beeinflußt werden. Vergleicht man dennoch die Ergebnisse der Handwerkszählungen 1977 und 1995, so ergibt sich für die Entwicklung der Beschäftigung im alten Bundesgebiet für Handwerksunternehmen und für handwerkliche Nebenbetriebe folgendes Bild:

Tabelle 7: Entwicklung der Beschäftigung im Handwerk nach Gewerbezweigen[403]

Gewerbezweig	Beschäftigte am 30.09.76	Beschäftigte am 30.09.94	absolute Veränderung	relative Veränderung
Bau- und Ausbaugewerbe	1.162.270	1.246.411	84.141	7,2%
davon Maurer	*484.963*	*422.523*	*-62.440*	*-12,9%*
Elektro- u. Metallgewerbe	1.226.641	1.786.320	559.679	45,6%
davon KfZ-Mechaniker	*314.317*	*425.513*	*111.196*	*35,4%*
Holzgewerbe	242.514	307.143	64.629	26,6%
davon Tischler	*204.195*	*265.077*	*60.882*	*29,8%*
Bekleidungs-, Textil- u. Ledergewerbe	144.138	86.834	-57.304	-39,8%
davon Raumausstatter	*39.427*	*42.977*	*3.550*	*9,0%*
Nahrungsmittelgewerbe	476.437	560.304	83.867	17,6%
davon Bäcker	*195.173*	*268.396*	*73.223*	*37,5%*
Gewerbe für Pflege und Reinigung[404]	558.640	1.024.336	465.696	83,4%
davon Gebäudereiniger	*252.427*	*639.386*	*386.959*	*153,3%*
davon Friseure	*197.196*	*211.002*	*13.806*	*7,0%*
Glas, Papier, Keramik u.a.	95.892	113.448	17.556	18,3%
Insgesamt	**3.906.532**	**5.124.796**	**1.218.264**	**31,2%**

401 Dies hat bereits Cramer, U.: Hoffnungsträger, 1987 nachgewiesen.

402 Vgl. dazu auch Endreß, R.: Handwerksbetriebe, 1993, Sp. 1616.

403 Vgl. Statistisches Bundesamt (Hrsg.): Handwerkszählung 1995, 1996, S. 268 ff.

404 Gewerbe für Gesundheit- und Körperpflege, chemisches Gewerbe und Reinigungsgewerbe.

Auf den ersten Blick ist das Ergebnis relativ eindeutig: Die Beschäftigung im Handwerk hat um über 1,2 Mio. Personen zugenommen, was einen relativen Anstieg von 31,2% bedeutet. Auf den zweiten Blick fällt jedoch auf, daß die Beschäftigungszunahme überwiegend auf eine Steigerung im Elektro- und Metallgewerbe sowie im Gewerbe für Gesundheits- und Körperpflege und Reinigungsgewerbe zurückgeht. Zusammen beträgt die Zunahme in diesen Bereichen ca. 1 Mio. Beschäftigte bzw. 84% des gesamten Zuwachses.

Im Elektro- und Metallgewerbe resultiert der Löwenanteil des Zuwachses aus Beschäftigungssteigerungen bei den Kfz-Mechanikern, Gas- und Wasserinstallateuren und Elektroinstallateuren.[405] Damit entfällt die Steigerung der Beschäftigung hier auf Unternehmen, die weniger mit größeren Industriebetrieben im Wettbewerb stehen, sondern auf Gewerbe, die vielmehr als Intermediäre zwischen Industrie und Verbrauchern fungieren, indem sie industrielle Produkte be- und verarbeiten bzw. einbauen und betreuen. Der Zuwachs in diesem Bereich sollte daher weniger mit einer wettbewerblichen Überlegenheit von kleinen Handwerksunternehmen gegenüber industriellen Großunternehmen begründet werden können, sondern eher auf eine Steigerung der Nachfrage nach diesen handwerklichen Leistungen zurückzuführen sein. Da gerade Installationsarbeiten relativ arbeitsintensiv sind, schlägt sich dies dementsprechend positiv in der Beschäftigungsentwicklung im Handwerk nieder.[406]

Die in Teilbereichen zu beobachtende Komplementarität zwischen industrieller und handwerklicher Leistungserbringung wirft eine Frage auf: Wenn tatsächlich eine gesteigerte Nachfrage für das starke Beschäftigungswachstum im Elektro- und Metallgewerbe verantwortlich sein soll, warum hat sich dann nicht auch eine dementsprechende Beschäftigungsentwicklung in der vorgelagerten Industrie ergeben? Es bieten sich dafür drei Erklärungsansätze an.

Zum einen ist die Arbeitsproduktivität in der westdeutschen Industrie in den letzten 20 Jahren erheblich gestiegen. Im Handwerk ist eine dementsprechende Entwicklung nicht zu beobachten.[407] Ursächlich dafür ist, daß es dem Handwerk aufgrund einer differenzierten Leistungserbringung und arbeitsintensiven Ferti-

405 Die Beschäftigung stieg bei den Kfz-Mechanikern um ca. 110 Tsd. (+35,4%), bei den Elektroinstallateuren um ca. 107 Tsd. (+54,7%) und bei den Gas- und Wasserinstallateuren um ca. 58 Tsd. (+53,4%), Berechnung anhand von Daten der Handwerkszählungen 1977 u. 1995, vgl. dazu Statistisches Bundesamt (Hrsg.): Handwerkszählung 1995, 1996, S. 268.

406 Zur Arbeitsintensität im Handwerk im Vergleich zu anderen Wirtschaftsbereichen vgl. Kucera, G.; Kornhardt, U.: Wettbewerbsstellung, 1990, S. 16 ff. sowie Kucera, G.; Kornhardt, U.: Personalzusatzkosten, 1990, S. 156 f.

407 Ein Vergleich der Produktivitätsentwicklung in Handwerk und Industrie findet sich bei Kucera, G.; Kornhardt, U.: Wettbewerbsstellung, 1990, S. 17.

gung schwer möglich ist, Arbeit durch Kapital zu substituieren.[408] Steigerungen der Nachfrage können sich daher durchaus positiv auf die Beschäftigung im Handwerk auswirken, ohne daß sie zu gleichgerichteten Effekten auf die industrielle Beschäftigung führen.

Eine weitere Möglichkeit könnte darin bestehen, daß im Handwerk in zunehmendem Maße im Ausland gefertigte Produkte verkauft werden. Man denke dabei z.B. an die zahlreichen Produktionsstätten inländischer Kraftfahrzeughersteller in den USA oder in Ländern der Europäischen Union. Diese Produkte werden auch im Inland vertrieben und schaffen dadurch Arbeitsplätze im Kfz-Mechanikerhandwerk, ohne daß sich positive Beschäftigungseffekte für die inländische Industrie ergeben.

Drittens könnte eine Erklärung im „Outsourcing" von Großunternehmen liegen. Das Handwerk könnte davon profitieren, daß Großunternehmen Aufgaben, die nicht zu ihren Kernkompetenzen gehören, an spezialisierte Unternehmen vergeben. Das starke Beschäftigungswachstum im Gebäudereinigerhandwerk läßt sich m.E. am ehesten darauf zurückführen. Aber auch andere Handwerksunternehmen, wie etwa das Elektro- und Metallgewerbe, werden von der zunehmenden Tendenz zum „Outsourcing" von Aufgaben auf Zulieferer in der einen oder anderen Form in der Vergangenheit profitiert haben.[409]

Interessant in bezug auf die Beurteilung der Einflußgrößen der Beschäftigung ist eine Betrachtung des Gebäudereinigerhandwerks. Allein dieses Gewerbe hat in dem betrachteten Zeitraum über 380.000 neue Arbeitsplätze geschaffen. Dies macht einen Zuwachs von 153,3% aus. Es ragt dadurch aus allen handwerklichen Gewerben deutlich hervor. Im Gebäudereinigerhandwerk sind Betriebe mit einer Größe von über 1.000 Beschäftigten keine Seltenheit: Hier arbeiten ca. 88% der Beschäftigten in Unternehmen mit mehr als 100 Mitarbeitern.[410]

Das Gebäudereinigerhandwerk ist ein Dienstleistungsgewerbe. Und es ist im Vergleich zum restlichen Handwerk deutlich großbetrieblicher strukturiert.[411] Dieser Umstand stellt zwar nur ein Beispiel dar, es spricht jedoch für das Nachfrageargument zur Begründung eines überproportionalen Beschäftigungswachs-

---

408 Vgl. dazu auch Döring, U.: Wettbewerbsposition, 1988, S. 1508.

409 Vgl. dazu auch Schmidt, A. G.: Beitrag, 1996, S. 546 f.

410 Eigene Berechnungen anhand von Daten der Handwerkszählung 1995 aus Statistisches Bundesamt (Hrsg.): Handwerkszählung 1995,1996, S. 31; vgl. dazu auch Veldhues, B.: Handwerkszählung, 1994, S. 108.

411 Im Durchschnitt entfallen auf Handwerksunternehmen mit mehr als 100 Beschäftigten ca. 20% der Umsätze und ca. 23% der Beschäftigung aller Handwerksunternehmen, eigene Berechnungen anhand von Statistisches Bundesamt (Hrsg.): Handwerkszählung 1995, 1996, S. 17.

tums und gegen die These einer allgemeinen Überlegenheit kleinerer Wirtschafteinheiten gegenüber größeren.

3.5.3 Zusammenfassung der Ergebnisse und Kritik

Eine Vielzahl von Erhebungen zur Beschäftigungsdynamik in Betrieben bzw. Unternehmen unterschiedlicher Größe der letzten zwanzig Jahre in der Bundesrepublik weisen erhebliche Schwachstellen auf. Diese lassen es nicht ratsam erscheinen, auf ihrer Grundlage wirtschaftspolitische Empfehlungen zu tätigen.

Neuere Untersuchungen, die auf einem Panel-Design basieren, beheben einige dieser Schwachstellen. Anhand dieser Untersuchungen läßt sich die Birch-These, zumindest für die Erhebungseinheit Betrieb in der Bundesrepublik bestätigen, wenn auch in abgeschwächter Form und mit einigen Einschränkungen. Nach Betriebsgrößen gegliedert, erscheinen kleinere Betriebe als Gewinner oder Stabilisatoren der Beschäftigung, während in Großbetrieben tendenziell Beschäftigung abgebaut wurde. Dieser Befund muß jedoch in Hinblick auf einige Sachverhalte differenziert betrachtet werden.

Erstens gibt der empirische Befund keinen Anlaß dazu, in eine Mittelstandseuphorie zu verfallen und sich von einer Förderung von Kleinunternehmen und Handwerk einen wesentlichen Beitrag zur Bekämpfung der Massenarbeitslosigkeit zu erhoffen. Dies zeigt in Hinblick auf die Vergangenheit die Veränderung der Beschäftigung von 1977 bis 1996, die in Tabelle 5 dargestellt ist. Bestätigt wird dies durch neuere Erkenntnisse, die in den letzten Jahren sogar von einem Rückgang der Beschäftigung in Kleinbetrieben – mit Ausnahme des Dienstleistungsbereiches – ausgehen.[412]

Zweitens läßt sich feststellen, daß die „Qualität" der Beschäftigung, was die soziale Absicherung angeht, in Kleinbetrieben geringer ist als in Großbetrieben. So ist der Anteil der nicht sozialversicherungspflichtigen Beschäftigungsverhältnisse in Kleinbetrieben deutlich höher als in großen Betrieben. In besonderem Maße gilt dies für die Größenklasse unter 20 Beschäftigte, die für das Handwerk besonders bedeutsam ist.[413] Ein dementsprechender Anteil des zu erwartenden Beschäftigungsgewinns in Kleinunternehmen des Handwerks wird also auf sozialversicherungsfreie Arbeitsplätze entfallen.

---

412 Vgl. BMWi: Verhältnis, 1999, S. 10.

413 Vgl. Projektgruppe Betriebspanel: Beschäftigungsentwicklung, 1996, S. 61. Zur Korrelation zwischen Lohnhöhe und Betriebsgröße vgl. Bellmann, L.; Blien, U.: Lohnhöhe, 1997.

Drittens hat sich gezeigt, daß die Untersuchungseinheit „Betriebsgröße" die Einflußfaktoren der Beschäftigungsnachfrage nur unzureichend abbildet. Es spricht einiges dafür, daß die Betriebsgröße nur eine vordergründige Variable darstellt, hinter der sich andere Einflußfaktoren der Beschäftigung verbergen.

Einer dieser Einflüsse liegt in der zunehmenden „Tertiärisierung" der Wirtschaft. Wenn dies so ist, dann trifft die Mittelstandsförderung die beschäftigungspolitischen Gewinner des Strukturwandels nur grob. Gefährlicher noch: Es ist möglich, daß sich die Expansion im tertiären Sektor aufgrund von Neugründungen zur Zeit in erster Linie im Bereich der Kleinunternehmen abspielt, in Zukunft jedoch aufgrund von Wachstum dieser Unternehmen eine Verlagerung in den Bereich der Großunternehmen erfolgt. In diesem Fall ist die Beschäftigungsexpansion in den unteren Betriebsgrößenklassen nur temporärer Natur. Insofern gilt, daß wenn man eine beschäftigungsorientierte Subventionierung einzelner Teilbereiche der Wirtschaft überhaupt für sinnvoll hält, eine Förderung des Dienstleistungssektors eine höhere Trefferwahrscheinlichkeit als eine Förderung von Kleinunternehmen im allgemeinen aufweist.[414]

Viertens kann der empirische Befund in der oben dargestellten Form nur für die Untersuchungseinheit „Betrieb" festgestellt werden, da für die Bundesrepublik hinreichend genaue Untersuchungen nur für dieses Analyseaggregat vorliegen. Die gesamtwirtschaftliche Entwicklung von Betrieben muß jedoch nicht mit derjenigen von Unternehmen übereinstimmen.[415] Nicht jeder Betrieb ist ein Unternehmen. Beschäftigungsexpansionen in Kleinbetrieben, wie auch Beschäftigungsrückgänge in Großbetrieben, können auch durch strategische Umstrukturierungen innerhalb von Großunternehmen erfolgen, ohne daß tatsächlich eine Verschiebung der Beschäftigung zwischen größeren und kleineren Unternehmen geschieht.[416]

Dies gilt in bezug auf „Downsizing", also die Schaffung kleinerer, dezentral geführter Einheiten. Und dies gilt auch in bezug auf „Outsourcing", also eine Verlagerung von Aufgaben, die nicht als Kernkompetenzen gelten, an Zulieferunternehmen. Gerade der letzte Punkt scheint für die Beschäftigungsexpansion im Handwerk, welches in vielen Bereichen Zulieferer und Verteiler der Industrie ist,[417] nicht von untergeordneter Bedeutung zu sein. Gerade der Bereich des „Outsourcings" macht jedoch deutlich, daß Wachstum in Kleinunternehmen nicht isoliert betrachtet werden kann und auch von der Prosperität von Großunternehmen abhängt. Hinzu kommt noch ein weiterer Sachverhalt: Nicht jede Neugrün-

414 So auch Schmidt, A. G.: Beitrag, 1996, S. 547.
415 Vgl. Fritsch, M.; Hull, C. J.: Befunde, 1987, S. 166.
416 Vgl. Bade, F.-J.: Bedeutung, 1987, S. 84 ff.
417 Vgl. Dürig, W.: Lage, 1995, S. 94 u. S. 100.

dung eines Betriebes ist mit einer Existenzgründung gleichzusetzen und bedeutet eine Beschäftigungsexpansion im Bereich der Kleinunternehmen. Man denke nur an die Vielzahl von Filialen, die von großen Handelsketten gegründet werden. Auch diese gehen in die Beschäftigtenstatistik der Bundesanstalt für Arbeit als Betriebsgründungen ein.[418]

Ein endgültiges Fazit zu ziehen, fällt bei diesem Hintergrund nicht leicht. Eines sollte jedoch deutlich geworden sein: Eine Politik, die auf die beschäftigungspolitischen Gewinner des strukturellen Wandels setzt, muß diese in der einen oder anderen Form identifizieren. Gerade dies ist jedoch mit erheblichen Informationsproblemen und -risiken verbunden. In der Bundesrepublik diskutiert man seit etwa 20 Jahren über die beschäftigungspolitische Bedeutung von Unternehmen unterschiedlicher Größe und die Ursachen für Unterschiede in der Beschäftigungsnachfrage. Bis heute ist man dabei nicht zu einem hinreichend genauen Ergebnis gekommen. Dies macht deutlich, daß die Schwachstellen einer Strukturpolitik, die korrigierend in den Wettbewerbsprozeß eingreifen will, um die Gewinner des strukturellen Wandels zu fördern, letztlich auf den Ebenen der Informationsgewinnung und -auswertung liegen. Die bisherigen Untersuchungen haben gezeigt, wie schwer es ist, dieses Informationsproblem mit hinreichender Genauigkeit zu lösen.

418 Vgl. Schmidt, A. G.: Beitrag, 1996, S. 546.

4 Einzelwirtschaftliche Analyse: Zur Wirkung von Finanzierungshilfen der Mittelstandsförderung auf die Beschäftigung in Kleinunternehmen des Handwerks

4.1 Zur Analyse der Beschäftigungswirkung von Finanzierungshilfen

4.1.1 Subventionen und unternehmerische Entscheidungen

Subventionen stellen staatliche Leistungen an Unternehmen dar, denen keine marktliche Gegenleistung gegenübersteht.[419] Anstelle einer direkten Gegenleistung erhofft sich der Subventionsgeber vom Subventionsnehmer eine Veränderung unternehmerischen Verhaltens.[420] Die „politische Eleganz“ der Subvention liegt darin begründet, daß Verhaltensänderung von Unternehmen nicht durch Ge- und Verbote erzwungen, sondern durch die Veränderung von Anreizen bewirkt werden sollen.

Dies geschieht, indem Subventionen (relative) Preise verändern.[421] Eine Subventionierung von Produktionsfaktoren wirkt beim Empfänger wie eine Preisverringerung, was einen Anreiz zu einem Mehrverbrauch darstellt.[422] Öffentliche Kredite der Mittelstandsförderung haben jedoch nicht nur die Eigenschaft, über verbilligte Zinsen Faktorpreise zu verringern. Der Subventionsgeber tritt selbst zusätzlich als Anbieter von Kapital auf. Er stellt somit auch den (verbilligten) Produktionsfaktor zur Verfügung. Beides hat das Ziel, Kleinunternehmen zum Mehrverbrauch des Produktionsfaktors Kapital und damit letztlich zu Investitionen zu veranlassen.[423]

Flankiert werden Preisveränderungen durch Subventionen in der Regel durch Verwendungsauflagen. So werden in der Mittelstandsförderung bei Programmen, die über das ERP Sondervermögen finanziert werden,[424] nur Investitionen gefördert, die einen langfristigen Finanzierungsbedarf aufweisen und mit deren Durch-

---

419 Vgl. Andel, N.: Subventionen, 1977, S. 492; Alewell, K.: Subventionen, 1993, Sp. 4111; Mendler, P.: Kredithilfen, 1992, S. 4.

420 Vgl. auch Alewell, K.: Subventionen, 1993, Sp. 4119 f.; Klemp, A.H.: Finanzhilfe, 1990, S. 99; Hartig, R.: Aspekte, 1990, S. 33.

421 Vgl. Gröbner, B. F.: Subventionen, 1983, S. 12.

422 Vgl. Andel, N.: Finanzwissenschaft, 1992, S. 252.

423 Vgl. Dickertmann, D.: Finanzierungshilfen, 1980, S. 32 f.

424 Finanzierungshilfen aus diesem Sondervermögen sind z.B. das ERP-Existenzgründungsprogramm, das ERP-Eigenkapitalhilfeprogramm und das ERP-Regionalprogramm.

führung zum Zeitpunkt der Antragstellung noch nicht begonnen wurde.[425] Solche Auflagen dienen dazu, den Freiheitsgrad des Subventionsempfängers in bezug auf die Verwendung der Subvention einzuschränken. Damit sollen Mitnahmeeffekte vermieden werden. Weiterhin soll gewährleistet werden, daß die Subvention tatsächlich zu der erwünschten Verhaltensänderung führt.[426]

Das Subventionsziel der Verhaltensbeeinflussung wird auch als Primärzweck bezeichnet.[427] Für eine Analyse der Wirksamkeit von Subventionen in Hinblick auf den Primärzweck liegt eine betriebswirtschaftliche, entscheidungsorientierte Analyse nahe. Allerdings sind die Ergebnisse einer solchen betriebswirtschaftlichen Effizienzanalyse nicht ohne weiteres in Hinblick auf den Endzweck der Subventionierung übertragbar.[428] Charakteristisch für Subventionen ist, daß Primärzweck und Endzweck einer Subvention in der Regel nicht identisch sind.[429] Der Subventionsgeber erhofft sich von der Erreichung des Primärzweckes Zielbeiträge in Hinblick auf den Endzweck der Subventionierung.[430] Grundsätzlich sollten daher Primär- und Endzweck von Subventionen über ein Verhältnis der Zielkomplementarität verfügen.

Am Beispiel von Finanzierungshilfen der Mittelstandsförderung soll dieser Zusammenhang deutlich gemacht werden. Der Großteil der Finanzierungshilfen der Mittelstandsförderung dient dazu, verbilligtes Kapital zur Verfügung zu stellen. Das primäre Ziel dieser Subventionen besteht darin, Gründungsinvestitionen anzustoßen bzw. bestehende Kleinunternehmen zu Sachinvestitionen zu veranlassen. Dies ist jedoch nicht das Endziel der Subventionierung. Im Endeffekt wird darauf gehofft, daß subventionsinduzierte Steigerungen der Investitionen in Kleinunternehmen eine positive Wirkung auf die gesamtwirtschaftliche Beschäftigung haben. Dabei kommt der Prämisse, daß die geförderten Unternehmen eine Schlüsselrolle für das Beschäftigungswachstum spielen, eine zentrale Bedeutung zu.[431]

Das Primärziel der Subventionierung ist in diesem Sinne nur Instrument zur Erreichung des Endzwecks. Eine effiziente Primärwirkung einer Subvention ist nur eine notwendige, jedoch keine hinreichende Bedingung zur Erreichung des

---

425 Vgl. DIHT; KPMG (Hrsg.): Förderungsmaßnahmen, 1997, S. 79.

426 Vgl. Hansmeyer, K.-H.: Transferzahlungen, 1977, S. 295 ff.; vgl. dazu auch Dikkertmann: Finanzierungshilfen, 1980, S. 201 f.

427 Vgl. Hansmeyer, K.-H.: Transferzahlungen, 1977, S. 964.

428 Vgl. Breitenacher, M. u.a.: Existenzgründungspolitik, 1996, S. 99.

429 Das in Kapitel 2.3.3 dieser Arbeit dargestellte Zielsystem einer beschäftigungsorientierten Mittelstandsförderung ist nur ein Beispiel für diesen Zusammenhang.

430 Vgl. Hansmeyer, K.-H.: Transferzahlungen, 1977, S. 964.

431 Vgl. die Ausführungen in Kapitel 2.3.3 dieser Arbeit.

Endzweckes.[432] In Hinblick auf Finanzierungshilfen der Mittelstandsförderung heißt dies: Auch wenn Finanzierungshilfen effiziente Instrumente in Hinblick auf das Ziel der Investitionsförderung wären, muß dies nicht notwendigerweise bedeuten, daß sie auch effizient in Hinblick auf das Ziel einer gesamtwirtschaftlichen Beschäftigungsexpansion sind. Was kann eine betriebswirtschaftliche Analyse aber dann leisten?

Wenn eine betriebswirtschaftliche Analyse zu dem Schluß kommt, daß die Wahrscheinlichkeit, daß eine Subvention ihr Primärziel verfehlt, relativ groß ist, so ist die notwendige Bedingung zur Erreichung des Endziels nicht gegeben.[433] Nur wenn die Zielbeiträge in Hinblick auf das Primärziel der Subventionierung hinreichend groß sind, lohnt es sich überhaupt, die Analyse in Hinblick auf das Endziel der Subventionierung fortzusetzen.

In Kapitel 2 dieser Arbeit wurde gezeigt, daß es ein Oberziel der Mittelstandsförderung ist, über eine Förderung des Unternehmenswachstums in Kleinunternehmen Arbeitsplätze zu schaffen (Endzweck der Subventionierung). In Kapitel 3 wurden darauf aufbauend Ursachen für Arbeitslosigkeit untersucht und der Zusammenhang zwischen der Schaffung von Arbeitsplätzen und Wirtschaftswachstum im allgemeinen untersucht. Speziell wurde dargestellt, welche Rolle Unternehmenswachstum in Kleinunternehmen des Handwerks für die gesamtwirtschaftliche Beschäftigung spielt. Somit wurden einige Ergebnisse herausgearbeitet, die helfen, den Zusammenhang zwischen Investition und Wachstum in Handwerksunternehmen und gesamtwirtschaftlicher Beschäftigung abzuschätzen.

Noch nicht geklärt wurde die Fragestellung, ob und in welchem Maße Finanzierungshilfen Investitionen in Handwerksunternehmen anstoßen, d. h. ob sie ihren Primärzweck erfüllen. Dies ist die Aufgabe des vorliegenden Kapitels. Allerdings verfügt diese Analyse auch auf betriebswirtschaftlicher Ebene über eine Fußangel. Selbst auf einzelwirtschaftlicher Ebene bedeutet ein Investitionsanstoß über eine Finanzierungshilfe nicht auch gleichzeitig ein Beschäftigungswachstum in dem betreffenden Unternehmen. Der Grund dafür liegt darin, daß Finanzierungshilfen zu einer Substitution von Arbeit durch Kapital führen können, indem sie den Preis des Produktionsfaktors Kapital verbilligen und Arbeit relativ verteuern. Es könnte sich also bei den angestoßenen Investitionen lediglich um Rationalisierungsinvestitionen handeln, die bereits aus betriebswirtschaftlicher Sicht keine positiven Beschäftigungseffekte aufweisen. In diesen Fällen liegt zwischen Primärzweck und Endzweck der Subvention auf betriebswirtschaftlicher Ebene

---

432 Vgl. Brüderl, J.; Preisendörfer, P.; Ziegler, R.: Gründungsfinanzierung, 1993, S. 13.
433 Vgl. Brüderl, J.; Preisendörfer, P.; Ziegler, R.: Erfolg, 1998, S. 175.

keine Zielkomplementarität vor, sondern eine Zielkonkurrenz bzw. Zielantinomie.

Die Analysen dieses Kapitels teilen sich daher in zwei Bereiche auf. In Kapitel 4.2 und Kapitel 4.3 wird der Frage nachgegangen, wie groß die Wahrscheinlichkeit ist, daß Finanzierungshilfen Investitionen in Kleinunternehmen anstoßen bzw. zu Gründungsinvestitionen führen. In Kapitel 4.4.2 wird dann der Substitutionseffekt der Finanzierungshilfen untersucht, um zu klären, mit welchen Beschäftigungseffekten der angestoßenen Investitionen zu rechnen ist. Wie dargestellt wurde, zeigen diese Analysen lediglich in welchem Maße Finanzierungshilfen auf betriebswirtschaftlicher Ebene zur Ausdehnung der Beschäftigung führen. Aus diesem Grund wird die einzelwirtschaftliche Wirkungsanalyse in Kapitel 5 um eine volkswirtschaftliche, strukturpolitische Betrachtung ergänzt.

4.1.2 Zur einzelwirtschaftlichen Analyse der Wirksamkeit von Finanzierungshilfen

4.1.2.1 Unternehmerische Ziele

Primärzweck von Subventionen ist es, unternehmerisches Verhalten zu beeinflussen. Unternehmerisches Verhalten wird durch unternehmerische Entscheidungen bedingt. Aus diesem Grund bietet sich für eine Effizienzanalyse in Hinblick auf den Primärzweck einer Subventionierung eine entscheidungsorientierte, betriebswirtschaftliche Analyse an.[434]

Das Primärziel von Finanzierungshilfen im Rahmen der Mittelstandsförderung ist, zusätzliche Investitionen von Kleinunternehmen anzuregen. Es ist daher zweckmäßig, im Rahmen der Wirkungsanalyse auf das Instrumentarium der Investitionstheorie zurückzugreifen. Aus diesem Grund werden Finanzierungshilfen im folgenden als Einflußgrößen von betrieblichen Investitions- und Finanzierungsentscheidungen betrachtet.[435]

Unternehmerische Entscheidungen im allgemeinen und Investitionsentscheidungen im besonderen sind von unternehmerischen Zielen abhängig.[436] Will man die Wirksamkeit von Finanzierungshilfen anhand ihres Einflusses auf Investitionsentscheidungen analysieren, ist es daher notwendig, sich über das Zielsystem des Investors Klarheit zu verschaffen.

---

434 Vgl. dazu ausführlich Alewell, K.: Subventionen, 1993, Sp. 4118 ff.

435 Vgl. zu dieser Sichtweise Reige, J.: Subventionsmanagement, 1989, S. 76 f.

436 Vgl. Kahle, E.: Entscheidungen, 1998, S. 26; Kruschwitz, L.: Investitionsrechnung, 1998, S. 10.

Es ist nicht zu bestreiten, daß in der betrieblichen Praxis Unternehmer über eine Vielzahl unterschiedlicher Ziele verfügen. Man spricht insoweit auch von einem Zielbündel oder einem Zielsystem.[437] Gerade Kleinunternehmen des Handwerks und Existenzgründern werden eine Vielzahl von unternehmerischen Zielen zugesprochen, die auch nicht-monetärer Natur sind, wie z.B. die unternehmerische Selbständigkeit oder die persönliche Selbstverwirklichung.[438]

Trotz dieses Sachverhalts werden unternehmerische Entscheidungen im Rahmen der Investitionstheorie häufig ausschließlich in bezug auf eine Zielsetzung betrachtet, nämlich der monetären Zielsetzung „Maximierung des langfristigen Gewinns".[439] Hinzu kommt im allgemeinen noch das Liquiditätsziel, das teilweise explizit hervorgehoben[440] oder implizit durch eine entsprechende Prämisse, daß sich ein Investor unbegrenzt Verschulden kann,[441] in das Investitionskalkül einbezogen wird.[442]

Wenn man Finanzierungshilfen als Teil von Investitions- und Finanzierungsentscheidungen betrachten will, liegt es nahe, dieser Vorgehensweise zu folgen und Subventionswirkungen in Hinblick auf das Gewinn- und das Liquiditätsziel zu analysieren.[443] Es verwundert daher nicht, daß in Arbeiten, die sich mit der Wirkung von Subventionen auf Investitionsentscheidungen beschäftigen, beide Zielsetzungen regelmäßig anzutreffen sind.[444]

An dieser Stelle ist nicht der Platz, um die Diskussion zu wiederholen, inwieweit Liquiditäts- und Gewinnstreben sinnvolle unternehmerische Ziele sind und ob sie als „zentral", also anderen Zielen übergeordnet, gelten können. Ich möchte

---

437 Vgl. z.B. Kahle, E.: Entscheidungen, 1998, S. 32.

438 Vgl. Hamer, E.: Unternehmensführung, 1990, S. 49 f.

439 Vgl. Schneider, D.: Investition, 1992, S. 65 ff.; Kruschwitz, L.: Investitionsrechnung 1998, S. 12; Schneeloch, D.: Besteuerung, 1994, S. 39 f.

440 Vgl. Müller-Kutzey: Vergabeform, 1977, S. 10 f.

441 Vgl. z.B.: Kruschwitz, L.: Investitionsrechnung, 1998, S. 53.

442 Die Begriffe „Gewinnziel" bzw. „Liquiditätsziel" stellen nur Schlagwörter dar, die näher zu präzisieren sind. Einem Vorschlag Schneiders folgend, wird das Gewinnziel in der Investitionstheorie in den Ausprägungen „Entnahmemaximierung", „Endwertmaximierung" und „Wohlstandsmaximierung" in Investitionskalküle einbezogen (vgl. dazu ausführlich Schneider, D.: Investition, 1992, S. 65 ff.; Kruschwitz, L.: Investitionsrechnung, 1998, S. 12 ff.). Unter Liquidität versteht man „die Fähigkeit der Unternehmung jederzeit die zwingend fälligen (vertraglichen, gesetzlichen, wirtschaftlichen) Zahlungsverpflichtungen uneingeschränkt erfüllen zu können" (Wossidlo, P. R.: Finanzierung, 1990, S. 242), was eindeutig den Inhalt des Liquiditätsziels aufzeigt.

443 Kritisch dazu Reige, J.: Subventionsmanagement, 1989, S. 47 ff. u. S. 109 ff.

444 Vgl. z.B. Andel, N.: Finanzwissenschaft, 1992, S. 152 f.; Müller-Kutzey: Vergabeform, 1977, S. 10 f.; Schneider, D.: Investitionsförderung, S. 1081, 1991; Werheim, M.: Rentabilitätseffekte, 1997; Lüder, K.: Investitionsfördermaßnahmen, 1984.

dazu nur auf zwei Sachverhalte hinweisen: Gewinn und Liquidität sind monetäre unternehmerische Zielsetzungen. Sie sind in betriebswirtschaftlichen Modellen darstellbar und analysierbar. Zudem sind sie m.E. auf eine Vielzahl von (privatwirtschaftlichen) Unternehmen, wenn nicht sogar auf alle Unternehmen, generalisierbar. Denn wenn ein Unternehmen nicht bestrebt ist, seine Liquidität zu sichern, so gefährdet es seine Existenz und damit auch die Erreichung anderer unternehmerischer Ziele. Die Liquidität des Unternehmens ist wiederum langfristig von der Erwirtschaftung von Gewinnen abhängig. Aus diesem Grund scheint es korrekt zu sein, wenn behauptet wird, daß die Aufrechterhaltung der Liquidität und langfristiges Gewinnstreben als wichtige unternehmerische Ziele anzusehen sind.

4.1.2.2 Wirkungen von Finanzierungshilfen auf Investitionsentscheidungen

Die Begriffe Rentabilitäts- und Liquiditätseffekt erklären sich bereits durch ihre Benennung: Auswirkungen von Finanzierungshilfen auf das Ziel der Gewinnmaximierung, werden als Rentabilitätseffekt bezeichnet. Beeinflußt eine Finanzierungshilfe die Liquidität einer Unternehmung spricht man von einem Liquiditätseffekt.[445]

Liquiditäts- und Rentabilitätseffekte können einen Investitionsanstoß bewirken oder lediglich mitgenommen werden. Ein Mitnahmeeffekt liegt vor, wenn ein Investor eine Finanzierungshilfe erhält, obwohl er auch ohne Subvention investiert hätte.[446] Eine Mitnahme der Subvention liegt auch dann vor, wenn ein Investor eine Finanzierungshilfe erhält und dennoch nicht investiert.[447] Von einem Anstoßeffekt spricht man im umgekehrten Fall. Dieser tritt auf, wenn eine Finanzierungshilfe das Entscheidungsverhalten ändert; ein Investor also ohne Finanzierungshilfe nicht investiert hätte und durch die Finanzierungshilfe zu einer Investition veranlaßt wird.[448]

Die Wirkungsverläufe sollen anhand eines einfachen Beispiels illustriert werden: Ein Investor steht vor einer Einzelentscheidung über eine Investition, d.h. er

---

445 Vgl. Andel, N.: Finanzwissenschaft, 1992, S. 152 f.

446 Definitionen des Mitnahmeeffektes sind im Schriftum äußerst selten, was wohl daran liegt, daß sich dieser Begriff quasi von selbst versteht (vgl. dazu auch Reige, J.: Subventionsmanagement, 1989, S. 116).

447 Der Subventionsgeber sollte durch entsprechende Verwendungsauflagen Mitnahmeeffekte dieser Art relativ einfach vermeiden können. Allerdings ist gerade in bezug auf bestimmte Finanzierungshilfen der Mittelstandsförderung die Wahrscheinlichkeit dieser Mitnahmeeffekte relativ hoch (vgl. dazu die Ausführungen in Kapitel 4.2.3 dieser Arbeit).

448 Vgl. dazu auch Allewell, K.: Subventionen, 1993, Sp. 4119 f.

verfügt ausschließlich über die Alternativen zu investieren oder nicht zu investieren (Nullalternative). In Hinblick auf das Gewinnziel sei angenommen, daß der Investor die Vorteilhaftigkeit der Investition anhand der Kapitalwertmethode mißt und die Investition vollständig fremdfinanzieren muß, da keine Eigenmittel zur Verfügung stehen.

Angenommen der Barkapitalwert wäre ohne Subventionierung kleiner als DM 0. Der Investor wählt in diesem Fall in Hinblick auf das Gewinnziel die Nullalternative. Es kommt zu keiner Investition. In dieser Situation soll dem Investor eine Zinssubvention gewährt werden, welche die Auszahlungen der Investition senkt und damit den Barkapitalwert der Investition erhöht.

Eine solche Subvention würde immer dann zu einem Investitionsanstoß führen, wenn ihr Rentabilitätseffekt stark genug ist, um den Barkapitalwert über die Entscheidungsschwelle von DM 0 zu heben. In diesem Fall spricht man auch von einer Grenzinvestition oder einem Schwellenprojekt.[449]

Bei positivem Barkapitalwert würde der Investor die Investitionsalternative wählen. Der Rentabilitätseffekt der Subvention hätte einen Investitionsanstoß bewirkt. Zu einem Mitnahmeeffekt kommt es hingegen, wenn der Barkapitalwert ohne Subventionierung bereits größer als DM 0 ist, da in diesem Fall der Investor auch ohne Finanzierungshilfe investiert. Die subventionsinduzierte Steigerung des Barkapitalwertes (der Rentabilitätseffekt) wird in diesem Fall mitgenommen.

Gehen wir von der letzten Konstellation aus. Der Barkapitalwert der Investition ist positiv. Der Investor würde also grundsätzlich investieren. Dem Investor gelingt es jedoch nicht, einen Kreditgeber für die Fremdfinanzierung zu gewinnen. In diesem Fall ist die Finanzierung der entscheidende Engpaß, an dem die Investition scheitert. Die Gewährung eines öffentlichen Kredites könnte diesen Engpaß beseitigen und über den Liquiditätseffekt eine zusätzliche Investition anstoßen.

An dieser Stelle muß vor einem Mißverständnis gewarnt werden. Die Unterscheidung zwischen Liquiditäts- und Rentabilitätseffekt ist betriebswirtschaftlicher Natur. Ihr liegt eine Abstraktion zugrunde, die die betriebswirtschaftliche Analyse vereinfacht. Diese strenge Trennung ist jedoch nicht ohne weiteres haltbar, wenn man den Kapitalmarkt mit in die Betrachtung einbezieht, die Untersuchung also um volkswirtschaftliche Aspekte erweitert.

Die Rentabilität von Investitionen ist auch von den Konditionen der jeweiligen Investitionsfinanzierung abhängig. So verringern Zinszahlungen als Auszahlungen den Barkapitalwert einer fremdfinanzierten Investition. Liegt der (marktdurchschnittliche) Kapitalmarktzins unter dem individuellen Zins, der für

449 Vgl. Klemp, A. H.: Finanzhilfen, 1990, S. 100; Lüder, K.: Investitionsfördermaßnahmen, 1984, S. 532.

die Finanzierung eines betrachteten Investitionsprojekts verlangt wird, so kann es dazu kommen, daß eine Investition bei Annahme des Kapitalmarktzinses rentabel ist, während sich bei einer Berechnung unter Annahme des projektbezogenen Zinssatzes eine unrentable Investition ergibt.

Der Investor würde in diesem Fall auf eine Investition verzichten. Hat man Kenntnis von diesem Sachverhalt, so ist es offensichtlich, daß die Investition an einer Rentabilitätsschwäche scheitert. Hat man jedoch keine Informationen über die individuellen Finanzierungskonditionen des Investitionsprojektes und betrachtet man daher die Rentabilität des Projektes aufgrund von (durchschnittlichen) Kapitalmarktkonditionen, so erscheint die Investition als rentabel.

Da Fremdkapitalgeber jedoch im dargestellten Fall aufgrund der Ausgestaltung des speziellen Investitionsprojektes nicht bereit sind, einen Kredit zu Kapitalmarktkonditionen zu vergeben, kann es für einen externen Beobachter so erscheinen, als ob die Investition an einer Finanzierungsrestriktion scheitert. Letztlich basiert eine solche Fehleinschätzung auf einer unzureichenden Information über die Einzahlungs- und Auszahlungsströme der speziellen Investitionsalternative. Dieser Umstand kann dazu führen, daß Finanzierungsrestriktionen als Investitionshindernis angesehen werden, obwohl tatsächlich eine unzureichende Rentabilität eine Investition verhindert.

Die oben geschilderte Konstellation könnte speziell im Bereich der Mittelstandsförderung praktische Bedeutung haben. So verfügen z.B. Existenzgründer i.d.R. in der Bundesrepublik über relativ wenig Vermögen, das als Kreditsicherheit eingesetzt werden kann.[450] Hinzu kommt, daß Unternehmensgründungen in den ersten Jahren ihres Bestehens ein relativ hohes Insolvenzrisiko aufweisen.[451] Das Ausfallrisiko für einen potentiellen Kreditgeber ist also bei einer Gründungsfinanzierung relativ hoch.

Bei risikoaversen Verhalten der Kreditgeber treibt das spezielle Risiko einer solchen Investition die Finanzierungskosten in die Höhe. Dies kann dazu führen, daß eine Gründungsinvestition nicht mehr rentabel für den Existenzgründer ist. Der häufig beklagte Mangel an Gründungskapital muß daher nicht unbedingt damit zusammenhängen, daß keine Kredite gewährt werden, sondern kann auch darauf zurückzuführen sein, daß angebotene Gründungskredite für Existenzgründer zu teuer sind, oder mit anderen Worten Gründungsinvestitionen nicht rentabel sind.

---

450 Vgl. Joos, T.: Unternehmensgründungen, 1987, S. 152. Zur Einkommenssituation von Unternehmensgründern vgl. auch Brüderl, J.; Preisendörfer, P.; Ziegler, R.: Erfolg, 1998, S. 87. Hier wird z.B. als durchschnittliches Nettoeinkommen von Unternehmensgründern ein Betrag von DM 3.440,- angegeben.

451 Vgl. Gruhler, W.: Existenzgründer, 1996, S. 10.

Wann treten aber „echte“ Finanzierungsrestriktionen auf? Im Modell eines vollkommenen Kapitalmarktes kann es diese nicht geben. Wenn der Grenzertrag einer Investition über den Grenzkosten liegt, so muß sich für diese Investition auch ein Kapitalgeber finden, wenn die Marktteilnehmer rational in Hinblick auf das Ziel der Gewinnmaximierung handeln.[452]

Finanzierungsrestriktionen lassen sich aus volkswirtschaftlicher Sicht mit Marktunvollkommenheiten und Marktversagen erklären. In der Literatur werden verschiedene Modelle diskutiert, die ein Kapitalmarktversagen bei der Finanzierung von Unternehmensgründungen oder bestehenden Kleinunternehmen abbilden.[453] Im Rahmen dieser Modelle werden Bedingungen abgeleitet, die zu Finanzierungsrestriktionen für Unternehmensgründungen und Kleinunternehmen führen. Allerdings: Der betriebswirtschaftlichen Realität von Kleinunternehmen entspricht es wohl ebensowenig zu beobachtende Finanzierungsprobleme allein auf Kapitalmarktversagen zurückzuführen, als sie allein einer unzureichenden Rentabilität zuzuschreiben. Damit verbleibt jedoch das Problem, zwischen „echten“ und „unechten“ Finanzierungsrestriktionen zu unterscheiden.

Festzuhalten ist an dieser Stelle, daß sich aufgrund unzureichender Information über Zahlungsreihen von Investitionsalternativen – speziell über projektbezogene Finanzierungskonditionen – in der Praxis kaum sauber zwischen Finanzierungsrestriktionen auf der einen und Rentabilitätsschwächen auf der anderen Seite unterscheiden läßt. Gerade im Bereich der Mittelstandsförderung, speziell bei riskanten Investitionen, wird es nicht selten vorkommen, daß sich hinter Sachverhalten, die vordergründig als Finanzierungsrestriktion erscheinen, Rentabilitätsprobleme verbergen.

Dennoch ist eine Unterscheidung zwischen Rentabilitäts- und Liquiditätseffekten zur Analyse von Subventionswirkungen auch im Rahmen der Mittelstandsförderung zweckmäßig.[454] Eine solche Differenzierung erlaubt es, die Subventionswirkung von Finanzierungshilfen auf Kleinunternehmen von zwei Seiten zu betrachten. Einerseits im Rahmen des Rentabilitätseffektes über die Investitionsrechnung, also über die Seite der Investition, und andererseits im Rahmen des Liquiditätseffektes über die Finanzierung als notwendiges Pendant zur Investition.

Im Rahmen einer rein betriebswirtschaftlichen, positiven Wirkungsanalyse ist es dabei von untergeordneter Bedeutung, ob Finanzierungsengpässe, die durch Finanzierungshilfen beseitigt werden, letztlich auf Finanzierungsrestriktionen

---

452 Vgl. Mendler, P.: Kredithilfen, 1992, S. 110 ff.

453 Ausführlich beschäftigt sich Neus, W.: Theorie, 1994 mit diesem Problembereich, vgl. dazu auch Kürsten, W.: Anreiz-Kompatibilität, 1997.

454 Vgl. z.B. Andel, N.: Finanzwissenschaft, 1992, S. 152 f.

oder auf Rentabilitätsprobleme zurückzuführen sind. Entscheidend ist hier die Fragestellung, ob ein subventionsinduzierter Investitionsanstoß bewirkt wird oder nicht. Gerade dabei erweist sich jedoch eine Aufgliederung der Betrachtung in Rentabilitäts- und Liquiditätseffekte als hilfreich, da sie eine sukzessive Analyse eines relativ komplexen Sachverhalts erlaubt und damit die Klarheit der Darstellung verbessert.

Dennoch muß darauf hingewiesen werden, daß im Rahmen einer volkswirtschaftlichen, normativen Wirkungsanalyse die Fragestellung, ob Finanzierungsengpässe auf eine Rentabilitätsschwäche der untersuchten Unternehmen oder auf Kapitalmarktversagen zurückzuführen sind, sehr wohl von Bedeutung ist. Allerdings ist eine normative Analyse von Subventionswirkungen der Mittelstandsförderung nicht die Aufgabe des vorliegenden Kapitels.

4.2 Rentabilitätseffekt von Finanzierungshilfen und Investitionsanstoß

4.2.1 Vorbemerkungen

Die Vergabeformen von Finanzierungshilfen im Rahmen der Mittelstandsförderung sind vielfältig. Sie gehen von öffentlichen Krediten, mit unterschiedlichen Zinssätzen, Tilgungsmodalitäten und Besicherungen, über Sonderabschreibungen bis hin zu Bürgschaften. Die Vielfalt der Vergabeformen führt zu unterschiedlichen Wirkungen der Finanzierungshilfen auf die Rendite von Investitionen. Dementsprechend umfangreich ist auch eine modelltheoretische Analyse von Subventionswirkungen unterschiedlicher Vergabeformen auf die Investitionsrendite.[455]

Die Feststellung, daß Finanzierungshilfen, da sie zu einer Verbilligung des Produktionsfaktors Kapital führen, in der einen oder anderen Form eine Erhöhung des Barkapitalwertes von Investitionen bewirken, ist trivial.[456] Problematischer ist die Fragestellung, ob sich durch die subventionsinduzierte Steigerung der Projektrendite ein Investitionsanstoß ergibt oder ob die Renditesteigerungen lediglich mitgenommen wird.

Diese Fragestellung läßt sich anhand modelltheoretischer Analysen allein nicht klären. Ob sich eine Investition erst durch die Inanspruchnahme einer Finanzierungshilfe rechnet (in diesem Fall spricht man auch von einer Grenzinve-

---

455 Eine ausführliche Analyse der Wirkung unterschiedlicher Subventionsformen auf den Barkapitalwert als Renditemaßstab von Investitionen findet sich bei Müller-Kutzey, P.: Vergabeform, 1977 und bei Andel, N.: Interventionismus, 1970.

456 Vgl. Lüder, K.: Investitionsfördermaßnahmen, 1984, S. 532.

stition) oder ob sie durch eine Finanzierungshilfe letztlich nur profitabler wird, läßt sich nur durch Einzelfallprüfungen feststellen.[457] Die Modelltheoretische Analyse muß daher im folgenden durch Aussagen, die sich auf Berechnungen plausibler Investitionsprojekte stützen und durch empirische Untersuchungen zum Investitions- und Entscheidungsverhalten von Unternehmen ergänzt werden.

Ohne die Qualität der Ergebnisse dieser Untersuchung zu gefährden, können daher in bezug auf die modelltheoretische Analyse einige Einschränkungen gemacht werden, welche die Darstellung vereinfachen und die Verständlichkeit der Ergebnisse erhöhen: Im Rahmen der modelltheoretischen Analyse werden lediglich zwei Formen von Finanzierungshilfen betrachtet, die jedoch für die Mittelstandsförderung eine überragende quantitative Bedeutung haben, nämlich der zinsverbilligte, öffentliche Kredit und Steuervergünstigungen durch Sonderabschreibungen. Zur Vereinfachung der Darstellung der Rentabilitätseffekte beider Instrumentgruppen erfolgt eine projektbezogene Untersuchung[458] anhand der Barkapitalwertmethode als Maßstab für die Investitionsrendite unter der Prämisse der vollkommenen Voraussicht.[459]

4.2.2 Rentabilitätseffekte von öffentlichen Krediten

Im folgenden wird davon ausgegangen, daß eine Investition zu einem bestimmten Anteil fremdfinanziert wird und der Investor die Projektrendite anhand der Barkapitalwertmethode mißt. Weiterhin sei angenommen, daß für die Finanzierung zwei Alternativen zur Verfügung stehen. Ein Bankkredit mit marktüblichen Konditionen und ein öffentlicher Kredit. Die Konditionen des Bankkredites und des öffentlichen Kredites sollen bis auf einen niedrigeren Zinssatz des öffentlichen Kredites identisch sein.[460]

---

457 Vgl. Klemp, A. H.: Finanzhilfen, 1990, S. 109.

458 Eine Erweiterung der Untersuchung in Hinblick auf eine programmbezogene Analyse der Rentabilitätseffekte von Investitionshilfen findet sich bei Lüder, K.: Investitionsfördermaßnahmen, 1984.

459 Zur Eignung des Barkapitalwertes als Renditemaßstab von Investitionen und zu den Prämissen des Barkapitalwertmodells vgl. Kruschwitz, L.: Investitionsrechnung, 1998, S. 64 ff. Zum tatsächlichen Verhalten von Unternehmen bei Investitionsentscheidungen vgl. Wittmann, F.: Investitionsentscheidungen, 1986 sowie Haegert, L; Wittmann, F.: Abschreibungsvergünstigungen, 1984 und speziell zum Investitionsverhalten von Kleinunternehmen Uhlmann, L; Berger, M.: Investitionsverhalten, 1986 sowie Geiser, J.: Investitionsverhalten, 1980.

460 Die Zinsverbilligung ist in der Praxis der Mittelstandsförderung von Finanzierungshilfe zu Finanzierungshilfe unterschiedlich; das Eigenkapitalhilfeprogramm bietet z.B. in den ersten zwei Jahren einen Zinssatz von 0%. Weiterhin sind die Zinskon-

In diesem Fall steigt der Barkapitalwert der Investition bei Inanspruchnahme des öffentlichen Kredites im Vergleich zu einer Finanzierung durch den Bankkredit um den Barwert der gesparten Zinszahlungen. Diese Steigerung wird als Barvergünstigung der Finanzierungshilfe (V_0) bezeichnet. Sie stellt den Rentabilitätseffekt der Finanzierungshilfe im Barkapitalwertmodell dar. Die Barvergünstigung ist um so höher, desto größer die Zinsverbilligung (die Differenz zwischen der marktüblichen Verzinsung des Bankkredites und dem subventionierten Zins des öffentlichen Kredites) ist. Sie erhöht sich mit steigender Laufzeit des Kredites und steigendem Kreditbetrag. Mit steigendem Kalkulationszinsfuß nimmt die Barvergünstigung c.p. ab.[461]

Neben einer reinen Zinsverbilligung verfügen öffentliche Kredite im Rahmen der Mittelstandsförderung nicht selten über weitere Vergünstigungen der Kreditkonditionen im Vergleich zu marktüblichen Bankkrediten. Diese können in niedrigen Kreditnebenkosten liegen.[462] Allerdings sind mit der Vergabe von öffentlichen Krediten nicht selten Investitionsauflagen verbunden, welche die Investitionseinnahmen schmälern oder die Investitionsausgaben erhöhen.[463] Die Wirkung dieser Nebeneffekte kann also nicht grundsätzlich als positiv in Hinblick auf die Rentabilität von Investitionsprojekten angesehen werden.

Die Einräumung von tilgungsfreien Jahren ist bei einigen Programmen der Mittelstandsförderung möglich. Damit wird dem Kreditnehmer eine Verschiebung von Tilgungen in zukünftige Perioden ermöglicht.[464] Tilgungsfreie Jahre haben damit einen Liquiditätseffekt. Die Wirkung dieser Vergünstigung auf die Investitionsrendite ist hingegen nicht eindeutig. Sie hängt im Kapitalwertmodell von dem Verhältnis zwischen Kalkulationszinsfuß und Fremdkapitalzinsfuß ab.

Durch eine Verschiebung von Tilgungen in spätere Perioden steigt (sinkt) bei sonst gleichbleibenden Konditionen der Barkapitalwert einer fremdfinanzierten Investition immer dann, wenn der Kalkulationszinsfuß höher (niedriger) als der Zinsfuß des Kredites ist. Sind Kalkulationszinsfuß und Fremdkapitalzinsfuß

---

ditionen von öffentlichen Krediten Schwankungen aufgrund von Veränderungen des Marktzinssatzes unterworfen. Im Bereich der Finanzierungshilfen des Bundes sind die Konditionen öffentlicher Kredite zeitnah bei der Deutschen Ausgleichsbank und der Kreditanstalt für Wiederaufbau zu erfahren. Einen unkomplizierten und zeitnahen Einblick in Fördermittel und Förderkonditionen der Mittelstandsförderung bietet zudem eine Internetrecherche unter http://www.bmwi.de.

461 Vgl. Zeitel, G.: Aspekte, 1977, S. 1008 f.

462 Vgl. Zeitel, G.: Aspekte, 1977, S. 1009.

463 Vgl. Mendler, P.: Kredithilfen, 1992, S. 160.

464 Z.B. werden im Rahmen des KfW-Mittelstandsprogramms und des DtA-Existenzgründungsprogramms bis zu drei tilgungsfreie Jahre eingeräumt. Das ERP-Existenzgründungsprogramm gewährt maximal fünf tilgungsfreie Jahre (vgl. DIHT; KPMG (Hrsg.): Fördermaßnahmen 1997, S. 135 ff.).

identisch, ergibt sich keine Wirkung einer Tilgungsverlagerung auf den Barkapitalwert einer fremdfinanzierten Investition. Eine Übereinstimmung beider Zinsfüße ergibt sich, wenn der Fremdkapitalzinsfuß des öffentlichen Kredites als Kalkulationszinsfuß benutzt wird. In der betrieblichen Praxis kann diese Vorgehensweise zur Bestimmung des Kalkulationszinsfußes zweckmäßig sein, wenn die Investition ausschließlich durch einen öffentlichen Kredit finanziert wird.[465] Dies ist jedoch in der Regel im Rahmen der Mittelstandsförderung nicht möglich.[466]

Bei einer Zinsverbilligung und der Verschiebung von Tilgungen in zukünftige Perioden ist damit die Wirkung eines öffentlichen Kredites auf den Barkapitalwert einer Investition positiv, wenn der Kalkulationszinsfuß nicht kleiner als der Zinsfuß des öffentlichen Kredites ist. Ist der Kalkulationszinsfuß hingegen kleiner als der Zinsfuß des öffentlichen Kredites, so ist der Barvorteil einer Zinsverbilligung gegen die negative Wirkung einer Tilgungsverschiebung auf den Barkapitalwert aufzurechnen. Der Effekt eines zinsverbilligten Kredites auf den Barkapitalwert als Renditemaßstab ist in diesem Fall nicht eindeutig. Die Gesamtwirkungsrichtung hängt dann von den Konditionen des Einzelfalls ab.

Die Wirkung eines öffentlichen Kredits auf den Barkapitalwert einer Investition wird durch zwei Sachverhalte abgeschwächt. Zum einen ist es im Rahmen der Mittelstandsförderung in der Regel nicht möglich, die gesamte Investitionsausgabe durch öffentliche Mittel zu finanzieren.[467] Zum anderen ergibt sich eine abgedämpfte Wirkung bei Berücksichtigung von Ertragssteuern. Fremdkapitalzinsen mindern als Betriebsausgaben den Gewinn und damit die ertragsteuerliche Bemessungsgrundlage, was Ertagsteuerzahlungen verringert.[468] Dieser Steuereffekt schwächt die positive Wirkung einer Zinsvergünstigung auf die Investitions-

---

465 Vgl. Müller-Kutzey, P.: Vergabeform, 1977, S. 150 ff.; Blohm, H.; Lüder, K.: Investition, 1983, S. 132 ff.

466 Vgl. die Anmerkungen in Fußnote 467.

467 So soll der Finanzierungsanteil von öffentlichen Krediten aus ERP-Mitteln 50% des förderfähigen Investitionsbetrages nicht übersteigen (vgl. BMWi (Hrsg.): ERP, 1995, S. 21). Die maximale Förderhöhe beträgt im Rahmen des Eigenkapitalhilfeprogramms 25% in den alten und 40% in den neuen Bundesländern. Im Rahmen des DtA-Existenzgründerprogramms und des KfW-Mittelstandsprogramms gilt ein maximaler Förderanteil von 75% (vgl. DIHT; KPMG (Hrsg.): Fördermaßnahmen 1997, S. 135 ff.). In der Praxis werden nicht selten verschiedene Kredithilfen von unterschiedlichen Stellen, z.B. von Bund, Land und EU, kumuliert genutzt. Bei Gründungsinvestitionen ergibt sich dadurch z.B. eine Schwankung des Anteils der öffentlichen Förderung zwischen 65% und 70% in den alten Ländern und zwischen 70% und 77% in den neuen Ländern (vgl. Klemmer, P. u.a.: Mittelstandsförderung, 1996, S. 197).

468 Vgl. Schneeloch, D.: Besteuerung, 1994, S. 157 ff.

rendite (nach Steuern) ab. Festzuhalten ist jedoch, daß die Inanspruchnahme eines zinsverbilligten Kredites bei einer reinen Zinsverbilligung eine positive Wirkung auf den Barkapitalwert einer Investition hat. Bei einer Einräumung von tilgungsfreien Jahren ist diese Behauptung hingegen nur unter den dargestellten Einschränkungen aufrechtzuerhalten.

4.2.3 Rentabilitätseffekte von Sonderabschreibungen

Die „Mittelstandsabschreibung"[469] des § 7g I-II EStG ist eine Sonderabschreibung. Sie ermöglicht eine Abschreibung von bis zu 20% der Anschaffungs-/Herstellungskosten. Der Begünstigungszeitraum, in dem die Sonderabschreibung in Anspruch genommen werden kann, umfaßt nach § 7g I EStG das Jahr der Anschaffung/Herstellung und die vier darauf folgenden Jahre. Die Sonderabschreibung wird neben der Regelabschreibung nach § 7 I oder II EStG verrechnet.[470] Damit besteht auch bei Inanspruchnahme einer Sonderabschreibung nach § 7g EStG ein Wahlrecht zwischen linearer und degressiver Abschreibung.[471]

§ 7g III-VII EStG enthält Vorschriften, welche die ursprüngliche Mittelstandsabschreibung der Absätze I und II für den Steuerpflichtigen verbessern. So ermöglicht § 7g III EStG eine Ansparabschreibung in Form einer steuerfreien Rücklage zur Anschaffung/Herstellung zukünftiger Wirtschaftsgüter. Die steuerfreie Rücklage darf nicht größer sein als 40% der zukünftigen Anschaffungs- bzw. Herstellungskosten und ist zusätzlich auf maximal DM 300.000 begrenzt.[472] Sobald auf das zukünftige Wirtschaftsgut „reguläre" Abschreibungen verrechnet werden, ist die steuerfreie Rücklage nach § 7g IV EStG gewinnerhöhend aufzulösen. Die Ansparabschreibung verändert somit nicht das Abschreibungspotential, sondern führt lediglich zu einer zeitlichen Verlagerung von Abschreibungsbeträgen und zwar vor dem Zeitpunkt der Anschaffung bzw. Herstellung des Wirtschaftsgutes. Erfolgt keine Anschaffung bis zum zweiten auf die Rücklagenbildung folgendem Jahr, so muß die steuerfreie Rücklage gewinnerhöhend aufgelöst

469 Begünstigt werden durch diese Vorschrift „kleine und mittlere Betriebe", diese sind nach § 7g I 1 a u. b EStG Gewerbebetriebe oder selbständiger Arbeit dienende Betriebe mit einem Betriebsvermögen von nicht mehr als 400.000 DM und Land- und Forstwirtschaftliche Betriebe mit einem Einheitswert von nicht mehr als 240.000 DM (zur Diskussion dieser Abgrenzung vgl. Koepsel, H.: Änderung, 1997, S. 71 f.).

470 Vgl. § 7g I EStG.

471 Vgl. Paus, B.: Nutzung, 1988; Zitzmann, G.: Verbesserung, 1988; Linden, R.: Einsatz, 1987 mit Berechnungsbeispielen in bezug auf die Regelabschreibung nach erfolgter Sonderabschreibung.

472 Vgl. § 7g III EStG.

werden. In diesem Fall ist sie nach § 7g V EStG in Form eines Gewinnzuschlages mit 6% pro Jahr zu verzinsen.[473]

§ 7g VII EStG räumt Existenzgründern[474] verbesserte Konditionen bei einer Ansparabschreibung ein. So ist hier z.B. der Höchstbetrag der steuerfreien Rücklage auf DM 600.000 angehoben und ein Zwang zur Auflösung besteht erst zum Ende des fünften auf die Bildung der Rücklage folgenden Wirtschaftsjahres. Weiterhin unterbleibt bei Existenzgründern der Gewinnzuschlag von 6% im Fall der Nichtinvestition.[475]

Aufgrund von Bedenken der Europäischen Kommission bezüglich des Beihilfencharakters gemäß Artikel 92 EG-Vertrag der Ansparabschreibung für Existenzgründer wurden sogenannte sensible Sektoren aus der Förderfähigkeit ausgenommen (§ 7g VII EStG).[476] Es handelt sich dabei überwiegend um Branchen, die mit Unternehmen aus dem europäischen Ausland im Wettbewerb stehen, wie z.B. der Eisen- und Stahlindustrie, dem Schiff- und Kraftfahrzeugbau sowie der Landwirtschaft und Fischerei. Handwerksunternehmen sind von dieser Ausnahme in aller Regel nicht betroffen.

Alle Steuerermäßigungen des § 7 g EStG haben den Charakter von Sonderabschreibungen. Sie ermöglichen es, Abschreibungen zeitlich vor zu verlagern; in Fällen der Ansparabschreibung sogar vor dem Zeitpunkt der tatsächlichen Anschaffung bzw. Herstellung. Allerdings führen sie nicht dazu, daß sich das Abschreibungspotential erhöht. Auch bei Inanspruchnahme einer dieser Sonderabschreibungen kann nicht über die Anschaffungs-/Herstellungskosten hinaus abgeschrieben werden. Aus diesem Grund führen Sonderabschreibungen – bei Annahme eines im Zeitablauf konstanten Grenzsteuersatzes – lediglich zu einer Steuerstundung. Sie bewirken keine Verkürzung der Steuerzahlungen in bezug auf die gesamte Nutzungsdauer des abzuschreibenden Wirtschaftsgutes.

Diese Steuerstundung kann auch als Steuerkredit bezeichnet werden.[477] Durch die Verlagerung von Steuerzahlungen in spätere Perioden stehen in der Periode, in der die Sonderabschreibung vorgenommen wird, zusätzliche liquide Mittel zur Verfügung. Der Steuerkredit bewirkt somit einen Liquiditätseffekt. Dieser ist um so größer, desto höher der Steuerkredit ist und desto länger der Steuerkredit dem Unternehmen zur Verfügung steht. Die positive Wirkung von Sonderabschreibungen auf die Liquidität eines Unternehmens erhöht sich daher mit steigendem Steuersatz und mit steigendem Satz der Sonderabschreibung.

---

473 Vgl. Paus, B.: Ansparabschreibung, 1994, S. 1104.

474 Zum Existenzgründerbegriff dieser Vorschrift vgl. § 7g VII 2. Hs. Nr. 1-3 EStG sowie Koepsell, H.: Änderung, 1997, S. 72 ff.

475 Vgl. Koepsell, H.: Änderung, 1997, S. 72.

476 Vgl. Mathiak, W.: Ansparabschreibung, 1999, S. 1.

477 Vgl. Dickertmann, D.: Finanzierungshilfen, 1980, S. 168.

Die zusätzlichen liquiden Mittel aus der Steuerstundung können rentierlich angelegt werden, bis sie für Steuerzahlungen in der Zukunft wieder benötigt werden, so daß sich durch die Steuerstundung ein Zinsgewinn erwirtschaften läßt. Dieser Rentabilitätseffekt soll wiederum anhand des Barkapitalwertmodells betrachtet werden und zwar im sogenannten Standardmodell zur Berücksichtigung einer allgemeinen, proportionalen Gewinnsteuer.[478] Für den Barkapitalwert nach Steuern gilt in diesem Modell:

Gleichung 4-1:

$$Cs = \sum_{t=1}^{T}[RF_t * (1 - s) + AfA_t * s] * (1 + is)^{-t} - INV$$

$$mit\ i_s = i * (1 - s)$$

Legende:

INV:	*Investitionsausgabe*
T:	*Nutzungsdauer der Investition*
RF_t / AfA_t:	*Rückflüsse/Abschreibungen zum Zeitpunkt t*
s:	*allgemeiner, proportionaler Gewinnsteuersatz*
i / i_s:	*Kalkulationszinsfuß vor/nach Steuern*

Isoliert betrachtet gilt für die Wirkung von Abschreibungen auf den Barkapitalwert nach Steuern (Cs_0^{AfA}) in diesem Modell:[479]

Gleichung 4-1:

$$Cs_0^{AfA} = \sum_{t=1}^{T} AfA_t * s * (1 + i_s)^{-t}$$

Durch die Inanspruchnahme von Sonderabschreibungen erhöht sich das Abschreibungspotential nicht. Die Summe aller Abschreibungen über die Nutzungsdauer T der Investition bleibt gleich. Es erfolgt lediglich eine zeitliche Vorverlagerung der Abschreibungen. Der Zinsgewinn einer Vorverlagerung von Abschreibungen drückt sich in diesem Modell in einer geringeren Diskontierung von Abschreibungen aus. Der Effekt dieser zeitlichen Vorverlagerung auf den Barwert der Abschreibungsverrechnung kann als Barvorteil der Sonderabschreibung

---

478 Dieses Modell betrachtet die Wirkung von Steuern in einer vereinfachten und anschaulichen Weise und soll hier zur Darstellung der Renditewirkung genügen (zu den Prämissen dieses Modells vgl. Kruschwitz, L.: Investitionsrechnung, 1998, S. 123 ff.).

479 Vgl. dazu auch Mellwig, W.: Investition, 1985, S. 80 ff.

(V_0) bezeichnet werden, er mißt den Rentabilitätseffekt der Sonderabschreibung.[480]

Bei einem zeitlich konstanten und proportionalen Gewinnsteuersatz $s = 0$ ist der Vorteil durch die Sonderabschreibung gleich null. Bei steigendem Gewinnsteuersatz erhöht sich dieser Vorteil zunächst, um dann wieder zu sinken. Bei einem Steuersatz von 1 liegt der Barvorteil wiederum bei null.

Dieser Wirkungsverlauf läßt sich durch zwei gegenläufige Effekte erklären. Einerseits steigt das Volumen des zinslosen Steuerkredites mit steigendem Steuersatz, was sich positiv auf den Barvorteil der Sonderabschreibung auswirkt. Diesem Effekt läuft entgegen, daß der Zinsvorteil – dieser ergibt sich aus dem Kalkulationszinsfuß nach Steuern i_s – mit steigendem Steuersatz sinkt.[481] Bei einem Steuersatz von 100% ist der Kalkulationszinsfuß nach Steuern gleich null. Damit ist auch der Zinseffekt der Sonderabschreibung gleich null.

Im „Regelfall", d.h. bei $0 < s < 1$, bewirkt eine zeitliche Vorverlagerung von Abschreibungen eine Steigerung des Barkapitalwertes.[482] Es ist daher im Normalfall für den Steuerpflichtigen bei konstanten Steuersätzen sinnvoll, die Sonderabschreibung möglichst früh in Anspruch zu nehmen.[483] Dieses gilt auch für den Fall der Ansparabschreibung, wenn später eine Investition erfolgt.[484]

Bei im Zeitablauf steigenden Grenzsteuersätzen läuft dem Rentabilitätseffekt von Sonderabschreibungen ein Progressionseffekt entgegen. Allerdings kann im Fall der Sonderabschreibungen des § 7g EStG auch bei moderat steigenden Steuersätzen noch von einem positiven Gesamteffekt ausgegangen werden.[485] Bei im Zeitablauf fallenden Grenzsteuersätzen kumulieren sich die Rendite- und Progressionswirkung in Hinblick auf eine Steigerung des Barkapitalwertes.[486]

Sonderabschreibungen nach § 7g I EStG können ausschließlich bei einer Anschaffung bzw. Herstellung eines neuen, beweglichen Wirtschaftsgutes des Anlagevermögens[487] in Anspruch genommen werden. Im Fall der Ansparabschreibun-

---

480 Eine ausführlichere Betrachtung der Wirkung einer Abschreibungsvorverlagerung auf den Barkapitalwert nach Steuern findet sich bei Mellwig, W.: Investition, 1985, S. 80 ff.

481 Vgl. Hundsdoerfer, J.: Standortförderung, 1997, S. 9.

482 Ausnahmen zu dieser Regel finden sich bei Schneider, D.: Investition, 1992, S. 264 ff. und speziell in bezug auf die Sonderabschreibungen des § 7 g EStG bei Paus, B.: Nutzung, 1988, S. 1635 ff.

483 Vgl. Paus, B.: Nutzung, 1988, S. 1635.

484 Vgl. dazu Paus, B.: Ansparabschreibung, 1994, S. 1105.

485 Vgl. Paus, B.: Nutzung, 1988, S. 1635.

486 Vgl. Wehrheim, M: Rentabilitätseffekte, 1997, S. 171 ff. mit Berechnungsbeispielen.

487 Zur Begriffsabgrenzung vgl. Zitzmann, G.: Abschreibungsverbesserung, 1984, S. 77 ff.

gen des § 7 g III u. VII EStG ist dies nicht der Fall. Hier ist es auch möglich, in die Begünstigung der Vorschrift zu gelangen, ohne daß eine spätere Investition erfolgt. In diesem Fall liegt eine Mitnahme der Steuervergünstigung vor.

Um Mitnahmeeffekten vorzubeugen, sieht das Einkommensteuergesetz in § 7g V EStG vor, daß der Gewinn des Jahres, in dem die Rücklage aufzulösen ist, für jedes Jahr des Bestehens der Rücklage um 6% zu erhöhen ist. Diese Vorschrift soll dazu führen, daß die Bildung der Rücklage nur für den attraktiv ist, der wirklich investieren will.[488] Allerdings kann die Bildung einer steuerfreien Rücklage ohne spätere Investition auch bei Berücksichtigung dieser Vorschrift für den Steuerpflichtigen vorteilhaft sein.[489] Ein einfaches Beispiel soll die Wirkung der Ansparabschreibung bei Unterlassen einer späteren Investition illustrieren (Beträge in DM):[490]

In t_0 für das Jahr t_2 geplantes Investitionsvolumen:	750.000,-
Mögliche Rücklage (40% laut § 7g III EStG, maximal 300.000 DM):	300.000,-
Grenzsteuersatz in t_1 und t_2:	30%
Zinssatz vor Steuern:	10%

Tabelle 8: Beispielberechnung zur Ansparabschreibung bei Unterlassen einer Investition

	t_1	t_2
Anlagebetrag:	90.000,-	96.300,-
Zinsertrag:	9.000,-	9.630,-
Steuern auf den Zinsertrag:	-2.700,-	-2.889,-
	96.300,-	103.041,-
Steuern auf die aufgelöste Rücklage:		-90.000,-
Steuern auf den Gewinnzuschlag: (2*6%*300.000,00*30%)		-10.800,-
Überschuß in t_2 nach Steuern:		**2.241,-**

In diesem Beispiel – also bei einer reinen Mitnahme der Vergünstigung – ergibt sich für den Steuerpflichtigen in t_2 ein Zinsgewinn von 2.241,- DM. Die Steuerschädlichkeit des § 7g V EStG kann also bei den gewählten Daten eine Mitnahme der Steuervergünstigung nicht verhindern.

488 Vgl. Weßling, J.: Vorteile, 1993, S. 2347.
489 Vgl. Paus, Ansparabschreibung, 1994, S. 1104.
490 Vgl. Weßling, J.: Vorteile, 1993, S. 2347.

Im Fall einer Ansparabschreibung ohne nachfolgende Investition läßt sich die Vorteilhaftigkeit der Steuervergünstigung als Gleichung darstellen. Dazu werden folgende Prämissen getroffen:

- Ein Steuerpflichtiger verfügt über einen allgemeinen, proportionalen und zeitlich konstanten Gewinnsteuersatz von s.
- Er bildet in t_0 eine steuerfreie Rücklage von RL. Aus dieser Rücklage ergibt sich eine Steuerstundung in Höhe von RL*s.
- Diese Steuerstundung kann der Steuerpflichtige zwei Jahre, d.h. bis zum Zeitpunkt der Auflösung der steuerfreien Rücklage, zu einem Zinssatz nach Steuern von i_s bei jährlicher Zinszahlung anlegen.
- In t_2 wird die steuerfreie Rücklage aufgelöst und der Gewinn vor Steuern für zwei Jahre um 6% der steuerfreien Rücklage erhöht.

Für den Nettovorteil des steuerpflichtigen aus der Ansparabschreibung zum Zeitpunkt t_2 gilt unter diesen Annahmen:[491]

Gleichung 4-3: $V_2 = RL * s * i_s + RL * s * i_s + RL * s * i_s * i_s - RL * s * 0{,}06 * 2$

Gleichung 4-4: $V_2 = RL * s * \left[(1 + i_s)^2 - 1\right] - RL * s * 2 * 0{,}06$

Gleichung 4-5: $V_2 = RL * s * \left[(1 + i_s)^2 - 1{,}12\right]$

Bei einem positiven Steuerkredit ($RL * s > 0$) ergibt sich somit immer dann ein Vorteil aus der Ansparabschreibung ($V_2 > 0$), wenn gilt:

Gleichung 4-6: $i_s > \sqrt{1{,}12} - 1$

Dies ist bei einem Kalkulationszins nach Steuern von über 5,83% der Fall. Mit anderen Worten: Verfügt ein Steuerpflichtiger – unter Berücksichtigung der angeführten Prämissen – über eine Anlagemöglichkeit mit einer Rendite nach Steuern von größer als 5,83%, so ist für ihn die Bildung einer steuerfreien Rücklage nach § 7g EStG vorteilhaft, auch wenn keine spätere Investition erfolgt.

Im Rahmen der Ansparabschreibung für Existenzgründer ist die Wahrscheinlichkeit von Mitnahmeeffekten noch erheblich größer, da eine Vorschrift zur gewinnerhöhenden Verzinsung der steuerfreien Rücklage hier gänzlich fehlt.[492] Dieser Sachverhalt lädt zur Mitnahme der Steuervergünstigung durch Existenz-

491 Die Herleitung ist angelehnt an Weßling, J.: Vorteile, 1993, S. 2347.
492 Vgl. Koepsell, H.: Änderung, 1997, S. 74.

gründer, die steuerpflichtige Gewinne aufweisen, förmlich ein. Weiterhin kann durch Existenzgründer ein vergleichsweise hoher Zinsgewinn durch die Ansparabschreibung mitgenommen werden, da sowohl der Betrag der maximalen steuerfreien Rücklage als auch der Zeitraum bis zur steuerschädlichen Auflösung der Rücklage größer ist als im Fall der Ansparabschreibung bei Nicht-Existenzgründern.[493]

Der Rentabilitätseffekt von Ansparabschreibungen durch Existenzgründer wird jedoch – unabhängig davon, ob sie einen Investitionsanstoß bewirkt – durch die Abhängigkeit vom Grenzsteuersatz des Steuerpflichtigen eingeschränkt. Junge Unternehmen erwirtschaften in den ersten Jahren ihres Bestehens häufig Anlaufverluste oder nur geringe Gewinne.[494] Daß eine Förderung, die sowohl in bezug auf ihren Liquiditäts- als auch in bezug auf ihren Rentabilitätseffekt progressionsabhängig ist und die nur greift, wenn entsprechende Gewinne vorhanden sind, gerade zur Förderung von jungen Unternehmen zweckmäßig ist, darf daher bezweifelt werden.[495]

4.2.4 Die Entscheidungsrelevanz von Rentabilitätseffekten

In den vorangegangenen Kapiteln wurde gezeigt, daß Finanzierungshilfen der Mittelstandsförderung im Regelfall eine Steigerung der Projektrendite bewirken. Fraglich ist, ob dieser Rentabilitätseffekt einen Investitionsanstoß nach sich zieht oder ob lediglich eine Mitnahme des Zinsgewinnes erfolgt. Zur Untersuchung dieser Frage soll weiterhin davon ausgegangen werden, daß der Investor die Projektrendite anhand des Barkapitalwertes mißt. Dieser soll ohne Inanspruchnahme der Finanzierungshilfe C_0 betragen. Weiterhin sei angenommen, daß sich durch Inanspruchnahme der Finanzierungshilfe im Vergleich zum Fall ohne Finanzierungshilfe eine Steigerung des Barkapitalwertes der Investition in Höhe von V_0 ergibt.

Im Barkapitalwertmodell handelt ein Investor immer dann rational, wenn er bei Einzelentscheidungen alle Investitionen mit einem positiven Barkapitalwert realisiert.[496] In Hinblick auf die Entscheidungswirksamkeit von Finanzierungshilfen lassen sich damit drei Fälle unterscheiden:

1. Der Barkapitalwert einer Investition ist auch ohne Finanzierungshilfe positiv. Es gilt $C_0>0$. In diesem Fall würde ein Investor die Investition auch ohne Fi-

493 Vgl. § 7g VII EStG bzw. § 7g III EStG
494 Vgl. Breitenacher, M. u.a.: Existenzgründungspolitik, 1996, S. 20.
495 Vgl. Koepsell, H.: Änderung, 1997, S. 75.
496 Vgl. Kruschwitz, L.: Investitionsrechnung, 1998, S. 67.

nanzierungshilfe durchführen. Der Rentabilitätseffekt der Finanzierungshilfe wird ausschließlich mitgenommen; es ergibt sich kein Investitionsanstoß durch die Finanzierungshilfe.

2. Der Barkapitalwert einer Investition ist ohne Finanzierungshilfe negativ und wird auch durch den Rentabilitätseffekt der Finanzierungshilfe nicht positiv. Es gilt $C_0 \leq 0$ und $C_0 + V_0 \leq 0$. In diesem Fall wird kein Investitionsanstoß bewirkt. In der Regel ist die Vergabe von Finanzierungshilfen jedoch an die Durchführung einer Investition gebunden, so daß in diesem Fall auch keine Subventionsmitnahme möglich ist. Eine Ausnahme stellen die Ansparabschreibungen des § 7 g III u. VII EStG dar. Sie ermöglichen eine Subventionsmitnahme auch ohne Durchführung einer Investition. Dieser Problembereich wurde im vorangegangenen Kapitel betrachtet.
3. Der Barkapitalwert der Finanzierungshilfe ist ohne Finanzierungshilfe negativ und wird durch die Finanzierungshilfe positiv. Es gilt $C_0 \leq 0$ und $C_0 + V_0 > 0$. Es liegt ein sogenanntes Schwellenprojekt vor, da der Rentabilitätseffekt den Barkapitalwert der Investition über die „Entscheidungsschwelle" von null hebt. In diesem Fall bewirkt die Finanzierungshilfe einen Investitionsanstoß.

Ein Investitionsanstoß über den Rentabilitätseffekt ergibt sich also ausschließlich im dritten Fall. Allerdings ist auch dieser Fall in der Regel nicht verschwendungsfrei. Idealerweise müßte die Finanzierungshilfe so bemessen sein, daß ihr Barvorteil gerade ausreicht, damit die Summe aus Barvorteil und Barkapitalwert marginal größer als null ist. Diese Höhe des Barvorteils der Finanzierungshilfe reicht aus, um einen Investitionsanstoß zu bewirken. Der Betrag, der darüber hinausgeht, wird wiederum lediglich mitgenommen.

Bereits diese einfache Darstellung zeigt, daß das Risiko von Mitnahmeeffekten in Hinblick auf den Rentabilitätseffekt von Finanzierungshilfen relativ groß ist. Um eine verschwendungsfreie Finanzierungshilfe zu konzipieren, müßte der Subventionsgeber die Barkapitalwerte der Investitionen kennen und die Höhe des Barvorteils der Finanzierungshilfe beziffern. Nur unter diesen Voraussetzungen kann ein verschwendungsfreier Mitteleinsatz garantiert werden. Beides würde jedoch in der Subventionspraxis einen nicht zu bewältigenden Informations- und Kontrollaufwand bedeuten und ist in der Realität undurchführbar. Ein verschwendungsfreier Mitteleinsatz ist daher in der Praxis so gut wie ausgeschlossen.

Ein – wenn auch in der Regel nicht verschwendungsfreier – Investitionsanstoß ergibt sich ausschließlich in der dritten Fallkonstellation. Damit hängt die Frage, ob der Rentabilitätseffekt einer Finanzierungshilfe einen Investitionsanstoß bewirkt, von der Häufigkeit des Auftretens von Schwellenprojekten ab. Es ist plausibel, anzunehmen, daß die Anzahl an Schwellenprojekten mit zunehmender Stärke des Rentabilitätseffektes der Finanzierungshilfe steigt.

Die Stärke des Rentabilitätseffektes von Finanzierungshilfen läßt sich aus theoretischer Sicht nicht beziffern, sondern kann nur in Hinblick auf plausible Daten für Investitionsprojekte, also anhand von beispielhaften Investitionsrechnungen quantifiziert werden. In der Literatur finden sich solche beispielhaften Investitionsrechnungen in bezug auf unterschiedliche Investitions- und Finanzierungshilfen. So wird in der Literatur z.B. folgende Rangfolge von Rentabilitätseffekten aus Investitions- und Finanzierungshilfen angegeben:

> „Die Rentabilitätswirkung auf Investitionen hängt von der Art der Fördermaßnahmen ab. Bei gleichem Ausmaß der nominalen Vergünstigung, z.B. 10% der Investitionssumme, versprechen Investitionszulagen eine höhere Renditesteigerung als Investitionszuschüsse, diese sind vorteilhafter als ein zinsloser öffentlicher Kredit und diese besser als Zinszuschüsse, selbst wenn der Gesamtbetrag der Zinszuschüsse das Ausmaß der Investitionszulage erreicht. Diese Rangfolge erklärt sich aus dem Zeitpunkt der Auszahlung und aus den steuerlichen Nebenwirkungen.“[497]

An anderer Stelle wird unter Bezugnahme auf die obige Aussage anhand einer Investitionsrechnung gezeigt, daß

> „eine 10%ige Investitionszulage günstiger ist als jede der praktizierten Varianten vorgezogener Abschreibungen. Dies gilt für sämtliche realistische Investitionslaufzeiten.“[498]

Investitionsrechnungen attestieren den nach den obigen Zitaten noch relativ attraktiven Investitionszulagen und Investitionszuschüssen bereits einen geringen Rentabilitätseffekt.[499] Aus diesem Grund ist in Hinblick auf die oben zitierten Feststellungen nicht überraschend, daß selbst Sonderabschreibungen von bis zu 50% der Anschaffungs- und Herstellungskosten eine lediglich bescheidene Wirkung auf die Rendite nach Steuern zugebilligt wird.[500] In bezug auf Zinsverbilligungen im Rahmen von öffentlichen Krediten gibt *Schneider* an, daß „spürbare Renditesteigerungen von Investitionsvorhaben, wie Investitionsrechnungen zeigen, nur bei sehr langfristigen Vorhaben erreicht“[501] werden.

---

497 Schneider, D.: Investition, 1992, S. 293.

498 Mellwig, W.: Investition, 1985, S. 92. Zu ähnlichen Ergebnissen kommen auch Schneider, D.: Investitionsförderung, 1991 und Scheffler, W.: Steuerbegünstigungen, 1991.

499 Vgl. dazu die Berechnungen bei Lüder, K.: Investitionsfördermaßnahmen, 1984, S. 545 sowie Haegert, L.; Wittmann, F.: Abschreibungsvergünstigungen, 1984, S. 247.

500 Vgl. Schneider, D.: Investitionsförderung, 1991, S. 1083. Zu einem ähnlichen Ergebnis kommen Berechnungen von Haegert, L.; Wittmann, F.: Abschreibungsvergünstigungen, 1984, S. 247; vgl. dazu auch Wehrheim, M.: Rentabilitätseffekte, 1997, S. 159 f.

501 Schneider, D.: Wirtschaftsförderung, 1988, S. 59.

Es läßt sich daher zusammenfassend behaupten, daß Investitionsrechnungen in der Regel nur geringe Rentabilitätseffekte von Finanzierungs- und Investitionshilfen ergeben. Natürlich sind diese und auch jede andere beispielhafte Berechnung von Rentabilitätseffekten von Finanzierungshilfen in bezug auf die Plausibilität der gewählten Daten angreifbar; fraglich ist immer, wie realitätsnah, wie plausibel die Daten der Beispielrechnung sind. Aus diesem Grund sollen auch an dieser Stelle den zitierten Berechnungen keine weiteren hinzugefügt werden. Es sollte jedoch deutlich geworden sein, daß eine gesunde Skepsis an der zahlenmäßigen Bedeutung von Schwellenprojekten in der betrieblichen Praxis und damit an der Wahrscheinlichkeit von Anstoßeffekten auf die Investitionstätigkeit über den Rentabilitätseffekt von Finanzierungshilfen angebracht ist.[502]

Bei der bisherigen Analyse wurde davon ausgegangen, daß bestimmte Instrumente der Investitionsrechnung eingesetzt werden, daß Finanzierungshilfen in diese Berechnungen eingehen und daß sich die Investitionsentscheidungen am Ergebnis dieser Rechnung orientieren. Die empirische Relevanz der gemachten Aussagen hängt jedoch davon ab,

- ob die Unternehmen Finanzierungshilfen systematisch in ihre Investitionsplanung einbeziehen und wie dies geschieht,
- ob die Finanzierungshilfen prinzipiell (formal) entscheidungsrelevant sind, d.h. ob Investitionsentscheidungen unter Verwendung von Entscheidungskriterien getroffen werden, die die Wirkung der Förderung berücksichtigen und
- ob die Finanzierungshilfen faktisch (materiell) entscheidungsrelevant sind, d.h. ob und inwieweit durch Berücksichtigung der Finanzierungshilfen Investitionsentscheidungen in Unternehmen tatsächlich beeinflußt werden.[503]

Empirische Untersuchungen zeigen, daß der Einfluß von Abschreibungsvergünstigungen auf das Investitionskalkül von Unternehmen gering ist.[504] Ähnliches kann für öffentliche Kredite festgestellt werden.[505] Speziell für Kleinunternehmen des Handwerks gelten eine gering ausgeprägte strategische Planung – gerade auch im Bereich der Investitionsplanung – und ein unzureichendes Informationswesen als charakteristisch.[506] Es erscheint daher als wenig wahrscheinlich, daß Kleinunternehmen des Handwerks Finanzierungshilfen der Mittelstandsförderung systematisch in die Investitionsplanung einbeziehen und dadurch Investi-

502 Vgl. Lüder, K.: Investitionsfördermaßnahmen, 1984, S. 534.
503 Vgl. Lüder, K.: Investitionsfördermaßnahmen, 1984, S. 538.
504 Vgl. z.B.. ausführlich dazu Wittmann, F.: Investitionsentscheidungen, 1986 und Haegert, L.; Wittmann, F.: Abschreibungsvergünstigungen, 1984.
505 Vgl. Klemp, A. H.: Finanzhilfen, 1990, S. 135.
506 Vgl. Pfohl, H.-C.; Kellerwesel, P.: Abgrenzung, 1990, S. 18; Hamer, E.: Marktwirtschaft, 1990, S. 67; Hamer, E.: Unternehmensführung, 1990, S. 58 f.; Geiser, J.: Investitionsverhalten, 1990, S. 94 f.

tionsentscheidungen in nennenswertem Umfang beeinflußt werden. Näher liegt m.E. der Fall einer handwerklichen Investitionsentscheidung, die ex post mit einer Finanzierungshilfe versehen wird, z.B. im Rahmen der Erstellung der Steuerbilanz durch den Steuerberater oder im Rahmen der Finanzierung durch die Beratung eines Kreditsachbearbeiters.

4.3 Liquiditätseffekt von Finanzierungshilfen und Investitionsanstoß

4.3.1 Finanzierungsengpässe

Der Begriff Finanzierung wird in der betriebswirtschaftlichen Literatur unterschiedlich weit gefaßt.[507] Finanzierung umfaßt in einer sehr weiten Definition alle Vorgänge, die sich auf die Finanzmittelbeschaffung, -verwendung, -freisetzung und -rückführung beziehen. Eine engere Begriffsbestimmung bezieht sich hingegen nur auf einen Teilbereich, in dem unter Finanzierung die Versorgung der Unternehmung mit den zum Ausgleich von Ausgabenverpflichtungen benötigten Finanzmittel verstanden wird.[508] Diese Begriffsbestimmung steuerte lange Zeit die betriebswirtschaftlichen Forschungsbemühungen. Sie hat sich jedoch als zu eng erwiesen, da sie die Interdependenzen zwischen der Finanzierung und den anderen betrieblichen Funktionsbereichen nicht ausreichend erfaßt.[509]

Um alle Aspekte des monetären Sektors in die Betrachtung mit einzubeziehen und die Begriffe Finanzierung und Investition deutlich von einander zu trennen, ist es hilfreich auf den Oberbegriff Finanzwirtschaft zurückzugreifen, wobei unter der Finanzwirtschaft einer Unternehmung alle Vorgänge in und außerhalb der Unternehmung zu verstehen sind, die sich in Zahlungsströme sowie Nominalgüterbeständen (Bar-, Buchgeld und Geldforderungen) niederschlagen.[510] *Franke/ Hax* haben dies auf folgende, prägnante Formel gebracht: „Finanzwirtschaftliche Entscheidungen sind Entscheidungen über die Anlage von Geld (Investitionsentscheidungen) und die Beschaffung von Geld (Finanzierungsentscheidungen).“[511]

Jeder leistungswirtschaftliche Vorgang stellt einen Akt der Kapitaldisposition dar.[512] Dadurch weisen Finanz- und Leistungswirtschaft vielfältige Interdepen-

---

507 Einen Überblick über verschiedene Finanzierungsbegriffe mit weiteren Literaturverweisen gibt Steiner, M.: Finanzierung, 1993, Sp. 1024 f.

508 Vgl. Wossidlo, P. R.: Finanzierung, 1990, S. 240.

509 Vgl. Wossidlo, P. R.: Finanzierung, 1990, S. 240.

510 Vgl. Wossidlo, P. R.: Finanzierung, 1990, S.240.

511 Franke, G.; Hax, H., Finanzwirtschaft, 1990, S. 92.

512 Vgl. Steiner, M.: Finanzierung, 1993, Sp. 1026.

denzen auf.[513] Finanzierungsprobleme tauchen auf, da die durch leistungswirtschaftliche Vorgänge hervorgerufenen Zahlungsvorgänge zeitlich inkongruent sind. Finanzierung dient in diesem Prozeß dazu, das Kapital zu beschaffen, das zur Überbrückung des Zeitraums benötigt wird, der zwischen der Beschaffung der Sachgüter und dem Eingang der Entgelte aus der Verwertung der erstellten Leistungen liegt.[514] Ziel dabei ist es, die Liquidität der Unternehmung trotz zeitlicher Inkongruenz von Einnahmen und Ausgaben zu gewährleisten. Finanzierungsprobleme treten um so deutlicher zu tage, desto stärker Ausgaben und Einnahmen zeitlich auseinanderfallen. Besonders evident ist dieses Problem, wenn leistungswirtschaftliche Entscheidungen eine Investition nach sich ziehen.

Eine Investition kann unter zahlungsorientierten Gesichtspunkten als eine betriebliche Tätigkeit angesehen werden, die zu unterschiedlichen Zeitpunkten Ausgaben und Einnahmen verursacht, wobei dieser Vorgang immer mit einer Ausgabe beginnt (zahlungsorientierter Investitionsbegriff).[515] Mit einer Investition ergibt sich also eine zeitliche Inkongruenz von Einnahmen und Ausgaben. Besonders schwerwiegend ist diese, da Investitionen in der Regel eine hohe Kapitalbindung mit sich bringen und nicht kurzfristig revidiert werden können, d.h. eine langfristige Kapitalbindung verursachen.[516]

Ist es ein Ziel der Unternehmung seine Liquidität, d.h. seine Fähigkeit jederzeit die zwingend fälligen Zahlungsverpflichtungen uneingeschränkt erfüllen zu können, aufrecht zu erhalten, so muß einer Investition c.p. eine Finanzierung gegenübergestellt werden, die die zeitliche Inkongruenz der Zahlungsströme ausgleicht. In diesem Sinne stellt die Finanzierung ein notwendiges Pendant zur Investition dar. Der zahlungsorientierte Finanzierungsbegriff sieht daher Finanzierung als eine Handlung an, die zu unterschiedlichen Zeitpunkten Einnahmen und Ausgaben verursacht, wobei dieser Vorgang immer mit einer Einnahme beginnt.[517]

Gelingt es Unternehmen nicht, Investitionsprojekte zu finanzieren, so kommt es aufgrund der Liquiditätsrestriktion zu keiner Investition. In diesem Fall behindern Liquiditätsengpässe bei der Kapitalbeschaffung die Investitionstätigkeit der Unternehmung. Finanzierung wirkt sich in diesem Fall in Form eines Engpasses negativ auf die Investitionstätigkeit und das Unternehmenswachstum aus.

---

513 Vgl. dazu Ewert, R.: Finanzwirtschaft, 1993, insbesondere Sp. 1152-1154.

514 Vgl. Steiner: M.: Finanzierung, 1993, Sp. 1026.

515 Zum zahlungsorientierten Investitions- bzw. Finanzierungsbegriff vgl. z.B. Kruschwitz, L.: Investitionsrechnung, 1998, S. 1. sowie Schneider, D.: Investition, 1992, S. 20 f.

516 Vgl. Kruschwitz, L.: Investitionsrechnung, 1998, S. 1.

517 Vgl. Schneider, D.: Investition, 1992, S. 20; Swoboda, P: Finanzierung, 1994, S. 2.

Finanzierungshilfen können dazu dienen, Liquiditätsengpässe zu beseitigen und somit die Investitionstätigkeit anzuregen. Dabei ist davon auszugehen, daß der Anstoßeffekt auf Investitionen, die Finanzierungshilfen über ihren Liquiditätseffekt ausüben, um so größer ist, desto stärker Finanzierungs- und Liquiditätsprobleme in Handwerk und Kleinunternehmen auftreten. Stellt hingegen die Finanzierung in Handwerk und Kleinunternehmen keinen Engpaß für Investitionen und Unternehmenswachstum dar, so ist lediglich mit Mitnahmeeffekten zu rechnen. Im folgenden ist daher zu untersuchen, ob Finanzierungsengpässe in Kleinunternehmen des Handwerks auftreten, wie stark diese ausgeprägt sind und inwieweit die Finanzierungshilfen der Mittelstandsförderung zur Beseitigung dieser Finanzierungsengpässe beitragen können.

Im Vergleich zum vorangegangenen Kapitel, das sich mit einer Analyse des Rentabilitätseffektes von Finanzierungshilfen der Mittelstandsförderung beschäftigt, nimmt das Kapital über den Liquiditätseffekt von Finanzierungshilfen einen erheblichen größeren Raum in der vorliegenden Untersuchung ein. Diese Vorgehensweise wird durch das Zielsystem der beschäftigungsorientierten Mittelstandsförderung begründet. Auf der Ebene der instrumentalen Ziele von Finanzierungshilfen der Mittelstandsförderung nehmen Finanzierungsengpässe und -nachteile im Gegensatz zu Rentabilitätszielen eine zentrale Stellung ein.[518]

4.3.2 Die Entstehung des Kapitalbedarfs

4.3.2.1 Finanzierungsprobleme durch unzureichende Kapitalbedarfsplanung

Finanzmittelbedarf entsteht durch das zeitliche Auseinanderfallen von Einnahmen und Ausgaben.[519] Eine Maßnahme, um Finanzierungsprobleme abzumildern, besteht darin, den zukünftigen Finanzmittelbedarf zu verringern, d.h. das Auftreten von Einnahmen und Ausgaben zeitlich aufeinander abzustimmen. Eine Prognose des zukünftigen Finanzmittelbedarfs und eine darauf abgestimmte Planung betrieblicher Maßnahmen in Hinblick auf ihre Einnahmen- und Ausgabenwirkung kann dazu dienen, die zeitliche Inkongruenz von Zahlungsströmen zu verringern. Auch wenn dies in der betrieblichen Praxis nicht in idealer Weise gelingt, so trägt eine Prognose des Finanzmittelbedarfes zumindest dazu bei, Finanzierungsengpässe frühzeitig zu erkennen. Dadurch kann rechtzeitig nach Finan-

---

518 Vgl. Kapitel 2.3.3.3 dieser Arbeit und die dort aufgeführten Stellungnahmen der öffentlichen Hand.

519 Vgl. Hax, H.: Finanzierungstheorie, 1993, Sp. 1074.

zierungsquellen gesucht und Probleme bei der Finanzierung erkannt und evtl. vermieden werden.[520]

Die Kapitalbedarfsrechung ist eine Prognoserechnung, die dazu dient, den zukünftigen Finanzbedarf zu ermitteln. Sie stellt eine Hauptkomponente der betrieblichen Finanzplanung dar und kann als ein Instrument angesehen werden, daß zur kontinuierlichen Investitions- und Finanzplanung dient.[521] Dabei besteht zwischen der Kapitalbedarfsrechnung und der Liquidität einer Unternehmung ein einfacher Zusammenhang: „Je unzureichender die Kapitalbedarfsplanung, desto höher müssen die Liquiditätsreserven sein, um gefährlichen Finanzierungsengpässen begegnen zu können."[522] Mit anderen Worten: Durch das Implementieren einer effizienten Kapitalbedarfsplanung in Handwerksunternehmen ließen sich von vorne herein Finanzierungsprobleme beheben, da es in geringerem Maße zu Finanzierungsengpässen käme bzw. Finanzierungsengpässen frühzeitig entgegengewirkt werden könnte.

Obwohl die Bedeutung der Kapitalbedarfsrechnung und der Finanzplanung für die Finanzierung von Unternehmen unterschiedlicher Größe in der Literatur unbestritten ist und darüber hinaus eine Reihe von Nachweisen für die positive Wirkung von Finanzbedarfsvorhersagen vorliegt, sind derartige Planungssysteme in Kleinunternehmen des Handwerks nur spärlich vertreten.[523] Dieses Problem sollte jedoch nicht isoliert betrachtet werden. Es stellt einen Spezialfall eines allgemeinen Defizits von Kleinunternehmen des Handwerks im Bereich der zahlenmäßigen, systematischen Unternehmensführung bei Planung, Organisation und Kontrolle dar.[524] So gelten in der Literatur mangelnde Kenntnisse in der Unternehmensführung, eine geringe Planung sowie ein unzureichendes Informationswesen als typische Merkmale kleinerer Unternehmen.[525]

Zurückzuführen sind diese Mängel auf verschiedene Ursachen. Eine Ursache liegt in der geringen Größe von Handwerksunternehmen. Diese erlaubt es nicht, anders als in Großunternehmen, spezielle Abteilungen für die Planung und Steuerung des Unternehmensablaufes einzurichten. Der Handwerksmeister muß in der Regel gleichzeitig die Aufgaben eines technischen und kaufmännischen Be-

520 Zu den Aufgaben der Finanzplanung im Rahmen der Unternehmenssteuerung vgl. Krümmel, H.-J.: Finanzplanung, 1993.

521 Vgl. Büschgen, H. E.: Ermittlung, 1988, S. 166-168.

522 Wossidlo, P. R.: Finanzierung, 1990, S. 262.

523 Vgl. Nattermann, E.; Schönecker, L.: Finanzierung, 1995, S. 133; Wossidlo, P. R.: Finanzierung, 1990, S. 261; Sprenger, K.-A.; Hinten, P. v.; Steiner, J.: Finanzierungssituation, 1982, S. 62 f.

524 Vgl. Döring, U.: Wettbewerbsfähigkeit, 1990, S. 311.

525 Vgl. Pfohl, H.-C.; Kellerwesel, P.: Abgrenzung, 1990, S. 18; Hamer, E.: Marktwirtschaft, 1990, S. 67 sowie Hamer, E.: Unternehmensführung, 1990, S. 58 ff.

triebsleiters abdecken.[526] Eine zu geringe kaufmännische Aus- und Fortbildung in Kleinunternehmen des Handwerks kann daher als eine Hauptursache für Defizite im Bereich der betriebswirtschaftlichen Unternehmenssteuerung und damit auch für Defizite bei der Finanzplanung angesehen werden.[527]

Bei einer verstärkten betriebswirtschaftlichen Aus- und Fortbildung im Handwerk könnten Defizite im Bereich der Finanzplanung und im Bereich des Finanzierungsverhaltens von Handwerksunternehmen behoben werden, was sich positiv auf die Verbesserung von Finanzierungsproblemen auswirkt. Eine Stärkung der betriebswirtschaftlichen Fähigkeiten von Handwerksunternehmern im Bereich der finanziellen Führung kann daher als eine Alternative zur Förderung durch Finanzierungshilfen gelten.

4.3.2.2 Finanzierungsprobleme durch Sprunginvestitionen

In der Literatur wird an einigen Stellen die These vertreten, daß Kleinunternehmen unter einem relativ starken, zeitlichen Auseinanderfallen von Einnahmen und Ausgaben leiden, da sie im Vergleich zu Großunternehmen diskontinuierlich investieren.[528] Eine zeitliche Diskontinuität der Investitionen von Kleinunternehmen des Handwerks kann sich durch das Phänomen der „Sprunginvestitionen“ ergeben. Damit ist gemeint, daß Kleinunternehmen aufgrund von Unteilbarkeiten dazu gezwungen sind, relativ umfangreiche Investitionen auf einmal durchzuführen, was es unmöglich macht, Investitionen auf einen längeren Zeitraum zu verteilen.[529] Charakteristisch für Sprunginvestitionen ist, daß sie sowohl diskontinuierlich auftreten, als auch einem erheblichen Investitionsumfang in Relation zur Unternehmensgröße bzw. zur Eigenkapitalbasis bedeuten.[530]

Auch wenn das Auftreten von Sprunginvestitionen in Kleinunternehmen als plausibel erscheint, so ist der empirische Befund dazu nicht eindeutig. Untersuchungen für Industriebetriebe zeigen z.B. eine unregelmäßigere und auch in der Höhe schwankendere Investitionstätigkeit in Kleinunternehmen. Dabei kann davon ausgegangen werden, daß diese Schwankungen „wohl meist nur einige wenige oder gar nur ein einziges konkretes Investitionsprojekt betreffen.“[531] Aller-

---

526 Vgl. Döring, U.: Wettbewerbsfähigkeit, 1990, S. 311.
527 Vgl. Hamer, E.: Unternehmen, 1987, S. 137.
528 Vgl. dazu z.B. Sprenger, K.-A. ; Hinten, P. v.; Steiner, J.: Finanzierungssituation, 1982, S. 60 ff.; Geiser, J.: Investitionsverhalten, 1980 sowie Uhlmann, L.; Berger, M.: Investitionsverhalten, 1986, S. 22.
529 Vgl. Sprenger, K.-A.; Hinten, P. v.; Steiner, J.: Finanzierungssituation, 1982, S. 61.
530 Vgl. Geiser, J.: Investitionsverhalten, 1980.
531 Uhlmann, L.; Berger, M.: Investitionsverhalten, 1986, S. 22.; vgl. zum Problem der Sprunginvestitionen in Kleinunternehmen auch Sprenger, K.-A.; Hinten, P. v.; Stei-

dings existieren auch Untersuchungen, die das Gegenteil behaupten, nämlich eine deutlich stärkere Schwankung der Investitionen in Großunternehmen.[532] Das Auftreten von Finanzierungsproblemen durch Sprunginvestitionen in Kleinunternehmen sollte daher nicht als bewiesene Tatsache angesehen werden, sondern kann bislang nur als eine häufig diskutierte These aus dem Bereich der strukturellen Besonderheiten der Finanzwirtschaft von Kleinunternehmen gelten.[533]

Unstrittig ist jedoch, daß die Gründung von Unternehmen eine Sprunginvestition darstellt. Im Gegensatz zu etablierten Unternehmen müssen Neugründungen alle zur erstmaligen Leistungserstellung notwendigen Produktionsfaktoren in kürzester Zeit beschaffen, was einen erheblichen, einmaligen Investitions- und Kapitalbedarf bedeutet.[534] Ein erheblicher, einmaliger Investitionsumfang tritt jedoch nicht nur bei Neugründungen von Unternehmen, sondern auch bei Unternehmensnachfolgen und bei der Umstrukturierung bestehender Unternehmen auf, so daß auch hier Sprunginvestitionen Finanzierungsprobleme verursachen können. Weiterhin sollte das Problem der Sprunginvestition bei kapitalintensiveren Unternehmen, wie z.B. bei kleineren Industriebetrieben und im Bereich des produzierenden Handwerks, deutlicher hervortreten als bei Kleinunternehmen des Dienstleistungsgewerbes bzw. des Dienstleistungshandwerks.[535]

Allerdings ist das Auftreten von Sprunginvestitionen nicht unabhängig von dem eingangs geschilderten Problem einer unzureichenden systematischen Planung des Betriebsgeschehens in Kleinunternehmen des Handwerks. Defizite in der Unternehmensführung können verhindern, daß Handwerksunternehmen ihre Investitionen langfristig planen, um damit eine kontinuierliche Investitionstätigkeit und eine zeitliche Glättung von Ausgaben und Einnahmen zu erreichen.[536] Gerade mangels einer Finanz- und Investitionsplanung kann ein Handwerksunternehmer gezwungen sein, über Spontanentscheidungen in der Vergangenheit unterlassene Investitionen als einmalige Kraftanstrengung nachzuholen.[537]

Sprunginvestitionen können also sowohl Folge einer geringen Unternehmensgröße als auch Folge einer unzureichenden Unternehmensführung sein. Weiterhin muß ein diskontinuierliches Investitionsverhalten nicht unbedingt auf Ineffizienzen in Handwerksunternehmen hinweisen. Es erhöht zwar c.p. den Finanzmittel-

---

ner, J.: Finanzierungssituation, 1982, S. 60 ff. und speziell für den Bereich mittelständischer Industriebetriebe Geiser, J.: Investitionsverhalten, 1980.

532 Vgl. Fritsch, M.: Wirtschaft, 1987, S. 181.

533 Vgl. Wossidlo, P. R.: Finanzierung, 1990, S. 247.

534 Vgl. Joos, T.: Unternehmensgründungen, 1987, S. 149 f.

535 Vgl. dazu auch Heinrich, D.: Finanzierungsproblematik, 1985, insbes. S. 15.

536 Vgl. Hamer, E.: Unternehmensführung, 1990, S. 59; Geiser, J.: Investitionsverhalten, 1980, S. 94 f.

537 Vgl. Wossidlo, P. R.: Finanzierung, 1990, S. 247.

bedarf einer Unternehmung, kann aber auch Ausdruck einer ideenreichen Unternehmensführung sein, die sich flexibel und kundennah an Veränderungen des Nachfrageverhaltens der Verbraucher anpaßt.[538] Gerade Flexibilität und Marktnähe sind Eigenschaften, die in empirischen Untersuchungen als Wettbewerbsvorteile Kleinunternehmen zugesprochen werden.[539] Auch wenn Sprunginvestitionen in einigen Fällen Finanzierungsprobleme auch in bestehenden Handwerksunternehmen hervorrufen, so ist es durchaus denkbar, daß die damit einhergehenden Nachteile im Finanzierungsbereich in Hinblick auf Vorteile in anderen betrieblichen Funktionsbereichen in Kauf genommen werden und damit lediglich Ausdruck einer rationalen Unternehmensführung sind.

4.3.3 Die Deckung des Kapitalbedarfs

4.3.3.1 Finanzierungsquellen

In den beiden vorangegangenen Kapiteln wurde gezeigt, daß eine unzureichende Kapitalbedarfsplanung und das Auftreten von Sprunginvestitionen in Kleinunternehmen des Handwerks zu einem erhöhten Kapitalbedarf führen können, da beide Sachverhalte ein zeitliches Auseinanderfallen von Einnahmen und Ausgaben begünstigen. Dennoch müssen dadurch keine Liquiditätsengpässe entstehen, die sich negativ auf Investitionen in Handwerksunternehmen auswirken. Voraussetzung dafür ist, daß es gelingt, den entstandenen Kapitalbedarf zeitgerecht zu dekken, d.h. Finanzierungsquellen rechtzeitig zu erschließen. Zu Liquiditätsengpässen kommt es erst dann, wenn dies nicht gelingt. Es ist daher zu untersuchen, ob kleine Handwerksunternehmen und Existenzgründer im Vergleich zu Großunternehmen besondere Probleme bei der Kapitalbeschaffung aufweisen.

Nach der Herkunft der Finanzmittel unterscheidet man als Finanzierungsquellen die Innen- und die Außenfinanzierung. Obwohl bereits diese einfache Einteilung in der Realität Abgrenzungsschwierigkeiten hervorruft, ist sie in der Literatur gebräuchlich und soll auch im folgenden angewandt werden.[540] Neben der Herkunft des Kapitals wird zur Systematisierung unterschiedlicher Finanzierungsarten zusätzlich noch auf die Kriterien der Rechtsstellung der Kapitalgeber, der Dauer der Kapitalbereitstellung und des Anlasses der Finanzierung bezug ge-

---

538 Vgl. Wossidlo, P. R.: Finanzierung, 1990, S. 247.

539 Vgl. Bartel, R.: Organisationsgrößenvorteile, 1990, S. 155 mit weiteren Literaturverweisen.

540 Vgl. zu dieser Systematisierung z.B. Perridon, L.; Steiner, M.: Finanzwirtschaft, 1991, S. 276; Wöhe, G.; Bilstein, J.: Unternehmensfinanzierung, 1998, S. 13.

nommen.[541] Nach der Rechtsstellung der Kapitalgeber läßt sich die Finanzierung in Eigen- und Fremdfinanzierung unterscheiden.

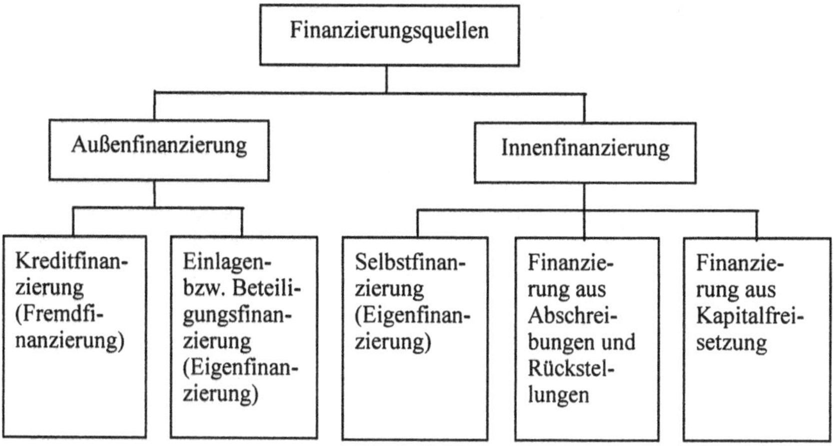

Abbildung 9: Finanzierungsquellen[542]

Die Selbstfinanzierung stellt eine Form der Eigenfinanzierung in Handwerksunternehmen dar. Im Bereich der Außenfinanzierung wird zwischen Beteiligungs- und Einlagenfinanzierung als Formen der Eigenfinanzierung und Kreditfinanzierung als Form der Fremdfinanzierung unterschieden. Diese Einteilung ist vereinfachend. Tatsächlich sind die Grenzen zwischen Eigen- und Fremdfinanzierung aufgrund der Vielfalt in der Praxis vorkommender Vertragsformen gerade im Bereich der Außenfinanzierung fließend.[543]

Dieser Umstand hat zu einer Vielfalt von Begriffsbestimmungen geführt. Ein Kriterium, das eindeutig und gleichzeitig operational die in der Praxis bestehenden Finanzierungsformen in Eigen- und Fremdkapital unterteilt, wurde dabei bisher nicht gefunden.[544] Eine Unterscheidung zwischen Eigen- und Fremdmitteln ist für diese Untersuchung jedoch geboten, da Eigenmitteln eine besondere Bedeutung für die Investitionstätigkeit zukommt. Hilfreich ist es dabei, zwischen idealtypischen Formen von Eigen- und Fremdkapital zu unterscheiden, die theoretische Grenzbereiche einer Bandbreite darstellen. Zwischen diesen Grenzberei-

541 Vgl. dazu z.B. Wöhe, G.; Bilstein, J.: Unternehmensfinanzierung, 1998, S. 12.
542 Vgl. Steiner, M.: Finanzierung, 1993, Sp. 1027 f.
543 Vgl. Swoboda, P.: Finanzierung, 1994, S. 10 f. sowie Drukarczyk, J.: Finanzierung, 1999, S. 154 ff.
544 Vgl. Swoboda, P.: Finanzierung, 1994, S. 10.

chen lassen sich die in der Praxis auftretenden Mischformen einordnen und als Eigen- bzw. Fremdkapital klassifizieren.

Als idealtypisches Eigenkapital bzw. „reine" Eigenmittel lassen sich Einlagen (in Geld, Sachen, Rechten oder Verzichten auf Entnahmen) in eine Unternehmung bezeichnen, wenn sie zu vertraglichen Auszahlungsansprüchen führen, die ausschließlich ergebnisabhängig (residualbestimmt) sind. Ausschüttungen können sowohl während der Unternehmensexistenz über laufende Gewinne und Einlagenrückzahlungen als auch am Ende der Unternehmung durch den Liquidationsanteil erfüllt werden. Wichtig ist die Residualbestimmung der Ansprüche, auch (aber nicht nur) im Liquidationsfall. Idealtypisches Eigenkapital ist damit aus der Sicht der Kapitalgeber eine alle finanziellen Risiken tragende Kapitalanlage.[545]

Idealtypisches Fremdkapital bzw. „reine" Verschuldung ist hingegen durch Einlagen gekennzeichnet, die zu vertraglichen Auszahlungsansprüchen führen, welche ausschließlich ergebnisunabhängig, im absoluten Betrag und Zeitpunkt festgelegt sind. Idealtypisches Fremdkapital stellt, solange die Verträge eindeutig abgefaßt sind und auch eingehalten werden, per Definition eine finanziell risikolose Kapitalanlage in den Augen der Kapitalgeber dar.[546]

Wie gesagt, stellen beide Definitionen Extremwerte einer Bandbreite dar. In der Praxis kann die Einordnung einzelner Finanzierungsformen danach erfolgen, welchem Grenzwert die vertragliche Gestaltung am nächsten steht. Zur Illustration ein Beispiel:[547] Ein Bankkredit mit festgelegtem Zins- und Tilgungstermin kann als Paradebeispiel eines idealtypischen Fremdkapitals gelten. Ein Kontokorrentkredit, der mit Prolongationsabsicht gewährt wird, weicht schon von einer reinen Verschuldung ab, kann aber dennoch als Fremdkapital bezeichnet werden und zwar aufgrund seiner relativen Nähe zur reinen Verschuldung.

Besondere Funktionen des Eigenkapitals für die Finanzwirtschaft der Unternehmung ergeben sich aus dem Problem, daß zukünftige Einnahmen und Ausgaben in der Realität unsicher sind, d.h. sie sind nicht mit vollkommener Voraussicht prognostizierbar. Daraus ergibt sich für den Unternehmer ein Informationsrisiko. Kann er nicht alle zukünftigen Zahlungsströme voraussagen oder nicht garantieren, daß in der Zukunft nicht doch Ereignisse auftreten, die zu einem Ausgabenüberschuß führen, so kann er nicht ausschließen, daß in der Zukunft eine Zahlungsunfähigkeit eintritt.[548] In diesen Fällen droht eine Insolvenz der Unter-

---

545 Vgl. zu dieser Begriffsabgrenzung sowie zu ihrer Zweckmäßigkeit Schneider, D.: Investition, 1992, S. 47 ff., insbes. S. 50 und Drukarczyk, J.: Finanzierung, 1999, S. 156 ff.

546 Vgl. Schneider, D.: Investition, 1992, S. 50 sowie Drukarczyk, J.: Finanzierung, 1999, S. 157.

547 Zu diesen Beispielen vgl. Schneider, D.: Investition, 1992, S. 50.

548 Vgl. Schneider, D.: Investition, 1992, S. 42.

nehmung. Um das Risiko einer Insolvenz zu verringern, bieten sich drei Möglichkeiten an:[549]

- Eine Verbesserung der Planung und Prognose von Einnahmen und Ausgaben.
- Das Halten eines Liquiditätspolsters, d.h. ein Teil des Vermögens sollte schnell und möglichst verlustfrei in Geld umgewandelt werden können, um damit überraschende Zahlungsverpflichtungen zu bedienen.
- Das Halten eines Verlustpuffers, der unabhängig von der unverzüglichen Zahlungsfähigkeit ein Potential schafft, das es ermöglicht, durch Desinvestitionen die Zahlungsbereitschaft während des gesamten Planungszeitraumes wiederherzustellen.

Die dritte Möglichkeit, d.h. das Halten eines Verlustpuffers, umreißt die betriebswirtschaftliche Funktion des Eigenkapitals.[550] Eigenkapital stellt bilanziell eine Residualgröße dar, die sich aus der Differenz von Vermögen und Schulden ergibt. Das Eigenkapital entspricht damit dem Teil des Vermögens, der zur Dekkung von Verlusten aufgewandt werden kann, ohne daß es zu einer Überschuldung kommt.[551] Weiterhin wirkt es sich im Verlustfalle positiv auf die Liquidität aus, daß Ansprüche aus Eigenkapital gewinnabhängig sind.

Durch seine Funktion als Verlustpuffer verringert Eigenkapital das Insolvenzrisiko einer Unternehmung.[552] Die betriebswirtschaftliche Funktion des Eigenkapitals als Verlustpuffer, gewinnt daher mit steigendem Insolvenzrisiko an Bedeutung. Ein ausreichendes Eigenkapital stellt eine Versicherung dar, die das Fortbestehen des Unternehmens garantiert, auch wenn einzelne, riskante Investitionen zu Verlusten führen. Aus diesem Grund wirken sich Probleme bei der Eigenkapitalausstattung besonders negativ auf risikoreiche Investitionsvorhaben aus; z.B. bei Existenzgründungen und im Bereich von technologieorientierten Unternehmen bzw. Unternehmensgründungen.[553]

Eigenkapital verbessert jedoch nicht nur die Rahmenbedingungen für Investitionen, sondern wirkt sich auch positiv auf die Fremdkapitalbeschaffung aus,[554]

---

549 Vgl. dazu auch Schneider, D.: Investition, 1992, S. 42 f.

550 Vgl. Drukarczyk, J.: Finanzierung, 1999, S. 157.

551 Vgl. Riebell, C.: Bilanz, 1995, S. 200.

552 Vgl. Kück, M.: Insolvenz, 1996, S. 31.

553 Die Insolvenzgefahren, die sich aus einem allgemeinen Gründungsrisiko ergeben, werden bei jungen Technologieunternehmen noch verstärkt. Denn hier besteht neben dem Marktrisiko jeder Unternehmensgründung („Wird das Produkt am Markt angenommen?") noch ein technisches Risiko („Ist die Produktidee technisch realisierbar?"); vgl. Ewers, H.-J.; Wein, T.: Begründungszusammenhang, 1993, S. 5 f.

554 So ist die Eigenkapitalausstattung in der Praxis ein wesentliches Kriterium für die Prüfung der Kreditwürdigkeit, die von Banken u.a. auch mittels Kennzahlen – wie etwa dem Verschuldungsgrad oder der Fristenkongruenz der Finanzierung – durch-

denn das Ausfallrisiko von Gläubigeransprüchen sinkt mit zunehmendem Eigenkapital. Der Grund dafür liegt darin, daß die Ansprüche von Gläubigern auf Zins und Tilgung den Ansprüchen der Eigentümer vorgehen. Die Eigentümer haben hingegen aufgrund der prioristischen Ansprüche der Gläubiger lediglich Residualansprüche.[555]

Damit gilt jedoch: Um so höher der Eigenkapitalanteil ist, desto größer ist die Wahrscheinlichkeit, daß die Ansprüche von Gläubigern auch im Liquidationsfall bedient werden. Aus diesem Grund stellt die Eigenkapitalausstattung einer Unternehmung einen Gradmesser für Fremdkapitalgeber dar.[556] Einfach ausgedrückt: Eine gute Ausstattung mit Eigenmitteln verbessert den Zugang zu Fremdmitteln.[557] Bei einer dünnen Eigenkapitaldecke müssen gute Argumente gefunden werden, um Fremdkapitalgeber davon zu überzeugen, dem Unternehmen Mittel zur Verfügung zu stellen.

4.3.3.2 Innenfinanzierung

4.3.3.2.1 Finanzierung durch Abschreibungen und Rückstellungen

Bei der Innenfinanzierung erfolgt anders als bei der Außenfinanzierung keine Zuführung finanzieller Mittel in speziellen Finanzierungsakten von Dritten, sondern bisher in der Unternehmenssphäre gebundenes Kapital wird in liquide Mittel umgewandelt.[558] Die Innenfinanzierung erfolgt über ordentliche oder außerordentliche Desinvestitionen. Dies geschieht über den Verkauf betrieblicher Leistungen oder anderer Güter wie Halbfabrikate, Einsatzfaktoren, Beteiligungen usw. Umsatzerlöse dienen dazu, über die in den Objekten gebundene Aufwandsäquivalente hinaus, Gewinne zu erzielen. Mit anderen Worten: Die Mittel der Innenfinanzierung lassen sich danach unterscheiden, ob sie aus dem Rückfluß von Aufwandsgegenwerten oder aus der Residualgröße Gewinn stammen.[559]

Entscheidend für die Innenfinanzierung ist jedoch nicht nur, daß im Rahmen des Umsatzprozesses mehr liquide Mittel zu- als abfließen, sondern auch, daß es gelingt, die zugeflossenen Mittel an das Unternehmen zu binden. Rückflüsse von Aufwandsgegenwerten können durch die Bildung von Abschreibungen und durch

geführt wird (vgl. Wossidlo, P. R.: Finanzierung, 1990, S. 276; Albach, H.: Finanzierungsregeln, 1988, S. 1; Riebell, C.: Bilanz, 1995, S. 200 f.).

555 Vgl. Drukarczyk, J.: Finanzierung, 1999, S. 158.

556 Vgl. Bretz, M.: Eigenkapitalausstattung, S. 266 f., 1998.

557 Vgl. Riebell, C.: Bilanz, 1995, S. 201.

558 Zum Begriff der Außenfinanzierung vgl. Perridon, L.; Steiner, M.: Finanzwirtschaft, 1991, S. 390 f.

559 Vgl. Perridon, L.; Steiner, M.: Finanzwirtschaft, 1991, S. 390 f.

gezielte Desinvestitionen gebunden werden, während Überschüsse in erster Linie durch die Bildung von Rückstellungen und durch die Einbehaltung von Gewinnen als Finanzmittel dem Unternehmen zur Verfügung stehen.[560]

Der Finanzierungseffekt von Abschreibungen und Rückstellungen liegt darin begründet, daß sie zur Verbuchung von Aufwendungen führen, denen keine Ausgaben gegenüberstehen. Planmäßige Abschreibungen dienen dazu, den Wertverzehr abnutzbarer Anlagegüter als periodenbezogenen Aufwand zu verrechnen. Als Aufwand vermindern Abschreibungen den Jahresüberschuß und damit Gewinnausschüttungen sowie evtl. Steuerzahlungen. Falls Ausgaben für Güter, die abgeschrieben werden, bereits in der Vergangenheit angefallen sind, stehen die Finanzmittel aus Abschreibungsgegenwerten dem Unternehmen frei und zeitlich unbegrenzt zur Verfügung.[561]

Die Abschreibungsfinanzierung stellt eine wichtige Finanzierungsquelle von Kleinunternehmen des Handwerks dar. Jahresabschlußanalysen der Jahre 1988 bis 1991 der *Deutschen Bundesbank* zeigen z.B. einen Anteil von 40,8% bis 53,8% der Abschreibungsfinanzierung an der gesamten Finanzierung von Kleinunternehmen unterschiedlicher Rechtsformen.[562] Trotz dieses relativ hohen Anteils weisen einige Untersuchungen nach, daß die Bedeutung der Abschreibungsfinanzierung positiv mit der Betriebs- bzw. Unternehmensgröße korreliert.[563]

Aus dieser Feststellung sollte jedoch nicht auf Finanzierungsprobleme in diesem Bereich geschlossen werden und zwar aus folgendem Grund: Großunternehmen sind in Branchen mit einer kapitalintensiven Fertigung überrepräsentiert. Der Anteil von Kleinunternehmen ist hingegen in arbeitsintensiven Branchen, wie dem Handel und dem Dienstleistungsgewerbe, relativ hoch.[564] Auch kann für die Handwerkswirtschaft generell von einer relativ hohen Arbeitsintensität der Leistungserstellung ausgegangen werden.[565]

Wenn Großunternehmen in der Regel kapitalintensiver fertigen als kleine Handwerksunternehmen, so bedeutet dies, daß sie stärker in Sachgüter investieren und damit über ein höheres Abschreibungspotential verfügen. Dies würde eine größere Bedeutung der Abschreibungsfinanzierung erklären. Durch einen ge-

560 Vgl. Wossidlo, P. R.: Finanzierung, 1990, S. 267.

561 Vgl. Wossidlo, P. R.: Finanzierung, 1990, S. 267.

562 Vgl. Deutsche Bundesbank (Hrsg.): Jahresabschlüsse, 1993, S. 44.

563 Vgl. Wossidlo, P. R.: Finanzierung, 1990, S. 267 mit weiteren Verweisen sowie Hamer, E.: Unternehmen, 1987, S. 142 f.

564 Zum Umsatzanteil kleinerer Unternehmen an den Wirtschaftszweigen der Bundesrepublik vgl. im einzelnen Clemens, R. u.a.: Unternehmensgrößenstatistik, 1997, S 19 ff., insbes. S. 61.

565 Vgl. Kucera, G.; Kornhardt, U.: Wettbewerbsstellung, 1990, S. 16 ff sowie Kucera, G.; Kornhardt, U.: Personalzusatzkosten, 1990, S. 156 f.

ringeren Anteil von Sachinvestitionen an der Leistungserstellung sinkt die Bedeutung der Abschreibungsfinanzierung. Allerdings nimmt auch der investitionsinduzierte Finanzmittelbedarf ab, so daß man an dieser Stelle keine besonderen Finanzierungsdefizite von Kleinunternehmen vermuten sollte.

Rückstellungen dienen dazu, Ausgaben zukünftiger Perioden in der gegenwärtigen Periode erfolgswirksam zu verbuchen. Auch die Rückstellungsbildung führt somit in der gegenwärtigen Periode zu einer Aufwandsverrechnung, der keine Ausgabe gegenübersteht. Mit der Bildung von Rückstellungen geht kein Abfluß liquider Mittel einher. Im Gegenteil, durch die Bildung von Rückstellungen verringert sich der Jahresüberschuß und damit Gewinnausschüttungen und evtl. Steuerzahlungen. Wie auch Abschreibungen können Rückstellungen daher dazu dienen, liquide Mittel an das Unternehmen zu binden, was sie zu Instrumenten der Innenfinanzierung macht.

Im Bereich der Finanzierung durch Rückstellungen haben Pensionsrückstellungen eine überragenden Bedeutung. Diese Form der Finanzierung ist allerdings fast ausschließlich in Großunternehmen zu finden und hat für Kleinunternehmen des Handwerks so gut wie keine Bedeutung.[566] Gerade die betriebliche Altersversorgung ist in Kleinunternehmen wenig verbreitet und bietet daher noch ein erhebliches Finanzierungspotential, das allerdings durch ein verändertes Finanzierungsverhalten und eine veränderte Altersvorsorge von Betriebsinhabern und Mitarbeitern noch erschlossen werden müßte.[567]

4.3.3.2.2 Selbstfinanzierung

Die Selbstfinanzierung stellt das dritte Standbein der Innenfinanzierung dar. Selbstfinanzierung bedeutet Finanzierung durch die Zurückbehaltung von Gewinnen.[568] Für die Selbstfinanzierung müssen also zwei Voraussetzungen erfüllt sein:

- dem Unternehmen fließen durch Gewinne liquide Mittel zu
- die zugeflossenen Mittel stehen dem Unternehmen zur Finanzierung zur Verfügung, sie werden für die Unternehmensfinanzierung einbehalten, d.h. nicht ausgeschüttet oder für Steuerzahlungen verwendet

Überprüft werden soll zunächst die erste Voraussetzung: Die Möglichkeit zur Selbstfinanzierung hängt von der Gewinnsituation ab. Probleme bei der Selbstfi-

566 Vgl. Deutsche Bundesbank (Hrsg.): Finanzierungsstrukturen, 1992, S. 27 sowie Wossidlo, P. R.: Finanzierung, 1990, S. 270.

567 Vgl. Neumann, R.: Betriebsübernahmen, S. 44 sowie Fink, A.: Altersversorgung, 1995, S. 229 f.

568 Vgl. Perridon, L.; Steiner, M.: Finanzwirtschaft, 1991, S. 392 sowie Wöhe, G.; Bilstein, J.: Unternehmensfinanzierung, 1998, S. 301.

nanzierung könnten sich also für Kleinunternehmen aus einer schlechteren Rentabilität im Vergleich zu Großunternehmen ergeben.

Die einzige amtliche Quelle, die eine Untersuchung der Rentabilität von Unternehmen unterschiedlicher Größe erlaubt, ist die Kostenstrukturstatistik des Statistischen Bundesamtes.[569] Diese Quelle weist allerdings einige Nachteile auf. So umfaßt sie ausschließlich Unternehmen des Bergbaus und des verarbeitenden Gewerbes. In die Erhebung geht daher nur das produzierende Handwerk ein. Schwerwiegender ist, daß ausschließlich Unternehmen mit mindestens 20 Beschäftigten erfaßt werden, was wiederum einen Großteil des Handwerks aus der Erhebung ausschließt.[570] Die folgenden Zahlen sollten daher nicht auf die Gewinnsituation in Handwerksunternehmen bezogen werden. Sie erlauben jedoch einen allgemeinen Einblick in bezug auf die Gewinnsituation von Unternehmen unterschiedlicher Größenklassen und werden daher kurz dargestellt.

Die Kostenstrukturstatistik des Bundesamtes für Statistik berücksichtigt weder außerordentliche noch betriebsfremde Aufwendungen und Erträge und läßt daher einen guten Vergleich der leistungswirtschaftlichen Rendite von Unternehmen unterschiedlicher Größe zu. Diese Statistik zeigt keine schlechtere Rentabilität in kleineren Unternehmen. Im Gegenteil, Kleinunternehmen weisen in der Regel eine höhere leistungswirtschaftliche Rentabilität auf als Großunternehmen. Dieses Ergebnis behält auch dann Gültigkeit, wenn man entsprechend dem Anteil von Personengesellschaften kalkulatorische Unternehmergehälter in Höhe des ein- bis dreifachen eines Arbeitnehmergehaltes in Rechnung stellt:[571]

Tabelle 9: Jahresüberschuß vor Steuern in % des Bruttoproduktionswertes[572]

Unternehmen mit ... Beschäftigten	1985	1986	1987	1988	1989	1990	1991	1992	1993	1994
20-49	4,0	4,1	4,4	4,5	4,2	5,3	5,7	4,7	3,5	3,8
50-99	3,7	3,8	4,2	4,9	4,4	5,0	4,6	4,3	2,5	3,5
100-199	3,1	3,9	3,8	4,3	3,8	4,6	4,3	2,3	1,5	2,1
200-499	2,5	2,7	2,8	3,2	2,6	2,7	2,0	1,0	0,4	1,0
über 1000	2,3	1,7	1,2	1,7	2,7	0,0	1,0	-0,1	-2,1	-0,2
Insgesamt	**2,6**	**2,5**	**2,3**	**2,8**	**2,6**	**2,5**	**2,2**	**1,1**	**-0,5**	**0,8**

569 Vgl. Clemens, R. u.a.: Unternehmensgrößenstatistik, 1997, S. 203.

570 Vgl. Clemens, R. u.a.: Unternehmensgrößenstatistik, 1997, S. 203.

571 Vgl. Clemens, R. u.a.: Unternehmensgrößenstatistik, 1997, S. 204 sowie S. 207.

572 Diese Tabelle wurde entnommen aus Clemens, R. u.a.: Unternehmensgrößenstatistik, 1997, S. 207. Bei der Berechnung wurde ein kalkulatorischer Unternehmerlohn in Höhe eines durchschnittlichen Arbeitnehmergehaltes in Abzug gebracht.

Wie bereits erwähnt, sind die oben aufgeführten Daten nur eingeschränkt auf Handwerksunternehmen übertragbar. Die Daten der Kostenstrukturstatistik müssen daher durch einige, weitere Untersuchungen zur Rentabilität von Unternehmen unterschiedlicher Größe ergänzt werden, die den Einschränkungen der Kostenstrukturstatistik nicht unterliegen bzw. über anders geartete Einschränkungen verfügen.

So weisen verschiedene Untersuchungen aus den 80er Jahren nicht darauf hin, daß Kleinunternehmen in bezug auf die Rentabilität über besondere Nachteile im Vergleich zu Großunternehmen verfügen. Im Gegenteil, in der Regel wird gezeigt, daß die Rentabilität von Kleinunternehmen in der Bundesrepublik eher vergleichsweise über- als unterdurchschnittlich ist.[573] Auch zeigen Bilanzanalysen der Deutschen Bundesbank keine unterdurchschnittliche Rentabilität von Kleinunternehmen.[574] Als Fazit läßt sich somit feststellen, daß eine gesundes Maß Skepsis angebracht ist, wenn pauschalisierend behauptet wird, daß Kleinunternehmen aufgrund einer unterdurchnittlichen Rentabilität Defizite bei der Selbstfinanzierung aufweisen.

Jedoch selbst wenn dies der Fall sein sollte, so paßt eine Argumentation, die an der Renditeschwäche von Kleinunternehmen des Handwerks ansetzt, um diese Unternehmen mit Finanzierungshilfen zu fördern, kaum in den Zielkontext einer beschäftigungsorientierten Mittelstandsförderung. Es ist nicht nachvollziehbar, daß die gleichen Unternehmen, die auf der einen Seite aufgrund ihrer Wachstumsstärke als Hoffnungsträger der Beschäftigungspolitik angesehen werden, auf der anderen Seite als rendite- und leistungsschwach gelten sollen.

Bei der zweiten Voraussetzung der Selbstfinanzierung, der Zurückbehaltung von Gewinnen, könnte hingegen eher ein Problembereich von Kleinunternehmen des Handwerks vermutet werden. So zeigt z.B. die *Deutsche Bundesbank* für den Zeitraum von 1978 bis 1989, daß Kleinunternehmen zwar durchgehend über höhere, relative Jahresüberschüsse (gemessen in Relation zum Umsatz) als Großunternehmen verfügten, daß aber nahezu alle erwirtschafteten Gewinne entnommen wurden, also für Zwecke der Innenfinanzierung nicht mehr zur Verfügung standen.[575] Fraglich ist, ob diese entnommenen Gewinne generell für die Unternehmensfinanzierung verloren sind.

---

573 Vgl. Irsch, N.: Unternehmen, 1984; Uhlmann, L.; Berger, M.: Investitionsverhalten, 1986; Deutsche Bundesbank (Hrsg.): Unternehmen, 1985; Deutsche Bundesbank (Hrsg.): Finanzierungsstrukturen, 1992, S. 31. Im Bereich des verarbeitenden Gewerbes steht Albach, H.: Ertragslage, 1988 diesem Befund kritisch gegenüber, diese Meinung wird allerdings durch die neueren Daten der Kostenstrukturstatistik relativiert.

574 Vgl. Deutsche Bundesbank (Hrsg.): Finanzierungsstrukturen, 1992, S. 31.

575 Vgl. Deutsche Bundesbank (Hrsg.): Finanzierungsstrukturen, 1992, S. 31.

Es wurde bereits darauf hingewiesen, daß der Großteil der Handwerksunternehmen als Einzelunternehmung firmiert.[576] Bei dieser Rechtsform sind jedoch Privat- und Unternehmenssphäre nicht eindeutig von einander trennbar. Unternehmer und Unternehmen sind bei Einzelkaufleuten identisch, sie stellen ein Rechtssubjekt dar. Entnommene Gewinne verlassen daher aufgrund einer Entnahme nicht die rechtliche Verfügungsmacht des Einzelunternehmers. Gewinne können aus bilanztechnischer Sicht unproblematisch entnommen, außerhalb der Unternehmenssphäre angelegt werden und von dort der Unternehmensfinanzierung in der einen oder anderen Form zur Verfügung stehen.

Bei einer Entnahme von Gewinnen lassen sich zwei Fälle unterscheiden. Zum einen können Gewinne für Konsumzwecke entnommen werden. Dieser Teil der Gewinne wäre für die Finanzierung verloren. Zum anderen ist es möglich, daß der Unternehmer entnommene Gewinne außerhalb des Unternehmens investiert. Dieser Teil der Entnahmen könnte weiterhin für die Finanzierung des Unternehmens bereitstehen.

Die Finanzierungsfunktion dieser Mittel kann dabei einerseits darin bestehen, daß eine Wiedereinlage der Beträge geplant ist, sobald es notwendig oder zweckmäßig erscheint. In diesem Fall stehen diese Entnahmen der Unternehmensfinanzierung als Liquiditätspotential bzw. Verlustpuffer weiterhin zur Verfügung, indem sie im Privatvermögen zurückbehalten werden.[577] Es liegt insofern lediglich eine bilanztechnische Umqualifizierung vor. Durch diesen Vorgang verschlechtert sich die Finanzierungssituation und die Liquiditätslage des Einzelunternehmers materiell nicht.[578] Andererseits können sich Finanzierungseffekte von Mitteln, die außerhalb der Unternehmung angelegt werden, auch ergeben, wenn keine Reinvestition in das Unternehmen geplant ist. Dies ist möglich, wenn Vermögen aus entnommenen Gewinnen als Sicherheit für Unternehmenskredite zur Verfügung steht. Es übernimmt in diesem Fall eine Haftungsfunktion und erleichtern die Fremdfinanzierung.

Daß dieses Szenario nicht unrealistisch ist, stellt auch die Deutsche Bundesbank anhand eines Vergleiches von Jahresabschlußanalysen kleiner Unternehmen unterschiedlicher Rechtsformen fest: „Da die rechtliche Trennung von Privat- und Betriebsvermögen bei unbeschränkt haftenden Gesellschaftern von Personengesellschaften in der Praxis zum Teil erhebliche Schwierigkeiten bereitet, bleibt es bei einigen Vermögensgegenständen weitgehend dem Bilanzierenden

---

576 Der Anteil dieser Rechtsformen an allen Handwerksunternehmen in Deutschland betrug im Jahre 1987 75,6%. Hinzu kamen 12,5% der Handwerksunternehmen, die als Personengesellschaften firmierten (vgl. Dürig, W. u.a.: Lage, 1995, S. 150).

577 Vgl. Deutsche Bundesbank (Hrsg.): Finanzierungsstrukturen, 1992, S. 31.

578 Auf diese Form der Liquiditätsreserve in Handwerksunternehmen weist auch Heinrich, D.: Finanzierungsproblematik, 1985, S. 107 hin.

überlassen, ob er sie als der privaten oder der betrieblichen Sphäre zugehörig bezeichnet. Mit der Zuordnung von Finanzanlagen zum Privatvermögen sind teilweise erhebliche Steuervorteile zu erzielen. Es ist deshalb davon auszugehen, daß ein beträchtlicher Teil, der bei diesem Unternehmenskreis verfügbaren Finanzmittel, nicht in der Bilanz erscheint, gleichwohl als Kreditsicherheit oder unmittelbar als finanzielle Reserve für betriebliche Belange zur Verfügung steht."[579]

Daher ist es nicht gerechtfertigt, pauschal davon auszugehen, daß in Kleinunternehmen des Handwerks aufgrund einer regen Entnahmetätigkeit Liquiditätsprobleme entstehen. Tatsächlich ist entscheidend, was mit den entnommenen Gewinnen in der Privatsphäre geschieht und was für die Verwendung dieser Gewinne in der Zukunft geplant ist. Dies ist eine Entscheidung des einzelnen Unternehmers, also ein innerer Tatbestand der Willensbildung, der nur schwer empirisch überprüfbar ist.

Aber auch wenn Finanzierungsprobleme in Handwerksunternehmen aufgrund einer regen Entnahmetätigkeit entstehen, kann dies wohl kaum als Argument für ein Eingreifen im Rahmen der Mittelstandsförderung genutzt werden. Entscheidet sich ein Handwerksunternehmer dafür, Entnahmen zu tätigen, die der Unternehmensfinanzierung später nicht mehr zur Verfügung stehen, so handelt es sich dabei um eine Entscheidung des jeweiligen Unternehmers. Nimmt dieser damit Finanzierungsprobleme und ein erhöhtes Insolvenzrisiko in Kauf, so ist dies ein Problem des Finanzierungsverhaltens. Meiner Meinung nach kann es nicht die Aufgabe des Staates sein, dieses Verhalten durch die Vergabe von Finanzierungshilfen zu alimentieren.

Eine starke Entnahmetätigkeit muß in Handwerksunternehmen nicht auf irrationale Entscheidungen zurückzuführen sein. Kleine Handwerksunternehmen haben, aufgrund einer Konzentration auf einen regional begrenzten Markt und auf bestimmte Produkte und Leistungen, nur geringe Möglichkeiten der Diversifikation zum Zwecke der Risikostreuung innerhalb der eigentlichen Unternehmenstätigkeit.[580] Hier kann es durchaus rational sein, durch Investitionen außerhalb der Unternehmung eine Streuung des Kapitals und damit eine Minderung des Anlagerisikos vorzunehmen.[581]

Der relativ hohe Anteil von Finanzanlagen in den Bilanzen von Großunternehmen zeigt, daß diese Unternehmen unterschiedliche Formen der Risikodiversifikation nutzen. Bei Kleinunternehmen ist es hingegen kaum üblich, Finanzanlagen in der Bilanz auszuweisen, wofür wohl in erster Linie steuerliche Überle-

---

579 Deutsche Bundesbank (Hrsg.): Jahresabschlüsse, 1993, S. 35.

580 Zur Struktur der Handwerkswirtschaft vgl. ausführlich Dürig, W. u.a.: Lage, 1995, S. 36 ff. u. S. 54 ff.

581 Zum Zusammenhang zwischen Diversifikation von Kapitalanlagen und Risikominderung vgl. Swoboda, P.: Finanzierung, 1994, S. 67 ff.

gungen[582] ausschlaggebend sind.[583] Aufgrund dieser Tatsache allerdings anzunehmen, daß Kleinunternehmer keine Anlagen zur Vermögensdiversifikation im Privatvermögen halten, die eventuell direkt oder indirekt der Finanzierung des Unternehmens dienen, ist kaum angebracht.

Die bisherigen Aussagen beziehen sich auf bestehende Handwerksunternehmen. In bezug auf Unternehmensgründungen stellt sich die Problemlage im Bereich der Innenfinanzierung anders dar. Das Pendant zur Selbstfinanzierung in bestehenden Kleinunternehmen ist bei einer Unternehmensgründung die Spartätigkeit des potentiellen Unternehmensgründers. Eine Quelle zur Deckung des Eigenkapitalbedarfes eines Existenzgründers ist sein Privatvermögen.

Es spricht einiges dafür, daß ein beträchtlicher Teil der Haushalte in der Bundesrepublik über das für eine Unternehmensgründung notwendige Eigenkapital verfügt.[584] Allerdings relativiert sich diese Aussage, wenn man das Alter der Haushaltsmitglieder in die Betrachtung mit einbezieht. Denn die Vermögenshöhe privater Haushalte steigt mit zunehmendem Alter der Haushaltsmitglieder. Existenzgründer sind jedoch in der Regel relativ jung.[585] Dies bedeutet, daß sie im Vergleich zu älteren Haushalten über relativ geringe Vermögensbestände und damit über geringere Eigenmittelbestände verfügen.[586] In dieses Bild passen Angaben, die als durchschnittliches Nettoeinkommen von Existenzgründern einen Betrag von DM 3.440 angeben.[587]

Die Gefahr einer Insolvenz durch einer zu geringe Eigenkapitalbasis ist jedoch gerade bei Existenzgründungen besonders hoch. Junge Unternehmen müssen in der Regel in den Anfangsjahren ihrer wirtschaftlichen Tätigkeit bis zu ihrer Marktetablierung mit Anfangsverlusten rechnen.[588] Eigenkapital wird in diesen Fällen als Verlustpuffer benötigt, bis die Gewinnzone erreicht wird. Eine geringe Eigenkapitaldecke ist daher bei Existenzgründern als besonders problematisch anzusehen.

---

582 Vgl. dazu auch Löffler, J.; Schiffer, K. J.: Gesellschaftsverhältnisse, 1995, S. 132.

583 Zum Anteil von Finanzanlagen am Anlagevermögen von Unternehmen unterschiedlicher Größe vgl. Clemens, R. u.a.: Unternehmensgrößenstatistik, 1997, S. 203 ff. sowie Deutsche Bundesbank (Hrsg.): Finanzierungsstrukturen, 1992, S. 32.

584 Vgl. Joos, T.: Unternehmensgründungen, 1987, S. 151.

585 Nach Erkenntnissen der Deutschen Ausgleichsbank sind Existenzgründer in Deutschland im Durchschnitt 36 Jahre alt (vgl. DtA (Hrsg.): Geschäftsbericht, 1998, S. 13).

586 Vgl. dazu ausführlich Joos, T.: Unternehmensgründungen, 1987, S. 152 sowie Breitenacher, M. u.a.: Existenzgründungspolitik, 1996, S.19.

587 Vgl. Brüderl, J.; Preisendörfer, P.; Ziegler, R.: Erfolg, 1998, S. 87.

588 Vgl. Breitenacher, M. u.a.: Existenzgründungspolitik, 1996, S. 20.

4.3.3.2.3 *Finanzierungshilfen zur Förderung der Innenfinanzierung*

Die Förderung der Innenfinanzierung findet im Rahmen der Mittelstandsförderung im wesentlichen durch Abschreibungsvergünstigungen statt; speziell durch die verschiedenen Möglichkeiten zur Sonderabschreibung des § 7g I-VII EStG.[589] Auf die Ausgestaltung dieser Förderung und ihre Wirkung auf Kleinunternehmen wurde bereits ausführlich eingegangen.[590] Daher erfolgt hier lediglich eine kurze Stellungnahme in Hinblick auf die im vorangegangenen Kapitel gemachten Ausführungen zur Innenfinanzierung in Kleinunternehmen des Handwerks.

Durch Sonderabschreibungen können Steuerzahlungen in die Zukunft verschoben werden. Voraussetzung dafür ist, daß man in der betreffenden Periode überhaupt Steuern zahlt. Dies ist von der Erwirtschaftung von Gewinnen abhängig. Ebenso wie der Rentabilitätseffekt ist auch der Liquiditätseffekt von Sonderabschreibungen gewinnabhängig.

Im vorangegangenen Kapitel wurde dargestellt, daß Probleme bei der Innenfinanzierung weniger bei bestehenden Kleinunternehmen auftreten als bei Existenzgründern. Auf den ersten Blick erscheint die Ausgestaltung der Sonderabschreibungen des § 7g I-VII EStG als zweckmäßig, denn für Existenzgründer sieht diese Vorschrift günstigere Konditionen vor als für bestehende Kleinunternehmen. Berücksichtigt man jedoch, daß Existenzgründer in den ersten Jahren ihres Bestehens in aller Regel über geringe Gewinne verfügen oder gar unter Anlaufverlusten leiden,[591] so relativiert sich diese Sichtweise. Eine Förderung, deren Liquiditätseffekt von der Erwirtschaftung von Gewinnen abhängig ist und deren Liquiditätseffekt aufgrund der Steuerprogression mit steigenden Gewinnen zunimmt, scheint kaum geeignet zu sein, Innenfinanzierungsprobleme von Existenzgründern zu beseitigen.

Bei bestehenden Kleinunternehmen stellt sich der Sachverhalt anders dar. Hier kann man mit der Erwirtschaftung von Gewinnen rechnen, so daß man Sonderabschreibungen einen Liquiditätseffekt zubilligen muß. Bei bestehenden Kleinunternehmen des Handwerks sind jedoch Finanzierungsengpässe, die ihre Ursache im Bereich der Innenfinanzierung haben, eher selten, wie die Ausführungen im vorangegangenen Kapitel gezeigt haben. Meines Erachtens ist die Wahrscheinlichkeit der Mitnahme der Förderung bei dieser Unternehmensgruppe relativ groß.

---

589 Zu den unterschiedlichen Instrumenten der Mittelstandsförderung vgl. DIHT; KPMG (Hrsg.): Fördermaßnahmen, 1997.

590 Vgl. Kapitel 4.2.3 dieser Arbeit.

591 Vgl. Breitenacher, M. u.a.: Existenzgründungspolitik, 1996, S. 20.

4.3.3.3 Außenfinanzierung durch Fremdfinanzierung

4.3.3.3.1 Probleme bei der Fremdfinanzierung

Im Rahmen der Innenfinanzierung fließen dem Unternehmen liquide Mittel durch den betrieblichen Umsatzprozeß zu. Bei der Außenfinanzierung ist dies anders. Eine Zuführung finanzieller Mittel erfolgt von außerhalb der Unternehmenssphäre. Als Eigenfinanzierung gilt dabei die Einlagen- und Beteiligungsfinanzierung, während die Kreditfinanzierung eine Form der Fremdfinanzierung darstellt.[592] Dieses Kapitel beschäftigt sich mit dem zweiten Bereich.

Die Außenfinanzierung stellt ein Substitut zur Innenfinanzierung dar. Tauchen Finanzierungsprobleme bei der Innenfinanzierung auf oder reichen die Mittel der Innenfinanzierung, speziell bei starkem Unternehmenswachstum, zur Deckung des Kapitalbedarfs nicht aus, so kann bzw. muß der Unternehmer auf Finanzierungsquellen von außerhalb des Unternehmens zurückgreifen.[593]

Finanzierungsprobleme bei der Innenfinanzierung bewirken keine Finanzierungsengpässe, wenn es gelingt, den Kapitalbedarf mit Hilfe der Außenfinanzierung zu decken. Gleiches gilt natürlich auch umgekehrt. Zum Beispiel haben die dargestellten Probleme von Existenzgründern bei der „Innenfinanzierung“ keine negativen Auswirkungen auf Gründungsinvestitionen, wenn es jungen Unternehmen gelingt, Eigen- und Fremdmittel von außen in ausreichendem Maße zu beschaffen. Finanzierungsengpässe entstehen erst dann, wenn dies nicht gelingt.

Von den unterschiedlichen Formen der Kreditfinanzierung hat im Handwerk fast ausschließlich der langfristige Bankkredit eine nennenswerte Bedeutung.[594] Neben einer Umfrage des *Zentralverbandes des Deutschen Handwerks* bestätigen auch Bilanzanalysen der *Deutschen Bundesbank* die zentrale Rolle der traditionellen, langfristigen Fremdfinanzierung durch Bankkredite in Handwerk und Kleinunternehmen.[595]

Bilanzanalysen der *Deutschen Bundesbank* zeigen, daß Kleinunternehmen in der Regel aufgenommene Kredite mit höheren Sätzen zu verzinsen haben als Großunternehmen.[596] Dieser Umstand läßt sich durch verschiedene Ursachen erklären. So ist es z.B. möglich, daß losgrößenfixe Prüfungs- und Beratungskosten von den Banken auf die Effektivverzinsung eines Kredites umgelegt werden, so

---

592 Vgl. Perridon, L.; Steiner, M.: Finanzwirtschaft, 1991, S. 275.

593 Vgl. Trobitz, H. H.; Wilhelm, S.: Eigenkapital, 1998; Theis, M.: Beteiligungsgesellschaften, 1995, S. 151.

594 Heinrich, D.: Finanzierungsproblematik, 1985, S. 113.

595 Vgl. Bachmann, H.-E.: Finanzierungsverhältnisse, 1993, S. 10 ff. sowie Deutsche Bundesbank (Hrsg.): Finanzierungsstrukturen, 1992, S. 27.

596 Vgl. Deutsche Bundesbank (Hrsg.): Unternehmen, 1985, S. 25.

daß Kleinunternehmen, die geringe Kapitalbeträge nachfragen, relativ stark belastet werden. Weiterhin ist es denkbar, daß Kleinunternehmen aufgrund einer geringeren Verhandlungsmacht schlechtere Kreditkonditionen erhalten.[597]

Eine dritte Möglichkeit besteht in der exklusiven Kreditfinanzierung von Kleinunternehmen. Damit ist gemeint, daß kleine Unternehmen nicht selten nur mit einer Bank in Geschäftsbeziehungen stehen. Kleinunternehmen verzichten so auf die Möglichkeit durch Ausnutzung des Wettbewerbes zwischen den Instituten, zu evtl. günstigeren Kreditkonditionen zu gelangen. Allerdings spricht einiges dafür, daß Kleinunternehmen schlechtere Kreditkonditionen bei einer exklusiven Bankfinanzierung in Kauf nehmen, um dadurch andere Vorteile zu erlangen. Als Vorteile wird dabei von Seiten der Kleinunternehmer z.B. nicht selten auf eine besondere Treue der „Hausbank" auch in Krisenzeiten oder auf eine schnelle, unbürokratische Kreditvergabe aufgrund vorhandenen Informationskapitals gesetzt werden.[598]

Höhere Zinskosten von Kleinunternehmen können als Indiz dafür gewertet werden, daß es dem Kreditmarkt gelingt, Besonderheiten der Finanzierung von Kleinunternehmen über den Preis zu internalisieren, also trotz spezieller Charakteristika von Kleinunternehmen zu einer Fremdfinanzierung über Bankkredite zu gelangen. Allein aus ungünstigeren Kreditkonditionen lassen sich daher keine Finanzierungsengpässe im Handwerk ableiten.

Gestützt wird diese Behauptung durch die außerordentliche Beliebtheit von langfristigen Bankkrediten in Kleinunternehmen des Handwerks. Nicht selten werden Finanzierungslücken im Handwerk, die durch eine rege Entnahmetätigkeit entstehen bzw. auf Defizite bei der Beteiligungsfinanzierung[599] zurückzuführen sind, durch Kreditfinanzierung geschlossen.[600] Der herkömmliche Bankkredit kann im Handwerk als klassische Finanzierungsform für Investitionen angesehen werden.[601] So läßt sich zeigen, daß sich der Bestand an Sachanlagevermögen und der Bestand an Bankverbindlichkeiten in Bilanzen von Kleinunternehmen annähernd parallel entwickelt.[602] Es spricht daher wenig dafür, Finanzierungsprobleme von Handwerksunternehmen gerade im Bereich der Kreditfinanzierung zu vermuten.

Der Ersatz von finanziellen Mitteln, die über Entnahmen abfließen, durch Bankkredite könnte als ein Finanzierungsproblem des Handwerks angesehen

---

597 Vgl. dazu kritisch Cassier, S.C. Unternehmen, 1976, S. 1358 f.

598 Vgl. zur exklusiven Finanzierung mittelständischer Unternehmen ausführlich Doberanzke, V.: Finanzierung, 1992.

599 Vgl. dazu die Ausführungen in den Kapiteln 4.3.3.4.2 und 4.3.3.4.3 dieser Arbeit.

600 Vgl. dazu auch Dürig, W. u.a.: Lage, 1995, S. 154.

601 Vgl. Deutsche Bundesbank (Hrsg.): Finanzierungsstrukturen, 1992, S. 27.

602 Vgl. Deutsche Bundesbank (Hrsg.): Finanzierungsstrukturen, 1992, S. 25.

werden. Denn dabei werden Eigenmittel aus der Selbstfinanzierung durch Fremdmittel ersetzt, was sich aufgrund der besonderen Finanzierungs- und Risikofunktion von Eigenkapital negativ auf die Investitionstätigkeit auswirken kann. Die Substitution von Eigenmitteln durch Fremdmittel ist m.E. jedoch weniger ein Problem der Unternehmensgröße oder ein spezifisches Problem des Handwerks, als vielmehr ein Sachverhalt, der sich im wesentlichen auf die Rechtsform des betreffenden Unternehmens zurückführen läßt.

Im Bereich der Kleinunternehmen – vor allem im Handwerk – dominieren die Rechtsformen der Einzelunternehmung und der Personengesellschaft.[603] Es wurde bereits darauf hingewiesen, daß bei beiden Rechtsformen Privat- und Unternehmenssphäre nur schwer voneinander trennbar sind, was die Aussagekraft von Jahresabschlußanalysen über die Finanzierungsverhältnisse in diesen Unternehmen einschränkt.[604] Vor allem aus steuerlichen Gründen kann es für Einzelunternehmen sinnvoll sein, Mittel der Innenfinanzierung zu entnehmen und sie im Privatvermögen anzulegen und dadurch entstandene Finanzierungslücken im Unternehmensbereich durch eine Kreditfinanzierung zu decken.[605]

Zur Illustration ein einfaches Beispiel: Nehmen wir an, daß ein Einzelunternehmen über flüssige Mittel von TDM 100 aus der Selbstfinanzierung verfügt. Das Unternehmen plant den Bau einer Fertigungshalle, was Ausgaben in Höhe eben dieses Betrages verursacht. Zudem beschließt der Unternehmer, ein Aktienpaket im Wert von TDM 100 zur Vermögensdiversifikation anzuschaffen. Es besteht somit eine Finanzierungslücke von TDM 100. Diese Lücke soll im Beispielfall durch die Aufnahme eines langfristigen Bankkredites gedeckt werden.

Aufgrund der Steuerfreiheit von Veräußerungsgewinnen (nach Ablauf der zwölfmonatigen Spekulationsfrist)[606] entschließt sich der Unternehmer, die Aktien im Privatvermögen zu halten. Weiterhin ist es für ihn steuerlich sinnvoll, aufgrund der Abzugsfähigkeit von Fremdkapitalzinsen im Unternehmensbereich, den Bau der Fertigungshalle durch das Bankdarlehen zu finanzieren, den Kauf der Wertpapiere hingegen durch Entnahme der Gewinne zu decken. Bei der Fremdfinanzierung der Fertigungshalle wird der Unternehmer kaum Probleme haben, da er neben der Fertigungshalle das Wertpapierpaket als zusätzliche Sicherheit anbieten kann.

Wie stellt sich die Finanzierungssituation des Unternehmers dar? Bei einer Betrachtung mit Hilfe einer Bilanzanalyse hat sich das Eigenkapital der Unternehmung um TDM 100 verringert. Im Vergleich zum Ausgangszustand mit einer

603 Der Anteil dieser beiden Rechtsformen an allen Handwerksbetrieben in Deutschland betrug im Jahre 1987 88,6% (vgl. Dürig, W. u.a.: Lage, 1995, S. 150).

604 Vgl. Deutsche Bundesbank: Finanzierungsstrukturen (Hrsg.), 1992, S. 31.

605 Vgl. Deutsche Bundesbank (Hrsg.): Jahresabschlüsse, 1993, S. 35.

606 Vgl. § 23 I 1b EStG.

Eigenmittelquote von 100% (flüssige Mittel TDM 100, Eigenkapital TDM 100), liegt die Eigenmittelquote jetzt bei 0% (Fertigungshalle TDM 100; Verbindlichkeiten gegenüber Kreditinstituten TDM 100). Tatsächlich verfügt der Unternehmer jedoch weiterhin über TDM 100 an Eigenmitteln, die im Privatvermögen in Form von Wertpapieren gehalten werden.

Dieses einfache Beispiel zeigt, daß für Unternehmen (steuerliche) Anreize bestehen, Eigenmittel im Privatvermögen anzulegen und Betriebsvermögen durch Fremdmittel zu finanzieren. Durch die rechtliche Identität von Unternehmer und Unternehmen bei Einzelkaufleuten als Vollhafter verschlechtert sich dadurch die Finanzierungssituation des Unternehmers/Unternehmens materiell nicht. Die Bilanzanalyse zeigt ein schiefes Bild der Finanzierungsverhältnisse.

Jahresabschlußanalysen, die auf Finanzierungsprobleme von Kleinunternehmen aufgrund einer zu starken Entnahme von Innenfinanzierungsmitteln und einer Ausdehnung der Kreditfinanzierung verweisen, sind bei diesem Hintergrund nicht verwunderlich.[607] Tatsächlich zeigt eine Untersuchung der *Deutschen Bundesbank*, daß dieses Finanzierungsverhalten zu einem nicht geringen Teil rechtsformabhängig ist.[608] Bei einem Vergleich von kleinen Kapitalgesellschaften auf der einen Seite und kleinen Einzelunternehmen und Personengesellschaften auf der anderen Seite zeigt sich folgendes: Bei (kleinen) Nichtkapitalgesellschaften werden in der Regel nahezu die gesamten Mittel aus der Innenfinanzierung entnommen und durch Fremdmittel im Rahmen der Außenfinanzierung ersetzt. Dies führt nicht selten zu einem negativen bilanziellen Eigenkapital. Eine Finanzierung aus (offenen) Rücklagen kommt hier, anders als bei kleinen Kapitalgesellschaften, nicht vor.[609]

4.3.3.3.2 Finanzierungshilfen zur Förderung der Fremdfinanzierung

Im vorangegangenen Kapitel wurde gezeigt, daß der Zugang von kleinen Handwerksunternehmen zu Bankkrediten relativ gut ist. In Hinblick darauf verwundert es, daß der mit Abstand größte Teil der Finanzierungsprogramme der Mittelstandsförderung der Förderung von Fremdkapital dient.[610]

Kredite der Mittelstandsförderung werden in aller Regel über öffentliche Kreditinstitute an geförderte Unternehmen vergeben.[611] Dabei fungiert die Haus-

607 Vgl. dazu z.B. Deutsche Bundesbank (Hrsg.): Finanzierungsstrukturen, 1992.

608 Vgl. Deutsche Bundesbank (Hrsg.): Jahresabschlüsse, 1993.

609 Vgl. Deutsche Bundesbank (Hrsg.): Jahresabschlüsse, 1993, insbesondere S. 35 ff.

610 Vgl. Klemmer, P. u. a.: Mittelstandsförderung, 1996, S. 82.

611 Auf Bundesebene geschieht dies über die Kreditanstalt für Wiederaufbau und die Deutsche Ausgleichsbank, auf Landesebene sind verschiedene landeseigene Institute, wie z.B. die Landeskreditbank in Baden-Württemberg, damit betraut, während

bank des Kreditnehmers als Intermediär für die Kreditvergabe und übernimmt gegenüber den öffentlichen Instituten die Haftung für die volle Darlehenssumme.[612] Dieses „Hausbankverfahren“ wird auch bei der Vergabe des Großteils der Finanzierungshilfen der Bundesländer angewandt.[613]

Als Intermediär der Kreditvergabe übernimmt die Hausbank die Kundenberatung und die Formalitäten der Antragstellung.[614] Sie trägt damit einen wesentlichen Teil des Verwaltungsaufwandes. Dies führt dazu, daß bei handwerkstypischen Kreditvolumina von unter TDM 150 die Kosten der Kreditvergabe durch die Margen, die der Hausbank durch die Kreditvergabe zufließen, in der Regel nicht gedeckt werden.[615]

Die „Hausbank“ des Antragstellers trägt bei der Weitergabe von Krediten der Mittelstandsförderung das gleiche Haftungsrisiko wie bei der Vergabe eines eigenen Kredites, wobei die Margen eher gering sind. Die Hausbank wird insofern die selben banküblichen Kreditsicherheiten bei der Weitergabe eines öffentlichen Kredites verlangen, wie bei der Gewährung eines eigenen, privaten Kredites. Wenn eine Bank einem Handwerksunternehmen keinen Investitionskredit gewährt und dadurch ein Finanzierungsengpaß auftritt, so wird die Ursache dafür in der Regel darin liegen, daß das Unternehmen nicht dazu in der Lage ist, bankübliche Sicherheiten zu stellen. An diesem Problem wird dann jedoch auch die Übernahme des Haftungsrisikos eines öffentlichen Kredites durch die Hausbank und damit die Kreditweitergabe selbst scheitern.

Mit anderen Worten: Von öffentlichen Krediten der oben dargestellten Art ist nicht zu erwarten, daß sie Engpässe im Bereich der Fremdfinanzierung schließen. Falls eine Bank aufgrund vorhandener Sicherheiten, daß Haftungsrisiko für einen öffentlichen Kredit übernimmt, so wird sie dazu auch bei einem eigenen Kredit bereit sein. Wenn keine Sicherheiten vorhanden sind und eine Bank es ablehnt, das Haftungsrisiko für einen privaten Kredit zu übernehmen, so spricht nichts dafür, daß sie sich bei einem öffentlichen Kredit anders verhält. Im ersten Fall wird die Finanzierungshilfe ausschließlich mitgenommen. Im zweiten Fall kann die Finanzierungshilfe den Finanzierungsengpaß nicht schließen, da sie nicht gewährt wird.

---

bei Krediten der Europäischen Union die European-Investment-Bank diese Aufgabe übernimmt. (vgl. dazu BMWi (Hrsg.): Förderung, 1998 und Klemmer, P. u.a.: Mittelstandsförderung, 1996, S. 96).

612 Vgl. DIHT; KPMG (Hrsg.): Fördermaßnahmen, S. 1997, S. 79.

613 Vgl. Klemmer, P. u.a.: Mittelstandsförderung, 1996, S. 190; zur Rolle der Kreditgenossenschaften – also der DtA und der KfW – in dem Prozeß der Vergabe öffentlicher Kredite vgl. Groll, M.; Curti, F.: Kreditgenossenschaften, 1998.

614 Vgl. Nattermann, E.; Schönecker, L.: Finanzierung, 1995, S. 146.

615 Vgl. Klemmer, P. u.a.: Mittelstandsförderung, 1996, S. 187.

Ausnahmen von diesen Regeln sind möglich, wenn bei der Vergabe des öffentlichen Kredites eine Besicherung über eine öffentliche Bürgschaft erfolgt oder wenn auf eine Besicherung von Seiten des Subventionsgebers gänzlich verzichtet wird. In beiden Fällen trägt nicht die Hausbank sondern die öffentliche Hand das Kreditausfallrisiko.

Wenn eine Bank nicht gewillt ist, das Haftungsrisiko für den Ausfall eines öffentlichen Kredites zu übernehmen, weil es dem Kreditnehmer nicht möglich ist, bankübliche Sicherheiten zu stellen, so kann eine öffentliche Bürgschaft als Sicherheit herangezogen werden.[616] Dadurch wird quasi der oben dargestellte zweite Fall durch die öffentliche Hand „verbessert": Durch die öffentliche Bürgschaft wird das Sicherheitenproblem, an dem die Kreditvergabe scheitert, beseitigt, so daß der Finanzierungsengpaß über ein Darlehen geschlossen werden kann.

Fraglich ist jedoch, wofür in diesem Fall überhaupt ein öffentlicher Kredit benötigt wird. Das Ausräumen des Finanzierungsengpasses durch eine Sicherheitenstellung über eine öffentliche Bürgschaft wäre theoretisch nicht nur in bezug auf einen öffentlichen Kredit, sondern ebenso in bezug auf einen privaten Kredit der Hausbank denkbar. Der Liquiditätseffekt wird in diesem Fall also nicht durch einen öffentlichen Kredit bewirkt, sondern geht allein auf eine öffentliche Bürgschaft zurück.

Zusammenfassend läßt sich daher feststellen: Bei öffentlichen Krediten der Mittelstandsförderung, die banküblich abzusichern sind, ist eine große Wahrscheinlichkeit von Mitnahmeeffekten zu konstatieren. Das Auftreten von Mitnahmeeffekten läßt sich auch daran erkennen, daß Banken in erheblichem Umfang eigene Kreditprogramme für Kleinunternehmen und Existenzgründer aufgelegt haben und damit in Konkurrenz zu Förderangeboten der öffentlichen Hand treten.[617] Die Auflage eigener zinsvergünstigter Kredite für Kleinunternehmen durch Hausbanken läßt sich auf einen verstärkten und funktionierenden Wettbewerb auf dem Fremdkapitalmarkt zurückführen.[618] Sie stützt die im vorangegangenen Kapitel aufgestellte These eines relativ guten Zugangs von Kleinunternehmen des Handwerks zu Fremdkapital und stellt die Vergabe von Krediten durch die öffentliche Hand in Frage.

Für die Förderung aus öffentlichen Kassen bestehen in der Bundesrepublik keine festen Obergrenzen. Diese bewegen sich in den alten Ländern im Bereich

---

616 Vgl. DIHT; KPMG (Hrsg.): Fördermaßnahmen, S. 1997, S. 89.

617 Vgl. Klemmer, P. u.a.: Mittelstandsförderung, 1996, S. 187.

618 Darauf weist auch die Kritik des Bundesverbandes Deutscher Banken hin, der das Förderangebot der KfW, also der öffentlichen Hand, als Konkurrenz zu eigenen Finanzierungsangeboten ansieht (vgl. Kral, F.: Banken, 1996, S. 13 sowie o.V.: Förderinstitut, 1996, S. 29).

von 75% bei bestehenden Unternehmen und im Bereich von 85% bei Existenzgründungen. Bei speziellen Vorhaben (z.B. bei Förderungen über das ERP-Innovationsprogramm) ist es sogar möglich, bis zu 100% öffentlich zu finanzieren. In den neuen Bundesländern ist die Möglichkeit der Vollfinanzierung häufig gegeben.[619] Diese Zahlen machen deutlich, welche Möglichkeiten zur Mitnahme öffentlicher Gelder die Mittelstandsförderung bietet.

Grundsätzlich anders – als eine öffentliche Darlehensvergabe mit Besicherung über die Hausbank – muß die Wirkung einer Kreditvergabe beurteilt werden, bei der die öffentliche Hand auf die Stellung von Sicherheiten verzichtet. Ein gänzlicher Verzicht auf Sicherheiten ist im Rahmen der Mittelstandsförderung die Ausnahme.

Die Förderkonditionen des Eigenkapitalhilfeprogramms weisen diese Ausnahmeregelung auf.[620] Bei Darlehen dieser Art ist es grundsätzlich denkbar, daß ein Finanzierungsengpaß besteht, weil aufgrund unzureichender Sicherheiten keine Bank zur Gewährung eines Kredites bereit ist, und dieser Engpaß über einen öffentlichen Kredit beseitigt wird. Hinzu kommt, daß das Eigenkapitalhilfeprogramm im Vergleich zu Bankkrediten und selbst im Vergleich zu anderen öffentlichen Krediten äußerst günstige Konditionen bereit hält.[621]

Die Wahrscheinlichkeit, daß über das Eigenkapitalhilfeprogramm Anstoßeffekte bewirkt werden können, sollte daher im Vergleich zu anderen öffentlichen Darlehen relativ groß sein. Eine jüngere, empirischen Gemeinschaftsuntersuchung des *ifo* und *bifego* kommt dennoch für die Eigenkapitalhilfe auf Mitnahmeeffekte von ca. 20%.[622] Anhand der bisherigen Überlegungen läßt diese Zahl erahnen, mit welcher Größenordnung von Mitnahmeeffekten man bei anderen öffentlichen Krediten der Mittelstandsförderung zu rechnen hat.

Die „Eigenkapitalhilfe“ nimmt eine Zwischenstellung zwischen Eigen- und Fremdkapital ein. Der Kapitaldienst wird über Zinsen und nicht gewinnabhängig geleistet, was für eine Fremdfinanzierung spricht. Das Kreditausfallrisiko ist jedoch aufgrund der fehlenden Besicherung und der günstigen Tilgungsmodalitäten für den Kreditgeber so hoch, daß man die Eigenkapitalhilfe durchaus als Risiko-

---

619 Vgl. Klemmer, P. u.a.: Mittelstandsförderung, 1996, S. 197.

620 Zu den Förderkonditionen vgl. BMWi (Hrsg.): Erfolg, 1999, S. 4.

621 Kredite des ERP-Eigenkapital-Hilfeprogramms werden grundsätzlich in den ersten zwei Jahren zinslos gestellt. Danach wird der Zinssatz über Bundesmittel subventioniert, so daß deutlich unter dem marktüblichen Bedingungen liegende Zinsen zu zahlen sind. Das Darlehen ist in der Regel in den ersten 10 Jahren tilgungsfrei und wird danach in 20 gleichen Halbjahresraten getilgt. Auf Sicherheiten wird verzichtet. (Zu den Konditionen vgl. BMWi (Hrsg.): Förderung, 1998, S. 70 f.; DIHT, KPMG (Hrsg.): Fördermaßnahmen, 1997, S. 80 f)

622 Vgl. Breitenacher, M. u.a.: Existenzgründungspolitik, 1996, S.47 ff.

kapital klassifizieren kann. Es wird daher auf dieses Programm im Rahmen der Betrachtung der Eigenkapitalförderung noch einmal bezug genommen.

4.3.3.4 Außenfinanzierung durch Eigenfinanzierung

4.3.3.4.1 Quellen der Eigenfinanzierung

Eigenmittel können von außen über Einlagen oder Beteiligungen beschafft werden.[623] Im Rahmen der Beteiligungsfinanzierung erfolgt ein Zufluß von Mitteln durch neu hinzutretende Gesellschafter. Bei der Einlagenfinanzierung stellt hingegen der Inhaber des Unternehmens bzw. bereits vorhandene Gesellschafter zusätzliche Eigenmittel zur Verfügung.[624]

Die Mittel zur Einlagenfinanzierung stammen aus dem verfügbaren Privatvermögen des Unternehmers bzw. der Unternehmenseigner. Diese Form der Finanzierung ist also abhängig von der Höhe, der Art und der Verfügbarkeit von Vermögen des Unternehmers, daß außerhalb der betrachteten Unternehmung gehalten wird.[625] Da bei Kleinunternehmern häufig die Unternehmung selbst die wichtigste Einkunftsquelle darstellt,[626] hängt die Möglichkeit der Einlagenfinanzierung wiederum von der Situation und der Prosperität des Unternehmens ab.

Ob entnommene Gewinne tatsächlich in Form einer Einlage dem Unternehmen wieder zufließen oder ob sie außerhalb der Unternehmung verbleiben und hier in der einen oder anderen Form der Unternehmensfinanzierung dienen, hängt von unterschiedlichen Faktoren und nicht zuletzt auch von steuerlichen Überlegungen ab.[627] Festzuhalten ist aber, daß gerade bei Einzelunternehmungen und Personengesellschaften „ein beträchtlicher Teil der bei diesem Unternehmenskreis verfügbaren Finanzmittel nicht in der Bilanz erscheint, gleichwohl aber als Kreditsicherheit oder unmittelbar als finanzielle Reserve für betriebliche Belange zur Verfügung steht.“[628] Hinzu kommt, daß im Bereich der kleinen Kapital- und Personengesellschaften es nicht selten der Fall ist, daß Finanzmittel dem Unternehmen nicht als Einlage sondern in Form von Gesellschafterdarlehen zugeführt werden.[629] Die Grenzen zwischen der Einlagefinanzierung und der Selbstfinanzierung sind also fließend. Daher sei bezüglich der Fähigkeit von Handwerksun-

---

623 Siehe Abbildung 9: Finanzierungsquellen.
624 Vgl. Natermann, E.; Schönecker, L.: Finanzierung, 1995, 136 f.
625 Vgl. Wossidlo, P. R.: Finanzierung, 1990, S. 276.
626 Vgl. dazu auch Hamer, E.: Unternehmen 1987, S. 51 f.
627 Vgl. dazu die Ausführungen in dem vorangegangenen Kapitel.
628 Deutsche Bundesbank (Hrsg.): Jahresabschlüsse, 1993, S. 35.
629 Vgl. Deutsche Bundesbank (Hrsg.): Jahresabschlüsse, 1993, S. 35.

ternehmen zur Einlagenfinanzierung auf die Ausführungen zur Innenfinanzierung verwiesen.[630]

Eine Beteiligungsfinanzierung kann im Handwerk durch Mitarbeiter des Betriebes oder durch die Hereinnahme von externen Interessen (über tätige oder stille Teilhaberschaften) erfolgen. Weiterhin existiert in der Bundesrepublik eine institutionalisierte Form der Beteiligungsfinanzierung über Kapitalbeteiligungsgesellschaften. Alle drei Möglichkeiten werden im Handwerk nur wenig genutzt.[631] Auch allgemein kann festgestellt werden, daß Kleinunternehmen erhebliche Defizite bei der Beteiligungsfinanzierung aufweisen.[632] Gründe für diese Defizite lassen sich in erster Linie aus einem unzureichenden Zugang zum anonymen Kapitalmarkt und aus dem Finanzierungsverhalten von Kleinunternehmen ableiten.

4.3.3.4.2 Beteiligungsfinanzierung und Kapitalmarkt

Die Rechtsform der Aktiengesellschaft und der Börsengang lohnen sich aufgrund der damit verbundenen Kosten und der qualitativen Anforderungen erst ab einer bestimmten Unternehmensgröße. Diese Mindestgröße mag in der Bundesrepublik, wenn man sie quantifizieren muß, im Bereich von DM 2 Mio. Eigenkapital liegen.[633] Richtet man sich nach dieser Zahl, so ist eine Emission von Handwerksunternehmen aufgrund der geringen Größe in aller Regel nicht möglich.[634] Nicht umsonst firmieren Handwerksunternehmen fast ausschließlich in nicht-emissionsfähigen Rechtsformen.[635] Handwerksunternehmen ist der Zugang zu Beteiligungskapital über den anonymen Kapitalmarkt aufgrund ihrer kleinbetrieblichen Strukturierung versperrt. Daran hat auch die Einrichtung des „Neuen Marktes" oder die Einführung der „kleinen Aktiengesellschaft" nichts geändert.[636]

Die individuelle Beteiligungsfinanzierung bietet keine Alternative zur Beteiligungsfinanzierung über den anonymen Kapitalmarkt. Denn bei einer individuellen Beteiligungsfinanzierung entsteht erheblicher Informations- und Kontroll-

---

630 Vgl. Kapitel 4.3.3.2 dieser Untersuchung.

631 Vgl. Dürig, W. u.a.: Lage, 1995, S. 154.

632 Vgl. dazu die Jahresabschlußanalysen aus Deutsche Bundesbank (Hrsg.): Finanzierungsstrukturen, 1992, S. 34 ff. sowie Deutsche Bundesbank (Hrsg.): Jahresabschlüsse, 1993.

633 Vgl. Kleinheyer, N. u.a.: Finanzierung, 1998, S. 308.

634 Zur Größe von Handwerksunternehmen vgl. BMWi (Hrsg.): Unternehmensgrößenstatistik, S. 1997, 187 f.

635 Vgl. Dürig, W. u.a.: Lage, 1995, S. 150.

636 Vgl. Koch, W; Wegmann, J.: Mittelstand, 1998, S. 295 ff.; Francioni, R.; Gutschlag, T.: Markt, 1998, S. 32 ff.

bedarf, der durch individuelle Vertragsgestaltungen bewältigt werden muß. Problematisch ist dabei in aller Regel das Auftreten von Informationsasymetrie zwischen Kapitalnehmer und Kapitalgeber.[637]

Aufgrund seiner intimen Unternehmenskenntnis hat der Handwerksunternehmer einen Informationsvorsprung vor externen Eigenkapitalgebern. Für den Kapitalgeber besteht dadurch die Gefahr, daß der Handwerksunternehmer diese Information für seine Zwecke nutzt und den Kapitalgeber übervorteilt („Holdup" und „Moral Hazard").[638] Eine individuelle Beteiligung an einem Handwerksunternehmen birgt daher für den Kapitalgeber ein hohes und kaum kalkulierbares Risiko. Hinzu kommt, daß aufgrund von Informationsasymetrien individuelle Beteiligungen nur schwer wieder zu veräußern sind.[639] Aus diesen Gründen sind individuelle Beteiligungen an Handwerksunternehmen für externe Eigenkapitalgeber nur wenig attraktiv und kaum konkurrenzfähig im Vergleich zu anderen Anlageformen.[640]

Bei jungen Unternehmen und Existenzgründern kommt zu diesen Problemen noch erschwerend hinzu, daß ihnen die Reputation am Markt und damit die Basis für das Vertrauen der Kapitalgeber fehlt. Will ein Unternehmensgründer Kapitalgeber gewinnen, muß er Informationskapital aufbauen, d.h. er muß in Informationen investieren. Die Investition in junge Unternehmen ist daher in weit stärkerem Maße mit Kontrollkosten verbunden, als dies bei etablierten Unternehmen der Fall ist.[641]

Aus den oben dargestellten Gründen scheint es geboten, sich mit rahmenorientierten Maßnahmen zu beschäftigen, die den Zugang für kleine und junge Unternehmen zum Beteiligungskapitalmarkt verbessern. In der Forschung sind dazu in den letzten Jahren vermehrt Vorschläge gemacht worden.[642] Diese Vorschläge zielen auf Veränderungen

---

637 Vgl. dazu ausführlich Burchert, H.; Hering, T.; Hoffjan, A.: Probleme, 1998 sowie Neus, W.: Theorie, 1995.

638 Vgl. Burchert, H.; Hering, T.; Hoffjan, A.: Probleme, 1998, S. 244.

639 Vgl. Kleinheyer u.a.: Finanzierung, 1998, S. 299.

640 An dieser Stelle liegt ein wesentlicher Unterschied zwischen Beteiligungsfinanzierung und Kreditfinanzierung. Bei der Kreditfinanzierung gelingt eine Bewältigung von Informationsasymetrien über die Stellung von Kreditsicherheiten und über die Einschaltung von Banken als Finanz- und Informationsintermediäre (vgl. Schäfer, H.: Information, 1995).

641 Vgl. Breitenacher, M. u.a.: Existenzgründungspolitik, 1996, S. 26 sowie BMWi (Hrsg.): Risikokapital, 1996, S. 6.

642 Vgl. z.B. Pütz, P.; Willgerodt, H.: Recht, 1985; Albach, H.; Hunsdiek, D.; Kokalj, L.: Risikokapital, 1986, S. 64-264; Kommission „Zweiter Börsenmarkt": Börsenzugang, 1987; Schalek, E.: Eigenkapitalbeschaffung, 1988, S. 222-312; Nathusius, K.: Capital, 1990, S. 37; Nowak, R.: Aspekte, 1991, S. 191-230.

- des Gesellschaftsrechts (z.B. erleichterte Voraussetzungen zur Gründung einer Aktiengesellschaft),
- des Kapitalmarktrechts (z.B. Zulassung von Nicht-Banken als Emissionshäuser auf bestimmten Kapitalmarktsegmenten, Handel und Übertragbarkeit von GmbH und Kommanditistenanteilen),
- des Steuerrechts (z.B. rechtsformspezifische Gleichbehandlung aller Kapitalerträge, keine Besteuerung von Veräußerungsgewinnen im Privat- und Betriebsvermögen) und
- des Beteiligungsmarktes (z.B. Einrichtung von Beteiligungsgesellschaften als Kapitalsammelstellen, Bereitstellung von Investmentfonds für Anteile, die am geregelten Markt oder im Freiverkehr nicht handelbar sind).[643]

Eine Möglichkeit zur Verbesserung des Zugangs von jungen und kleinen Unternehmen zum Eigenkapitalmarkt liegt in der Einrichtung von Beteiligungsgesellschaften. Diese sind Finanzintermediäre, die Eigenkapital zwischen Kapitalgebern und Kapitalnehmern vermitteln und dabei Kapitalgebern eine Risikostreuung ermöglichen.[644] Speziellen Gesellschaften (Venture-Capital-Gesellschaften) kommt die Aufgabe zu, Risikokapital an technologieorientierte, innovative Unternehmensgründungen zu vermitteln.[645]

Im Unterschied zu anderen Ländern – z.B. den USA – kommt der Finanzierung über Beteiligungsgesellschaften bis heute in der Bundesrepublik eine nur geringe Bedeutung zu.[646] Dafür bestehen unterschiedliche Ursachen. In der Bundesrepublik existiert keine „Beteiligungskultur". Es finden sich trotz hoher Erträge zu wenig Kapitalgeber, die bereit sind Risiken einzugehen und in kleine und junge Unternehmen zu investieren.[647] Dies ist ein Problem, daß generell mit dem Sparverhalten und der Altersvorsorge von Haushalten in der Bundesrepublik zusammenhängt und sich nur langfristig ändern läßt.

Hinzu kommt, daß auch Beteiligungsgesellschaften sich den oben dargestellten Informationsproblemen und -asymetrien nicht entziehen können.[648] Gerade bei handwerkstypischen kleinen Unternehmensgründungen verringert der erhebliche Prüfungs- und Betreuungsaufwand, den eine Finanzierung über eine Kapi-

---

643 Vgl. Breitenacher, M. u.a.: Existenzgründungspolitik, 1996, S. 40.
644 Vgl. Theis, M. M.: Beteiligungsgesellschaften, S. 152; Trobitz, H. H.:; Wilhelm, S.: Eigenkapital, 1998, S. 252.
645 Vgl. dazu Breuer, R.-E.: Capital, 1997; Breuel, B.: Capital, 1988 sowie Schneider, J.: Gründungsfinanzierung, 1988, S. 121 ff.
646 Vgl. BMWi (Hrsg.): Risikokapital, 1996; Breuer, R.-E.: Capital, 1997, S. 324; Gutowski, K.; Schaudwet, C.; Gersemann, O.: Economy, 2000, S. 52.
647 Vgl. Breuer, R.-E.: Capital, 1997, S. 326.
648 Vgl. Neus, W.: Theorie, 1995, S. 116 ff.

talbeteiligungsgesellschaft bedeutet, die Attraktivität der Beteiligungsfinanzierung im Vergleich zu anderen Finanzierungsformen.[649]

So wurden 1994 lediglich 250 Unternehmensgründungen durch öffentliche und private Beteiligungsgesellschaften begleitet.[650] Nach Angaben *des Bundesverbandes Deutscher Kapitalgesellschaften* kommt es lediglich bei ein bis drei Prozent der Anfragen kapitalsuchender Unternehmen oder Gründer zu einem Beteiligungsvertrag.[651] Weiterhin wird ausgeführt, daß sich Finanzierungen mit Venture-Capital an Unternehmen mit hohen Wachstumspotential richten, nicht jedoch an die Mehrzahl der Kleinunternehmen und Unternehmensgründungen, die in erster Linie der Sicherung der Existenz der Gründer und ihrer Familien dienen.[652] Die Beteiligungsfinanzierung ist daher in ihrer jetzigen Form kaum dazu geeignet, Eigenkapitallücken in der Breite des gesamten Handwerks zu schließen.

4.3.3.4.3 Beteiligungsfinanzierung und Finanzierungsverhalten

Die Ursachen für eine geringe Verbreitung der Beteiligungsfinanzierung liegen jedoch nicht nur auf der Seite des Kapitalmarktes bzw. der Kapitalgeber, sondern auch auf der Seite des Handwerks. Im Handwerk ist ein Finanzierungsverhalten verbreitet, daß Beteiligungskapital meidet und Fremdkapital bevorzugt.[653] Ein Grund dafür liegt in der steuerlichen Bevorzugung von Fremdkapital im Vergleich zu Eigenkapital.[654]

Ein anderer Grund liegt in der Mentalität und Denkweise von Handwerksunternehmern. Diese Denkweise ist von einem starken und relativ unreflektierten Unabhängigkeitsstreben geprägt.[655] Sie bringt den Mitsprache- und Kontrollrechten, die eine Beteiligungsfinanzierung verursacht, eine erhebliche Skepsis entgegen. Eine Stärkung der unternehmerischen Autonomie wird dadurch häufig nicht erreicht, denn es besteht die Gefahr, daß durch Ausweichen auf andere Finanzierungsformen auch die Abhängigkeit von anderen Kapitalgebern, wie Banken und Lieferanten, verstärkt wird. Es ist daher nicht zu kurz gegriffen, wenn

---

649 Zu Vorgehen und Informationsgewinnung von Beteiligungsgesellschaften bei der Kreditvergabe vgl. Theis, M.: Beteiligungsgesellschaften, 1995, S. 155 ff.

650 Vgl. BMWi (Hrsg.): Risikokapital, 1996, S. 7.

651 Vgl. Hertz-Eichenrode, A.: Bedeutung, 1998.

652 Vgl. Hertz-Eichenrode, A.: Bedeutung, 1998.

653 Vgl. Wossidlo, P. R.: Finanzierung, 1990, S. 281 sowie Breuel, B.: Capital, 1988, S. 591.

654 Ein Vergleich der unterschiedlichen Steuerwirkungen von Eigen- und Fremdfinanzierung findet sich bei Schneeloch, D.: Besteuerung, 1994, S. 151 ff.

655 Vgl. Wossidlo, P. R.: Finanzierung, 1990, S. 281.

man die Skepsis von Handwerksunternehmern gegenüber einer Finanzierung durch Beteiligungsgesellschaften als Problem eines unreflektierten Finanzierungsverhalten ansieht.[656]

Es ist relativ schwer zu beurteilen, ob die Defizite bei der Beteiligungsfinanzierung im Handwerk überwiegend auf das Finanzierungsverhalten von Handwerksunternehmen oder auf Probleme des Beteiligungskapitalmarktes beruhen. Handwerksunternehmen nutzen, trotz der grundsätzlichen Möglichkeit der Inanspruchnahme, Beteiligungskapitalgesellschaften nur selten.[657] Dies kann als Indiz dafür gewertet werden, daß das Finanzierungsverhalten von Handwerksunternehmen keine untergeordnete Rolle spielt, wenn es um Defizite bei der Beteiligungsfinanzierung geht. Zumindest bei bestehenden Handwerksunternehmen scheint der Problemdruck – aufgrund einer relativ guten Situation bei der Innenfinanzierung und einem unkomplizierten Zugang zu Bankkrediten – nicht so groß zu sein, daß (vermeintliche) Nachteile der Beteiligungsfinanzierung in Kauf genommen werden. Zur Klärung der oben aufgeworfenen Fragestellung soll daher im folgenden Kapitel die Ausstattung des Handwerks mit Eigenmitteln betrachtet werden.

4.3.3.4.4 Die Ausstattung des Handwerks mit Eigenmitteln

Bei einem Vergleich der Eigenmittelausstattung von Unternehmen unterschiedlicher Größe treten erhebliche Schwierigkeiten auf. Problematisch ist bereits die Feststellung der Höhe des Eigenkapitals eines Unternehmens. Speziell bei Kleinunternehmen des Handwerks tritt erschwerend auf, daß Teile der Eigenmittel im Privatvermögen gehalten werden und sich damit Bilanzanalysen entziehen. Diese sind dann nicht in der Lage, die Eigenmittel der Unternehmung korrekt zu bestimmen.

Aber auch wenn Eigenkapitalquoten hinreichend genau festgestellt und verglichen werden könnten, sollte man skeptisch in Hinblick auf die daraus gezogenen Schlußfolgerungen sein. Vergleiche der Eigenmittelausstattung von Unternehmen unterschiedlicher Branche oder Größe sind problematisch, da nicht geklärt ist, welche Eigenmittelausstattung optimal ist und welche bereits als kritisch angesehen werden muß. Dies hängt von einer Vielzahl unterschiedlicher Faktoren ab; nicht zuletzt von dem Insolvenzrisiko des speziellen Unternehmens und der Risikobereitschaft des einzelnen Unternehmers.

---

656 Vgl. Wossidlo, P. R.: Finanzierung, 1990, S. 281.

657 Vgl. Dürig, W.: Lage, 1995, S. 154; Breitenacher, M. u.a.: Existenzgründungspolitik, 1996, S. 38 f.

Betrachtet man trotz dieser Einwendungen Vergleichsanalysen der Deutschen Bundesbank zur Eigenmittelausstattung von Unternehmen unterschiedlicher Größe, so trifft man auf folgende Ergebnisse: Die Eigenkapitalausstattung verschlechtert sich mit sinkender Größe der Unternehmen. Die Eigenmittelquote liegt danach bei kleinen Unternehmen (bis zu DM 10 Mio. Jahresumsatz) bei 17,5%, bei mittleren Unternehmen bei 17,7% und bei Großunternehmen (über DM 100 Mio. Jahresumsatz) bei 27,2%.[658] Anhand von Zahlen der Unternehmensgrößenstatistik läßt sich zeigen, daß über alle Branchen die Eigenmittelquote durch größenklassenbedingte Unterschiede geprägt ist; geringe Eigenmittel in den unteren Größenklassen werden jedoch durch eine wesentlich höhere Eigenmittelrentabilität ausgeglichen.[659]

Allerdings weist die Deutsche Bundesbank selbst darauf hin, daß Bilanzanalysen die Eigenmittelausstattung von Kleinunternehmen nur rudimentär wiedergeben können.[660] Wie bereits geschildert, ist in dieser Größenklasse davon auszugehen, daß nicht geringe Anteile der Eigenmittel aus steuerlichen Überlegungen heraus im Privatvermögen gehalten werden und sich damit der Bilanzanalyse entziehen. Diesen Sachverhalt sollte man nicht außer Acht lassen, wenn im folgenden in Tabelle 10 die Eigenkapitalquoten einiger Handwerkszweige dargestellt werden.

Die Tabelle zeigt, daß sich die Eigenmittelausstattung im Handwerk im Zeitablauf verschlechtert hat, was allerdings ein gesamtwirtschaftliches Phänomen und nicht speziell ein Problem des Handwerks ist.[661] Im Gegenteil, die oben dargestellten Zahlen machen deutlich, daß die Eigenmittelsituation im Handwerk so schlecht nicht ist.[662] Auffallend ist vor allem, daß gerade in Gewerbezweigen des Handwerks, in denen eine hohe Beschäftigungsexpansion aufgetreten ist, auch eine relativ gute Eigenmittelausstattung vorhanden ist. Dies trifft z.B. auf das Kfz-Mechanikerhandwerk und auf die Elektroinstallateure zu.

Die relativ gute Eigenmittelsituation in bestehenden Handwerksunternehmen kann jedoch nicht auf handwerkliche Unternehmensgründungen verallgemeinert werden. Anders als bei etablierten Unternehmen steht bei Existenzgründungen

---

658 Vgl. Deutsche Bundesbank (Hrsg.): Finanzierungsstrukturen, 1992, S. 34.

659 Vgl. Clemens, R. u.a.: Unternehmensgrößenstatistik, 1997, S. 205 ff.

660 Vgl. Deutsche Bundesbank (Hrsg.): Jahresabschlüsse, 1993, S. 35.

661 Vgl. Hansen, H.: Kapitalstruktur, 1996, S. 328.

662 Eine ältere Untersuchung von Heinrich stützt diese These. Hier wird festgestellt, daß das Handwerk im Vergleich zu anderen Wirtschaftsbereichen über relativ gute Eigenkapitalquoten verfügt (vgl. Heinrich, D.: Finanzierungsproblematik, 1985, S. 184).

die Innenfinanzierung nicht als Quelle zur Versorgung des Unternehmens mit Eigenkapital zur Verfügung.[663]

Tabelle 10: Eigenkapitalquoten ausgewählter Handwerkszweige in Nordrhein-Westfalen[664]

Handwerkszweig	Eigenkapitalquote		
	1970-1972	1981-1983	1989-1991
Schumacher	43,9	35,5	38,2
Maschinenbauer	46,2	39,9	36,2
Elektroinstallateure	42,5	28,2	28,1
Zimmerer	44,0	31,0	27,5
Tischler	40,0	27,6	26,7
Kfz-Mechaniker	36,5	29,4	26,4
Dachdecker	42,0	36,8	25,0
Schlosser, Metallbauer	32,1	19,5	23,7
Maler	41,1	31,4	23,6
Fleischer	46,2	25,6	13,7
Sanitär- und Heizungsbauer	36,8	20,8	12,6
Maurer und Straßenbauer	17,3	12,6	11,1
Friseure	36,7	29,1	13,2
Bäcker	50,2	25,4	-

Hinzu kommt, daß die Fremdfinanzierung über Banken schwierig sein wird, so lange keine Eigenmittel zur Verfügung stehen. Gerade bei der Finanzierung von Unternehmensgründungen sind Sicherheiten für Banken von zentraler Bedeutung.[665] Banken können im Vergleich zu bestehenden Unternehmen nur auf wenig Informationen über das Gründungsprojekt zurückgreifen, was das Risiko eines Kreditausfalls erhöht.[666] Die Ausstattung mit Fremdmitteln ist daher bei Gründern relativ stark an der Ausstattung mit Eigenmitteln gekoppelt. Diese müssen aufgrund eines geringen Privatvermögens bei jungen Existenzgründern in der Regel von Außen, d.h. über die Beteiligungsfinanzierung, beschafft werden.[667] Probleme bei der Beteiligungsfinanzierung führen daher bei Existenz-

663 Vgl. dazu die Ausführungen in Kapitel 4.3.3.2 dieser Arbeit.

664 Eigenkapitalquote in % der Bilanzsumme, jeweils Jahresdurchschnitte. Die Daten dieser Tabelle wurden entnommen aus RWI (Hrsg.): Lage, 1995, S. 155.

665 Vgl. Riebell, C.: Bilanz, 1995, S. 200 f.

666 Vgl. Breitenacher, M. u.a.: Existenzgründungspolitik, 1996, S. 26 sowie BMWi (Hrsg.): Risikokapital, 1996, S. 6.

667 Vgl. dazu die Ausführungen in Kapitel 4.3.3.2.2 dieser Arbeit.

gründern auch zu Finanzierungsengpässen. Im Handwerk wird diese Problematik allerdings durch einige Sachverhalte abgemildert, wenn auch nicht gänzlich behoben.

Erstens ist der Kapitalbedarf bei Existenzgründungen im Handwerk im Vergleich zu anderen Branchen relativ gering.[668] Dies kann auf eine geringe Startgröße und eine arbeitsintensive Leistungserstellung im Handwerk zurückgeführt werden. Ein relativ geringer Kapitalbedarf bei Gründungen im Handwerk läßt sich anhand der Fördermittel pro Gründungsfall des Eigenkapitalhilfeprogramms und des ERP-Existenzgründungsprogramms zeigen. So lagen z.B. 1995 die Höhe der Fördermittel aus dem Eigenkapitalhilfeprogramm pro Förderfall in der Industrie mit ca. DM 181.500 mehr als dreimal so hoch wie im Handwerk mit ca. DM 55.600. In einer ähnlichen Größenordnung liegen die Verhältnisse zwischen Industrie und Handwerk in bezug auf Mittel aus dem ERP-Existenzgründungsprogramm mit DM 240.500 zu DM 79.000. Aber auch im Vergleich zum Dienstleistungsgewerbe, den freien Berufen und dem Handel weisen geringere Förderbeträge pro Fall bei beiden genannten Programmen auf einen relativ geringen Kapitalbedarf bei Existenzgründungen im Handwerk hin.[669]

Zweitens ist der Fall einer mit hohem Risiko verbundenen, technologieorientierten Unternehmensgründung im Handwerk wohl eher als Ausnahme denn als Regelfall anzusehen.[670] Dadurch ist die Funktion des Eigenkapitals als Risikopuffer bei Gründungen im Handwerk nicht so bedeutsam, wie bei Gründungen, die neben einem allgemeinen Marktrisiko auch noch ein technologisches Risiko aufweisen.[671]

Und drittens: Bei Existenzgründungen ist zwischen einer originären Gründung und der Übernahme eines bereits bestehenden Betriebes zu unterscheiden. Die Übernahme eines bestehenden, elterlichen Betriebes könnte Eigenkapitalprobleme von Jungunternehmern im Handwerk verringern.[672] Bei der Übernahme von Familienbetrieben durch natürliche Erben wird es nicht selten der Fall sein, daß den Nachkommen, quasi im Zuge einer vorweggenommenen Erbfolge, rela-

668 Vgl. Breitenacher, M. u.a.: Existenzgründungspolitik, 1996, S. 17.

669 Zu diesen Daten vgl. Klemmer, P. u.a.: Mittelstandsförderung, 1996, S. 117 f.

670 Sicherlich sind auch Handwerksunternehmen an der Entwicklung neuer Technologien beteiligt, was vor allem in Bereichen der Fall sein wird, in denen Handwerksunternehmen eine Rolle als Zulieferer der Industrie übernehmen. Typisch ist das Auftreten von Technologieunternehmen im Handwerk allerdings nicht. Handwerksunternehmen treten eher als Anwender denn als Entwickler neuer Technologien auf (vgl. Dürig, W. u.a.: Lage, 1995, S. 156 ff.; Albach, H.: Deregulierung, 1992, S. 11 ff.).

671 Vgl. Ewers, H.-J.; Wein, T.: Begründungszusammenhang, 1993, S. 5 ff.

672 Zu den speziellen Problemen einer Nachfolge durch natürliche Erben vgl. Angermann, T.: Unternehmensnachfolge, 1990, S. 415-417.

tiv günstige Übernahmemodalitäten eingeräumt werden. Weiterhin ist bei der Übernahme eines bereits etablierten Betriebes mit einem festen Kundenstamm das Risiko von Anfangsverlusten geringer als bei einer originären Existenzgründung.[673]

In jüngerer Zeit kommt einer Fortführung von Handwerksunternehmen als reinem Familienunternehmen eine abnehmende Bedeutung zu, obwohl es mehr als ein Drittel aller Betriebsinhaber begrüßen würde, wenn ein Familienmitglied das Unternehmen weiterführen würde.[674] So verfügen nach Angaben des Zentralverbands des deutschen Handwerks in Deutschland im Durchschnitt bereits 46,6% aller Handwerksunternehmen über keinen familiären Nachfolger.[675] Im Umkehrschluß bedeutet dies jedoch, daß auch heute noch ein beachtlicher Anteil von Handwerksunternehmen die Nachfolge innerhalb der Familie regelt.

4.3.3.4.5 Finanzierungshilfen zur Förderung der Eigenfinanzierung

Betrachtet man die Ergebnisse der vorangegangenen Kapitel, so läßt sich feststellen, daß Finanzierungsengpässe von Kleinunternehmen des Handwerks in erster Linie auf Defizite bei der Beschaffung von Eigenmitteln zurückzuführen sind. Zudem konnte gezeigt werden, daß Finanzierungsengpässe weniger bei bestehenden Handwerksunternehmen als vielmehr bei Unternehmensgründungen auftreten. Die Struktur der Mittelstandsförderung ist darauf nur zum Teil ausgerichtet. Ein Großteil der Finanzierungshilfen der Mittelstandsförderung beschäftigt sich mit der Förderung von Existenzgründungen.[676] Allerdings ist der überwiegende Teil der Maßnahmen nicht auf eine Förderung von Eigenkapital ausgerichtet, sondern bezieht sich auf die Bereitstellung von zinsvergünstigten öffentlichen Darlehen.[677]

Im Vergleich zur Bedeutung öffentlicher Darlehen ist die Förderung von Beteiligungskapital im Rahmen der Mittelstandsförderung eher von untergeordneter Bedeutung. Auf Bundesebene existieren dazu unterschiedliche Maßnahmen. So ist es z.B. auf Antrag möglich, daß Beteiligungen von Kapitalbeteiligungsgesell-

673 Die Möglichkeit einen bestehenden Kundenstamm zu übernehmen, stellt einen Vorteil einer Betriebsübernahme gegenüber einer originären Existenzgründung dar. Dieser Vorteil kann dazu beitragen, Anlaufverluste zu verhindern. Ihm stehen jedoch auch Probleme gegenüber, die typischerweise bei der Betriebsübernahme auftreten und bei Neugründungen in dieser Form nicht zu beobachten sind (vgl. dazu Neumann, R.: Betriebsübernahme, 1996, insbes. S. 45).

674 Vgl. Dürig, W. u.a.: Lage, 1995, S. 152 f.

675 Vgl. Neumann, R.: Betriebsübernahme, 1996, insbes. S. 45.

676 Vgl. Kapitel 2.4.2.2 dieser Arbeit.

677 Vgl. Klemmer, P. u.a.: Mittelstandsförderung, 1996, S. 82.

schaften an Kleinunternehmen subventioniert werden.[678] Hinzu kommen Sonderprogramme für junge Unternehmen und Technologieunternehmen, wie das Programm „Beteiligungskapital für kleine Technologieunternehmen".[679] Ergänzt werden diese Maßnahmen durch Programme der EU und der Bundesländer. Die Europäische Union bietet z.B. eine Förderung von Seed-Capital und Venture-Capital-Fonds an. In einigen Bundesländern bestehen öffentliche Kapitalbeteiligungsgesellschaften, die sich an Kleinunternehmen des jeweiligen Landes beteiligen.[680]

Die öffentlich geförderte Beteiligungsfinanzierung teilt das Schicksal der privaten Beteiligungsfinanzierung . Sie wird von Kleinunternehmen des Handwerks kaum genutzt.[681] Die Hauptgründe für diesen Sachverhalt wurden bereits genannt: Ein hoher Prüfungs- und Kontrollaufwand von Eigenkapitalgebern aufgrund von Informationsasymetrien zwischen Kapitalgebern und -nehmern in Verbindung mit geringen Investitionsvolumina im Handwerk, eine steuerliche Benachteiligung der Beteiligungsfinanzierung im Vergleich zur Fremdfinanzierung und eine im Handwerk weitverbreitete Skepsis gegenüber der Beteiligungsfinanzierung.

Hinzu kommt jedoch noch ein weiterer Punkt, der bisher nicht angesprochen wurde. Zur Schließung der Eigenkapitallücke bei Existenzgründern im Handwerk hält die Mittelstandsförderung mit dem Eigenkapitalhilfeprogramm ein äußerst attraktives Instrument bereit. Die (vermeintliche) Unattraktivität der Beteiligungsfinanzierung aus der Sicht des Handwerks muß daher auch in Relation zu den äußerst günstigen Konditionen des Eigenkapitalhilfeprogramms gesehen werden.

Dieser Zusammenhang wird deutlich, wenn man die Investitionen von Beteiligungsgesellschaften in Unternehmensgründungen den Bewilligungen des Eigenkapitalhilfeprogramms gegenüberstellt. Im Jahr 1992 investierten Kapitalbeteiligungsgesellschaften ca. DM 354 Mio. in 222 Existenzgründungen. Im gleichen Jahr wurden im Rahmen des Eigenkapitalhilfeprogramms ca. DM 3.836 Mio. bewilligt, wobei 39.172 Existenzgründungen gefördert wurden.[682] Es ist daher zu kurz gegriffen, wenn man die Existenz des Eigenkapitalhilfeprogramms allein damit begründet, daß dem Handwerk aus der Beteiligungsfinanzierung kaum Mittel zufließen. Zumindest zum Teil ist die (relative) Unattraktivität der Beteili-

---

678 Vgl. DIHT; KPMG (Hrsg.): Fördermaßnahmen, 1997, S. 82.

679 Vgl. BMWi (Hrsg.): Förderung, 1998, S. 25.

680 Vgl. Arbeitsgruppe des Bundes und der Länder: Verbesserung, 1995, S. 5 f.

681 Vgl. Klemmer, P. u.a.: Mittelstandsförderung, 1996, S. 68; Dürig, W. u.a.: Lage, 1995, S. 154.

682 Vgl. Breitenacher, M. u.a.: Existenzgründungspolitik, 1996, S. 38.

gungsfinanzierung für Handwerksunternehmen auch auf die äußerst günstigen Konditionen des Eigenkapitalhilfeprogramms zurückzuführen.

Zusammenfassend läßt sich feststellen, daß vorhandene Eigenkapitallücken bei Existenzgründungen im Handwerk durch Mittel aus dem Eigenkapitalhilfeprogramm geschlossen werden. Darauf weisen auch der hohe Anteil des Handwerks an den gesamten bewilligten Mitteln dieses Programms und die Vielzahl der über Eigenkapitalhilfe geförderten Gründungen im Handwerk hin.[683] Das ERP-Eigenkapitalhilfeprogramm stellt strenggenommen keine Eigenmittel für das geförderte Unternehmen zur Verfügung, sondern ist als öffentliches Darlehen zu klassifizieren. Dies läßt sich daran erkennen, daß der Kapitaldienst über Zinsen und nicht gewinnabhängig erfolgt und das Darlehen zu tilgen ist.[684]

Dennoch ist das Eigenkapitalhilfeprogramm dazu geeignet, Eigenkapitallükken bei Existenzgründungen im Handwerk zu schließen. Dies liegt in erster Linie daran, daß für ein Darlehen aus dem Eigenkapitalhilfeprogramm keine Sicherheiten zu leisten sind. Bei Vergabe eines Darlehens dieses Programms soll der Darlehensnehmer über 15% Eigenmittel für die Existenzgründung verfügen. In diesem Fall können weitere 25% der Gründungsinvestition haftungsfrei durch das Eigenkapitalhilfeprogramm finanziert werden. Im Ergebnis bedeutet dies, daß 40% der Gesamtinvestition über Mittel finanziert wird, die kein Haftungspotential verbrauchen.[685] Bei dieser Voraussetzung sollte es dem Existenzgründer nicht schwer fallen, die restlichen 60% der Gründungsinvestition über banküblich abzusichernde Darlehen, wie Hausbankkredite und Darlehen der Mittelstandsförderung, zu finanzieren.

Dem letzten Fall – also der Kumulation von Mitteln aus dem Eigenkapitalhilfeprogramm mit anderen Darlehen der Mittelstandsförderung – kommt bei Existenzgründungen von Kleinunternehmen des Handwerks eine große Bedeutung zu. So werden in den alten Bundesländern ca. 85% des Finanzmittelbedarfs von Gründungsinvestitionen durch öffentliche Kassen gedeckt. In den neuen Bundesländern besteht sogar häufig die Möglichkeit der Vollfinanzierung.[686] Die Finanzierungsfunktion des Eigenkapitalhilfeprogramms geht jedoch noch über die Außenfinanzierung hinaus. Da das Programm äußerst günstige Konditionen aufweist – wie z.B. einen Verzicht auf Zinszahlungen in den ersten beiden Jahren, eine Zinsvergünstigung bis zum fünften Jahr und eine Tilgungsfreistellung in den

683 Vgl. dazu Kapitel 2.4.3.3 dieser Arbeit.
684 Vgl. auch DIHT; KPMG (Hrsg.): Fördermaßnahmen, 1997, S. 80 f.
685 Vgl. BMWi (Hrsg.): Förderung, 1998, S. 67 ff.
686 Vgl. Klemmer, P. u.a.: Mittelstandsförderung, 1996, S. 197.

ersten zehn Jahren[687] – verbessert dieses Programm den Spielraum der Innenfinanzierung.

Zusammenfassend läßt sich daher feststellen: Das Eigenkapitalhilfeprogramm ist aufgrund seiner äußerst günstigen Konditionen und seiner quantitativen Bedeutung dazu geeignet, Finanzierungsengpässe bei Existenzgründungen im Handwerk zu schließen. Aus diesem Grund kann man davon ausgehen, daß das Eigenkapitalhilfeprogramm Gründungsinvestitionen im Handwerk anstößt und darüber Beschäftigung im Handwerk schafft.

Allerdings stellt das Eigenkapitalhilfeprogramm lediglich eine second-best-Lösung für Eigenkapitallücken bei handwerklichen Existenzgründungen dar. Die Ursachen für Defizite bei der Eigenkapitalakquisition liegen im Beteiligungskapitalmarkt, in steuerlichen Rahmenbedingungen und im Finanzierungsverhalten von Kleinunternehmern. An diesen Ursachen sollte eine Verbesserung der Eigenkapitalprobleme ansetzen. Bis zu einer solchen first-best-Lösung kann dem Eigenkapitalhilfeprogramm die Aufgabe zufallen, bestehende Finanzierungsengpässe zu schließen. Ungerechtfertigt ist es jedoch, den Einsatz des Eigenkapitalhilfeprogramms allein damit zu begründen, daß die Nutzung von Beteiligungskapital in Kleinunternehmen des Handwerks kaum verbreitet ist. Gerade die große Attraktivität des Eigenkapitalhilfeprogramms in Kumulation mit anderen öffentlichen Darlehen verringert die Notwendigkeit für Handwerksunternehmer, sich mit dem Einsatz von Beteiligungskapital aktiv auseinanderzusetzen.

4.3.4 Fazit: Liquiditätseffekt und Investitionsanstoß

In den vorangegangenen Kapiteln wurde der Frage nachgegangen, ob durch Liquiditätseffekte von Finanzierungshilfen der Mittelstandsförderung ein nachhaltiger Anstoß auf die Investitionstätigkeit in Handwerksunternehmen bewirkt werden kann. Zur Beantwortung dieser Frage ist es zweckmäßig, zwischen bestehenden Handwerksunternehmen und Unternehmensneugründungen zu unterscheiden.

In bestehenden Handwerksunternehmen treten Finanzierungsprobleme auf, die strukturell, d.h. durch die Betriebsgröße, bedingt sind. Meines Erachtens sind diese Probleme jedoch in bestehenden Handwerksunternehmen nicht so stark, als daß man aus ihnen Finanzierungsengpässe ableiten kann. Für diese These spricht die verhältnismäßig gute Situation bei der Innenfinanzierung, die sich in relativ günstigen Eigenkapitalquoten im Handwerk niederschlägt. Hinzu kommt, daß im Handwerksdurchschnitt, im Vergleich zu anderen Wirtschaftsbereichen, ein ge-

687 Vgl. zu den Konditionen DIHT; KPMG (Hrsg.): Fördermaßnahmen, 1997, S. 80 sowie BMWi (Hrsg.): Förderung, 1998, S. 67 ff.

ringer Kapitalbedarf existiert und im Handwerk wenig kapitalintensiv gefertigt wird. Diese Sachverhalte senken grundsätzlich die Bedeutung von Finanzierungsproblemen für das Unternehmenswachstum im Handwerk. Meines Erachtens kann daher durch Liquiditätseffekte von Finanzierungshilfen in bestehenden Handwerksunternehmen kein nachhaltiger Anstoß auf Investition und Beschäftigung bewirkt werden. Mitnahmeeffekte sollten hier überwiegen.

Finanzierungsprobleme werden im Handwerk in erster Linie durch ein unzureichendes Finanzierungsverhalten verursacht. Wenn man die Wettbewerbsfähigkeit des Handwerks über die Beseitigung von Finanzierungsproblemen stärken will, so sollte man daher im Sinne einer First-Best-Lösung versuchen, das Finanzierungsverhalten von Handwerksunternehmen zu verbessern. Dazu bietet sich eine stärkere betriebswirtschaftliche Fundierung der Meisterausbildung an. Diese ist als Ursachentherapie einer Korrektur von Symptomen über Finanzierungshilfen vorzuziehen.

Im Vergleich zu Finanzierungshilfen hat eine Verbesserung der Meisterausbildung auch aus beschäftigungspolitischer Sicht Vorteile. Da sie eine Förderung von Humankapital bedeutet, sind keine negativen Substitutionseffekte auf die Beschäftigung zu befürchten. Weiterhin greift sie nicht wie eine Subventionierung interventionistisch und diskriminierend in den Wettbewerbsprozeß ein, was negative Effekte auf Strukturwandel und Beschäftigung vermeidet.[688]

In bezug auf das Finanzierungsverhalten gilt für Unternehmensgründer das gleiche, wie für bestehende Handwerksunternehmen. Hier wie dort erschwert das Finanzierungsverhalten die Beschaffung finanzieller Mittel; mit negativen Effekten auf Investition und Beschäftigung. Auch bei Unternehmensgründungen ist daher die Verbesserung des Finanzierungsverhaltens eine Möglichkeit Finanzierungsprobleme zu vermeiden und die Bedingungen für Investitionen zu verbessern.

Im Gegensatz zu bestehenden Handwerksunternehmen scheint dieses Maßnahmenbündel jedoch nicht ausreichend zu sein und zwar aus folgendem Grund: Sowohl bestehende Handwerksunternehmen als auch Unternehmensgründer haben grundsätzlich Defizite bei der Beschaffung von Eigenmitteln. Bei bestehenden Handwerksunternehmen können diese Probleme jedoch durch eine relativ gute Situation bei der Selbstfinanzierung und bei der Fremdfinanzierung ausgeglichen werden, so daß Finanzierungsengpässe hier eher selten sein sollten.

Bei jungen Unternehmen und Existenzgründungen ist dies anders. Diese Gruppe verfügt in der Regel über kein nennenswertes Vermögen, das in das Gründungsprojekt investiert werden oder als Sicherheit zur Fremdkapitalbeschaffung dienen könnte. Auch aus der Selbstfinanzierung fließen aufgrund fehlender

688 Vgl. dazu Kapitel 4.4.2 dieser Arbeit.

Gewinne in der Regel noch keine Eigenmittel zu. Ferner verfügen junge Unternehmen und Existenzgründer über keine oder wenig Reputation bei Fremdkapitalgebern, weil es ihnen schlicht an einem Ruf als Unternehmer mangelt. Unternehmensgründungen sind daher in der Regel auf externes Eigenkapital angewiesen.

Aufgrund eines unzureichenden Beteiligungskapitalmarktes für junge Unternehmen kann dieses in der Bundesrepublik jedoch (noch) nicht über den Kapitalmarkt beschafft werden. Es liegt nahe, an den Ursachen anzusetzen und durch rahmenorientierte Maßnahmen einen funktionierenden Beteiligungskapitalmarkt in der Bundesrepublik zu schaffen. Es ist strittig, ob Tatbestände des Marktversagens dieses Vorhaben erschweren bzw. sogar unmöglich machen oder es bislang nur an den geeigneten Rahmensetzungen fehlt.[689]

Auch wenn der Gesetzgeber dazu in der Lage ist, durch geeignete rahmenorientierte Maßnahmen einen funktionierenden Beteiligungskapitalmarkt für junge Unternehmen zu schaffen, so beansprucht dies Zeit. Dies ist auch deshalb der Fall, weil sich dazu das Verhalten breiter Anlegerschichten in der Bundesrepublik verändern und sich dem Verhalten von Kapitalanlegern in anderen Ländern, wie etwa den USA, angleichen müßte. Zumindest temporär kann daher einer öffentlichen Eigenkapitalförderung in der Bundesrepublik die Aufgabe zukommen, Finanzierungsengpässe in jungen Unternehmen zu beseitigen.

Dies gilt auch für das Handwerk. Die Probleme bei der Eigenkapitalbeschaffung haben im Handwerk sicherlich nicht die Bedeutung für Gründungsinvestitionen, wie im Fall relativ kapitalintensiver und riskanter Unternehmensneugründungen im Hochtechnologiebereich. Probleme bei der Eigenmittelbeschaffung werden durch spezielle Charakteristika von Handwerkunternehmen zwar abgemildert aber letztlich nicht beseitigt. Auch im Handwerk lassen sich Finanzierungsengpässe feststellen, die sich negativ auf Gründungsinvestitionen auswirken. Diese liegen im Bereich der Eigenkapitalbeschaffung und sollten daher auch hier bekämpft werden. Bis ein funktionierender Kapitalmarkt für junge Unternehmen existiert, über den auch Handwerksunternehmen Zugang zu Beteiligungskapital haben, kann daher einer öffentlichen Eigenkapitalförderung eine Beseitigung von Finanzierungsengpässen zugesprochen werden.

---

689 Vgl. zu diesem Problembereich Neus, W.: Theorie, 1995; Pütz, P.; Willgerodt, H.: Recht, 1985; Albach, H.; Hunsdiek, D.; Kokalj, L.: u.a.: Risikokapital, 1986, S. 64-264; Kommission „Zweiter Börsenmarkt“: Börsenzugang, 1987; Schalek, E.: Eigenkapitalbeschaffung, 1988, S. 222-312; Nathusius, K.: Capital, 1990, S. 37; und Nowak, R.: Aspekte, 1991, S. 191-230.

4.4 Die Wirkung von subventionsinduzierten Investitionen auf die Beschäftigung in Kleinunternehmen des Handwerks

4.4.1 Beschäftigungsintensität von Investitionen in Kleinunternehmen des Handwerks

In den vorangegangenen Kapiteln wurde analysiert, wie groß die Wahrscheinlichkeit ist, daß Finanzierungshilfen Investitionen in Kleinunternehmen des Handwerks anstoßen. Wie stark sind die Beschäftigungseffekte, die dadurch auf betrieblicher Ebene zu erwarten sind? Der Zusammenhang zwischen Unternehmenswachstum in Kleinunternehmen und Beschäftigung bzw. Unternehmensgründungen und Beschäftigung wurde aus gesamtwirtschaftlicher Sicht bereits in Kapitel 3.5 dieser Arbeit betrachtet. Darauf sei an dieser Stelle verwiesen. Hier sollen nur kurz einige Zusammenhänge zwischen Investition und Beschäftigung aus betriebswirtschaftlicher Sicht aufgezeigt werden. Einen Einblick in die Investitionsintensität[690] im verarbeitenden Gewerbe und Bergbau in Unternehmen unterschiedlicher Größenklassen gewährt die folgende Tabelle:

Tabelle 11: Entwicklung der Investitionsintensität[691]

Unternehmen mit... Beschäftigten	Jahr 1986	1987	1988	1989	1990	1991	1992	1993	1994
Altes Bundesgebiet									
20-49	6.635	7.270	7.997	8.788	9.096	9.467	9.291	8.057	8.126
50-99	8.310	9.543	8.447	9.255	10.011	10.465	9.995	8.876	9.135
100-199	7.869	8.476	8.947	10.203	11.005	11.540	11.148	10.086	9.439
200-499	8.255	9.010	9.721	10.739	11.275	12.028	11.895	10.640	10.477
500-999	9.602	9.894	10.089	11.760	13.032	13.328	13.647	11.957	11.346
>999	12.330	12.807	13.219	13.633	14.925	16.103	15.631	13.795	13.202
Insgesamt	10.338	10.903	11.229	11.966	12.978	13.783	13.442	11.827	11.371
Neue Länder[692]						7.780	16.694	22.169	22.641
Deutschland						12.798	13.771	12.740	12.326

690 Als Investitionsintensität werden die Investitionen je Beschäftigten in DM bezeichnet.

691 In die Erhebung sind Unternehmen des verarbeitenden Gewerbes (einschließlich verarbeitendes Handwerk), des Bergbaus und des Baugewerbes (ohne Ausbaugewerbe) eingegangen. Die Daten wurden entnommen aus BMWi (Hrsg.): Unternehmensgrößenstatistik, 1997, S. 225.

692 Inklusive Berlin-Ost.

Die Daten der obigen Tabelle sind nur bedingt aussagekräftig, da sie sich ausschließlich auf Unternehmen des verarbeitenden Gewerbes beziehen und Unternehmen mit weniger als 20 Beschäftigte nicht berücksichtigen. Leider existieren in der Bundesrepublik keine amtlichen Daten über die Investitionstätigkeit von Unternehmen mit unter 20 Beschäftigten.[693] Ein Großteil des Handwerks wird durch diese Informationen also nicht abgedeckt. Dennoch zeigt die Tabelle einige interessante Zusammenhänge: Zum einen ist die Investitionsintensität im Zeitablauf gestiegen. Zum anderen weisen kleinere Unternehmen eine geringere Investitionsintensität auf als Großunternehmen; in der Tendenz nimmt die Investitionsintensität mit sinkender Unternehmensgröße ab.

Allgemein läßt sich feststellen, daß sich in amtlichen Statistiken keine Angaben über die Arbeitsintensität verschiedener Wirtschaftsbereiche finden.[694] Als Indikator für die Arbeitsintensität kann man jedoch auf die Bruttowertschöpfung im Verhältnis zur Zahl der Erwerbstätigen zurückgreifen. Tut man dies, so läßt sich zeigen, daß das Handwerk im Vergleich zur Industrie über eine relativ hohe Arbeitsintensität verfügt.[695] Es liegt daher nahe, im Handwerk eine geringe Investitionsintensität, d.h. eine relativ starke Auswirkung von Investitionen auf die Beschäftigung, anzunehmen.

Mit welchen (betrieblichen) Beschäftigungseffekten ist durch eine über Finanzierungshilfen angestoßene Gründungsinvestition zu rechnen? Nach der „Münchener Gründerstudie" schaffen staatlich geförderte Unternehmensgründungen im ersten Jahr nach der Gründung im Durchschnitt 2,9 Arbeitsplätze.[696] In einem ähnlichen Bereich liegen die Ergebnisse einer gemeinschaftlichen Erhebung des *ifo* und des *bifego*. Danach werden durch das Eigenkapitalhilfeprogramm geförderten Gründungen im Median zwei Arbeitsplätze im ersten Jahr nach der Gründung geschaffen.[697]

4.4.2 Der Substitutionseffekt von Finanzierungshilfen

Die im vorangegangenen Kapitel gezeigten Zusammenhänge zwischen Investition und Beschäftigung in Kleinunternehmen und Handwerksunternehmen stellen lediglich eine Durchschnittsbetrachtung dar. Differenziert man Investitionen nach dem Investitionszweck, so bietet sich eine Unterteilung in

---

693 Vgl. Clemens, R. u.a.: Unternehmensgrößenstatistik, 1997, S. 225.
694 Vgl. Kucera, G.; Kornhardt, U.: Personalzusatzkosten, 1990, S. 156.
695 Vgl. Kucera, G.; Kornhardt, U.: Wettbewerbsstellung, 1990.
696 Vgl. Ziegler, R.: Gründungsfinanzierung, 1993, S. 27; Brüderl, J.; Preisendörfer, P; Ziegler, R.: Erfolg, 1998, S. 243 ff.
697 Vgl. Breitenacher, M. u.a.: Existenzgründungspolitik, 1996, S. 65.

- Erst- bzw. Einrichtungsinvestitionen,
- Ersatzinvestitionen,
- Erweiterungsinvestitionen und
- Rationalisierungsinvestitionen

an.[698] Diese Unterteilung ist in der betrieblichen Praxis nicht immer trennscharf. So sind Konstellationen nicht selten, in denen eine Erweiterungsinvestition auch mit Rationalisierungen verbunden ist. Die Aufteilung zeigt jedoch hinreichend deutlich, daß nicht jeder über eine Finanzierungshilfe bewirkte Investitionsanstoß auf betrieblicher Ebene zu zusätzlicher Beschäftigung führen muß. Während man von Erweiterungsinvestitionen positive Beschäftigungseffekte erwarten kann und Ersatzinvestitionen zumindest zur Sicherung bestehender Arbeitsplätze dienen, wirken sich Rationalisierungsinvestitionen negativ auf die Beschäftigung des betreffenden Unternehmens aus.[699] Problematisch ist in diesem Zusammenhang, daß Finanzierungshilfen einen Anreiz zu Rationalisierungsinvestitionen darstellen.[700]

Im Kern laufen Finanzierungshilfen darauf hinaus, daß der Faktor Kapital aus Sicht des Unternehmens im Vergleich zu anderen Produktionsfaktoren, wie dem Faktor Arbeit, verbilligt wird. Arbeit wird im Vergleich zu Kapital durch Finanzierungshilfen für die betreffenden Unternehmen verteuert. Dies kann dazu führen, daß Arbeit im Rahmen von Investitionsentscheidungen von Unternehmen durch Kapital ersetzt wird.[701] Man spricht insofern auch von einem Substitutionseffekt von Finanzierungshilfen. Dieser muß sich nicht nur in reinen Rationalisierungsinvestitionen äußern, sondern kann sich auch der Gestalt auswirken, daß im Rahmen von Ersatz- oder Erweiterungsinvestitionen kapitalintensivere Investitionen bevorzugt werden, was sich in einer Steigerung der Investitionsintensität niederschlägt.

In bezug auf das Ziel der Beschäftigungsförderung ist ein Substitutionseffekt von Finanzierungshilfen kontraproduktiv. In Hinblick auf das Zielsystem einer beschäftigungsorientierten Mittelstandsförderung erscheinen Substitutionseffekte von Finanzierungshilfen als besonders suspekt, denn sie wirken sich negativ auf die Beschäftigungsintensität des Wirtschaftswachstums aus. Es ist jedoch gerade Ziel der Mittelstandsförderung über eine Förderung von Kleinunternehmen, beschäftigungsintensives Unternehmenswachstum zu fördern.

---

698 Vgl. Perridon, L.; Steiner, M: Finanzwirtschaft, 1991, S. 27.

699 Zur Wirkung von Rationalisierungsinvestitionen auf den Arbeitsmarkt vgl. Knappe, E.: Rationalisierungsinvestitionen, 1982.

700 Vgl. dazu auch Frank, G.: Wirkungsanalyse, 1992, S. 127.

701 Zur Analyse des Substitutionseffektes von Finanzierungs- u. Investitionshilfen vgl. ausführlich Schuster, H.: Wirtschaftsförderung, 1984 sowie Mendler, P.: Kredithilfen, 1992, S. 168 ff.

Die negative Wirkung von Finanzierungshilfen auf die Beschäftigungsintensität von Investitionen und Wirtschaftswachstum sollte nicht unterschätzt werden. Die Größenordnung von Faktorpreisverzerrungen und Substitutionen durch öffentliche Finanzierungshilfen in der Bundesrepublik verdeutlichen Analysen der *Deutschen Bundesbank*. Danach machten z.B. im Jahr 1991 Neuausleihungen von zinsverbilligten Krediten durch die öffentlichen Spezialinstitute (Deutsche Ausgleichsbank, Kreditanstalt für Wiederaufbau) ein Sechstel aller von den Banken netto gewährten langfristigen Krediten in Gesamtdeutschland aus.[702]

Eine vielbeachtete Untersuchung des Kieler Weltwirtschaftlichen Instituts zeigt, daß durch Subventionsabbau mit korrespondierenden Steuersenkungen in gleicher Höhe erhebliche Arbeitsplatzgewinne erzielt werden können.[703] Interessant ist an dieser Stelle, daß gerade durch Investitionsförderungen bedingte Preisverzerrungen zwischen Arbeit und Kapital und damit verbundene Substitutionseffekte als eine zentrale Ursache für gesamtwirtschaftliche Arbeitsplatzverluste durch Subventionen angesehen werden.[704]

Einblicke dazu gewährt auch die Situation in den neuen Bundesländern, wo „eine beträchtliche Förderung der Investitionen die Faktorpreisrelation zugunsten des Kapitaleinsatzes und zu Lasten des Arbeitseinsatzes nachhaltig verändert hat."[705] In Tabelle 11 läßt sich erkennen, daß in den neuen Ländern die Investitionsintensität seit der Wiedervereinigung stark angestiegen ist. Sie lag in den Jahren 1993 und 1994 etwa doppelt so hoch wie in Gesamtdeutschland. Investitionen in den neuen Ländern bewirken also nur halb so starke Beschäftigungseffekte, wie Investitionen in den alten Ländern. Dies verwundert in Hinblick auf die bisherigen Darstellungen nicht, wenn man weiß, daß schätzungsweise die Hälfte aller Bankkredite in den neuen Ländern öffentlich zinssubventioniert sind,[706] also massive subventionsinduzierte Verzerrungen der Faktorpreisrelationen vorliegen.

Eine Substitution zwischen Arbeit und Kapital im Investitionsprozeß steigert die Investitionsintensität und verringert damit die Stärke von investitionsinduzierten Beschäftigungsexpansionen. Ob und wie stark Finanzierungshilfen zu Substitutionseffekten zwischen Arbeit und Kapital führen, hängt von der Stärke der Faktorpreisverzerrung und von der Produktionsfunktion des subventionierten Unternehmens ab. Nur bei einer strikt limitationalen Produktionsfunktion ergibt sich kein Substitutionseffekt.[707] Der Substitutionseffekt steigt hingegen mit stei-

---

702 Vgl. Deutsche Bundesbank (Hrsg.): Zinssubventionen, 1992, S. 27.
703 Vgl. Gerken, E. u.a.: Arbeitsplätze, 1985, S. 55.
704 Vgl. Gerken, E. u.a.: Arbeitsplätze, 1985, S. 33 f.
705 Sachverständigenrat: Standortwettbewerb, 1995, S. 218.
706 Vgl. Deutsche Bundesbank (Hrsg.): Zinssubventionen, 1992, S. 27.
707 Vgl. Schuster, H.: Wirtschaftsförderung, 1984, S. 70.

gender Substitionselastizität der Produktionsfunktion des betreffenden Unternehmens.[708]

Für das Handwerk könnte man dem Argument, daß Substitutionseffekte die Wirkung von Finanzierungshilfen auf ein Beschäftigungswachstum in subventionierten Unternehmen in Mitleidenschaft ziehen, mit folgendem Gegenargument widersprechen: Handwerksunternehmen haben aufgrund ihrer Produktionsweise nur geringe Möglichkeiten Arbeit durch Kapital zu ersetzen. Sie verfügen auch langfristig über eine limitationale Produktionsfunktion. Substitutionseffekte spielen daher hier keine Rolle. Tatsächlich spricht die Entwicklung der Produktivität im Handwerk im Vergleich zu anderen Wirtschaftszweigen für eine geringe Substitutionselastizität der Produktionsfunktionen dieser Unternehmen.[709]

Im Rahmen einer rein betriebswirtschaftlichen Betrachtung mag einiges für diese Argumentation sprechen, zieht man jedoch auch volkswirtschaftliche Überlegungen mit in die Betrachtung ein, so muß die Aussage relativiert werden. Eine Substitution zwischen Arbeit und Kapital kann nicht nur innerhalb eines Unternehmens geschehen, sondern auch über den Wettbewerbsprozeß zwischen Unternehmen bzw. Unternehmensgruppen.

Wenn Handwerksunternehmen tatsächlich über eine limitationale Produktionsfunktion verfügen, können sie den Substitutionseffekt von Finanzierungshilfen nicht zur Verbesserung ihrer betrieblichen Effizienz nutzen. Unternehmen mit einer substitutionalen Produktionsfunktion ist dies hingegen möglich. Stehen beide Unternehmensgruppen im Wettbewerb zueinander, führen Finanzierungshilfen c.p. zu Wettbewerbsvorteilen der zweiten Unternehmensgruppe. Dies kann zu wettbewerblichen Verdrängungen führen und letztlich wiederum eine Substitution von Arbeit durch Kapital im Produktionsprozeß bewirken.

Die vorliegende Untersuchung hat gezeigt, daß die Finanzierungsprobleme von Handwerksunternehmen im Vergleich zu kapitalintensiven und technologieorientierten Branchen eher gering sind. Die Probleme von Kleinunternehmen des Handwerks liegen stärker auf der Ebene des Faktors Arbeit, genauer gesagt im Bereich der Unternehmensführung und der Humankapitalbildung.[710] Zumindest in Teilbereichen sind Finanzierungsprobleme im Handwerk nur Symptome von tiefgreifenderen Problemen im Bereich der Unternehmensführung.[711]

Probleme auf der Ebene des Faktors Arbeit sind in Hinblick auf die arbeitsintensive Fertigungs- und Leistungsstruktur des Handwerks durchaus plausibel,

---

708 Vgl. Mendler, P.: Kredithilfen, 1992, S. 27.

709 Vgl. Kucera, G.; Kornhardt, U.: Wettbewerbsstellung, 1990. Ausführliche Darstellungen zur Entwicklung der Produktivität in unterschiedlichen Handwerkszweigen finden sich in RWI (Hrsg.): RWI-Handwerksberichte, 1995.

710 Vgl. dazu auch Ewers, H.-J.: Ansatzpunkt, 1984, S. 108.

711 Vgl. die Ausführungen in den Kapiteln 4.3.2 und 4.3.3 dieser Arbeit.

was auch für Dienstleistungsunternehmen gelten sollte. Wie dargestellt wurde, sind es jedoch gerade Handwerksunternehmen und Unternehmen des Dienstleistungsgewerbes, auf welchen die Beschäftigungsexpansion in Kleinunternehmen basiert. Daß eine Förderung, die ihren Schwerpunkt auf den Bereich des Sachkapitals legt, zweckmäßig sein soll, um gerade diese Unternehmensgruppe zu fördern und damit den Strukturwandel voranzubringen, darf daher bezweifelt werden.

Generell läßt sich folgende Schlußfolgerung ziehen: Substitutionseffekte dämpfen die Wirkung von Finanzierungshilfen der Mittelstandsförderung auf die Beschäftigung ab. Mehr noch: Eine Förderung, die ihren Schwerpunkt auf Sachkapital legt, ist nicht ideal, wenn es darum geht arbeitsintensive Unternehmen zu unterstützen und den Strukturwandel in Hinblick auf eine weitere „Tertiärisierung" der Wirtschaft voranzubringen.[712] Als zweckmäßiger erscheint es, eine Förderung von Beschäftigung – unabhängig von dem dazu eingesetzten Instrumentarium – am Produktionsfaktor Arbeit auszurichten; sowohl um negative Substitutionseffekte zu vermeiden bzw. positive Substitutionseffekte zu bewirken, als auch zu gewährleisten, daß diejenigen Unternehmen in den Genuß der Förderung gelangen, die tatsächlich Arbeitsplätze schaffen.[713]

712 Vgl. Klemmer, P. u.a.: Mittelstandsförderung, 1996, S. 141 f.

713 Aus diesem Grund schlägt z.B. Semlinger, K.: Arbeitsmarktpolitik, 1995, eine personalpolitische Förderung von Existenzgründern und Kleinunternehmen vor.

5 Gesamtwirtschaftliche Betrachtung: Mittelstandsförderung, Strukturwandel und Beschäftigung

5.1 Vorbemerkungen

Einzelwirtschaftliche Beschäftigungsgewinne durch Subventionen sollten nicht mit volkswirtschaftlichen Beschäftigungseffekten verwechselt werden. Auch wenn Subventionen in geförderten Unternehmen eine Beschäftigungsexpansion verursachen, bedeutet dies nicht notwendigerweise, daß auch gesamtwirtschaftliche Beschäftigungsgewinne zu verzeichnen sind. Während Subventionen in geförderten Unternehmen Beschäftigungsgewinne bewirken können, führen sie an anderer Stelle zu Beschäftigungsverlusten. Für eine gesamtwirtschaftliche Untersuchung der Beschäftigungswirkung von Subventionen müssen beide Effekte saldiert werden.

Die Ursachen für Beschäftigungsverluste durch Subventionen sind vielfältig. So müssen Subventionen finanziert werden. Gegebenenfalls müssen dafür Steuern erhöht werden, oder es muß auf Steuersenkungen verzichtet werden. Beides kann sich dämpfend auf Wirtschaftswachstum und Beschäftigung auswirken. Hinzu kommt, daß die Belastung der Unternehmen durch subventionsbedingte Steuern größer ist, als die Entlastung durch zufließende Subventionen. Das Erheben von Steuern und die Vergabe von Subventionen muß in der einen oder anderen Form verwaltet, überwacht und kontrolliert werden, was wiederum Steuermittel verbraucht.[714]

Subventionen können in geförderten Unternehmen zu relativen Wettbewerbsvorteilen und darüber zu Unternehmens- und Beschäftigungswachstum führen. Im Umkehrschluß bedeutet dies aber auch, daß bei nicht geförderten Unternehmen relative Wettbewerbsnachteile auftreten, was hier über den wettbewerblichen Verdrängungsprozeß zu negativen Effekten auf die Unternehmens- und Beschäftigungsentwicklung führt. Nicht zuletzt können sich Subventionen negativ auf die Steuerungsfunktion des Wettbewerbs in Hinblick auf Allokation und Strukturwandel auswirken, mit dementsprechenden Auswirkungen auf Wachstum und Beschäftigung.[715]

Eine Subventionsbeurteilung sollte sich daher nicht auf einzelwirtschaftliche Analysen beschränken, sondern die verschiedenen Wirkungsverläufe von Sub-

714 Vgl. Gröbner, B. F.: Subventionen, 1983, S. 92.
715 Vgl. Andel, N.: Finanzwissenschaft, 1992, S. 255 f.

ventionen im Rahmen einer gesamtwirtschaftlichen Untersuchung zusammenführen.[716] Eine gesamtwirtschaftliche Wirkungsanalyse von Subventionen – sei sie theoretischer oder empirischer Natur – ist jedoch mit einer Vielzahl von Problemen verbunden.[717]

Nicht selten fehlt es bereits – wie auch am Beispiel der Mittelstandsförderung gezeigt werden konnte – an einer exakten Definition des Zielsystems und einer quantifizierbaren Zielgenauigkeit.[718] Daneben treten Probleme in Hinblick auf die Meßbarkeit, Bewertung und Zurechenbarkeit von Subventionen auf, wobei erschwerend hinzukommt, daß Subventionswirkung nicht isoliert betrachtet, sondern mit der Wirkung alternativer Instrumente verglichen werden sollten.[719] Das Kernproblem einer gesamtwirtschaftlichen Analyse von Subventionswirkungen stellen jedoch vielfältige Multiplikator- und Folgeeffekte dar, die mit dem Einsatz von Subventionen verbunden sind und die über komplexe marktwirtschaftliche Kausalketten und Anpassungsreaktionen in der einen oder anderen Form den Erreichungsgrad wirtschaftspolitischer Ziele beeinflussen.[720] Diese Gründe führen dazu, daß – von Ausnahmen abgesehen – aus gesamtwirtschaftlicher Sicht nur eine qualitative Beurteilung von Subventionen möglich ist.[721]

Während die volkswirtschaftlichen Kosten einer Subventionierung einer Analyse nur schwer zugänglich sind, ist der einzelwirtschaftliche Nutzen von Subventionen unproblematischer erfaßbar.[722] Es verwundert daher nicht, daß gesamtwirtschaftliche Wirkungsanalysen im Vergleich zu einzelwirtschaftlichen in der Literatur unterrepräsentiert sind.[723] Dieser Umstand kann zu einem Bild von Subventionswirkungen führen, das den (einzelwirtschaftlichen) Nutzen von Subventionen betont und die (gesamtwirtschaftlichen) Kosten in den Hintergrund rückt.

Es verbleibt somit das Dilemma zwischen Komplexität und Notwendigkeit einer gesamtwirtschaftlichen Wirkungsanalyse. Im Rahmen theoretischer Wirkungsanalysen wird dieses Dilemma in der Literatur in der Regel gelöst, indem

---

716 Vgl. Breitenacher, M. u.a.: Bilanz, 1995, S. 20.

717 Einen Überblick dazu gibt Hartig, R.: Aspekte, 1990, S. 32 ff.

718 Vgl. Andel, N.: Subventionen, 1977, S. 502.

719 Vgl. Schlecht, O.: Finanzierungsinstrument, 1988, S. 841.

720 Vgl. Arnim, H. H.: Subventionen, 1986, S. 83.

721 Vgl. Schlecht, O.: Finanzierungsinstrument, 1988, S. 841; vgl. zur Diskussion auch Fritsch, M.: Arbeitsplatzentwicklung, 1990, S. 330 ff.

722 Vgl. Anrim, H. H.: Subventionen, 1986, S. 83.

723 Vgl. Breitenacher, M. u. a.: Existenzgründungspolitik, 1996 sowie Brüderl, J.; Preisendörfer, P.; Ziegler, R.: Erfolg, 1998.

unter einem rigiden Prämissengerüst Subventionswirkungen mit Hilfe des Instrumentariums der Markttheorie analysiert und beurteilt werden.[724]

Auch die folgenden Überlegungen stützen sich in Teilbereichen auf Ergebnisse solcher Analysen. Im Mittelpunkt der Betrachtung stehen jedoch Erkenntnisse, die auf *F. A. v. Hayek* zurückgehen. Aufgrund der gewählten Prämissen werden diese im Rahmen von markttheoretischen Analyse vernachlässigt, obwohl ihnen für die Beurteilung von Subventionen als strukturpolitisches Instrument eine zentrale Bedeutung zukommt. Es handelt sich dabei um die Frage nach der Nutzung von Information im Rahmen ökonomischer Koordinierungsprozesse.

5.2 Mittelstandsförderung als Instrument einer beschäftigungsorientierten Strukturpolitik

5.2.1 Strukturwandel und Beschäftigung

Es wurde bereits ausführlich dargestellt, daß wirtschaftliches Wachstum ein Mittel zur Schaffung neuer Arbeitsplätze, zum Abbau struktureller Arbeitslosigkeit, darstellt.[725] Wirtschaftswachstum ist sowohl Ursache als auch Ergebnis von strukturellem Wandel. Das wirtschaftliches Wachstum bedingt strukturellen Wandel, da Wachstum in der Realität nicht in allen Bereichen der Volkswirtschaft gleichmäßig auftritt.[726] Während bestimmte Unternehmensgruppen Schrumpfungen unterworfen sind, expandieren andere Bereiche. Dieser Prozeß wirkt sich auch auf den Arbeitsmarkt aus. Während in schrumpfenden Branchen Beschäftigung abgebaut wird, entstehen in wachsenden Unternehmen Chancen auf neue Arbeitsplätze.

Sind Wirtschaftswachstum und Beschäftigungsexpansion wirtschaftspolitische Ziele, so kommt es in diesem Prozeß darauf an, den strukturellen Wandel zu unterstützen, d.h. die Reallokation von Produktionsfaktoren von schrumpfenden zu wachsenden Unternehmen zu fördern. In diesem Sinne gilt, der „Strukturwandel stellt die wichtigste Quelle des Wirtschaftswachstums dar."[727] Struktureller Wandel ist eine zentrale Voraussetzung für wirtschaftliches Wachstum und damit auch für die Schaffung neuer Arbeitsplätze im Wachstumsprozeß.

Strukturwandel vollzieht sich nicht automatisch. Er ist das Ergebnis von Anpassungsreaktionen der Marktteilnehmer auf Änderungen der Marktdaten, z.B.

---

724 Analysen dieser Art finden sich z.B. bei Andel, N.: Subventionen, 1977; Gröbner, B. F.: Subventionen, 1983 und Mendler, P.: Kredithilfen, 1992.

725 Vgl. Kapitel 3.4 dieser Arbeit.

726 Vgl. Giersch, H.: Aufgaben, 1964, S. 61.

727 Willms, M.: Strukturpolitik, 1992, S. 388.

eine Reaktion der Produzenten auf eine Veränderung der Höhe oder der Struktur der privaten Nachfrage.[728] Für eine Förderung des strukturellen Wandels kommt es darauf an, durch ein effizientes Lenkungsinstrument Anreize zu schaffen, um Anpassungsreaktionen zu fördern, die eine Bewältigung des Strukturwandels bewirken. Fraglich ist, ob die Mittelstandsförderung als beschäftigungsorientierte Strukturpolitik ein Instrumentenbündel ist, daß ein solches effizientes Lenkungsinstrument darstellt.

5.2.2 Wettbewerb als strukturpolitisches Lenkungsinstrument

Die großen Wachstumsleistungen der Marktwirtschaft sind in der Fähigkeit begründet, auf veränderte Knappheitsverhältnisse von Gütern und Faktoren flexibel zu reagieren und daher Ressourcen effizient einzusetzen.[729] In Marktwirtschaften stellt grundsätzlich der Wettbewerb das strukturpolitische Instrument dar, das diese Fähigkeit gewährleistet.[730]

Funktionsfähiger Wettbewerb gibt Anreize für Kostensenkungen und für den effizienten Einsatz von Produktionsfaktoren (Allokationsfunktion des Wettbewerbs). Er schafft zudem Anreize zur Entwicklung neuer Produkte, zur Erschließung neuer Märkte und zur Einführung neuer Techniken. Er stellt in diesem Sinn ein Entdeckungsverfahren[731] dar (Innovationsfunktion des Wettbewerbs). Weiterhin gewährleistet ein funktionsfähiger Wettbewerb, daß Überangebote und Übernachfrage abgebaut werden und daß Unternehmen Produkte erzeugen, die von den Konsumenten gewünscht werden (Steuerungsfunktion des Wettbewerbs).[732]

Strukturpolitisch ist der Wettbewerb daher „ein Lenkungsinstrument, das Unternehmen durch Gewinnanreize und durch Androhung von Verlusten dazu veranlaßt, die Möglichkeiten des kostensenkenden und güterschöpfenden technischen Fortschritts zu nutzen und die Produktion an die wachstumsbedingten Wandlungen der Erzeugungsbedingungen und der Nachfragestruktur anzupassen."[733] Die Aufrechterhaltung und Intensivierung eines funktionsfähigen Wett-

---

728 Vgl. Meißner, W.; Fassing, W.: Wirtschaftsstruktur, 1989, S. 49.
729 Vgl. Willms, M.: Strukturpolitik, 1992, S. 393.
730 Vgl. auch Külp, B. u.a.: Wirtschaftspolitik, 1984, S. 19.
731 Vgl. Hayek, F. A. v.: Entdeckungsverfahren, 1968.
732 Vgl. Berg, H.: Wettbewerbspolitik, 1992, S. 241 f sowie Willms, M.: Strukturpolitik, 1992, S. 393.
733 Giersch, H.: Aufgaben, 1964, S. 61 u. S. 67.

bewerbs gilt als eine Politik, die am besten den für ökonomische Effizienz und wirtschaftliches Wachstum notwendigen Strukturwandel erreicht.[734]

Aus diesen Gründen ist es als wichtigste Aufgabe der Strukturpolitik anzusehen, für einen funktionsfähigen Wettbewerb zu sorgen, d.h. Märkte offenzuhalten und den Wettbewerb zu intensivieren.[735] Funktionsfähiger Wettbewerb kann in diesem Sinne als strukturpolitisches Idealbild angesehen werden. Die Frage, ob Subventionen im Rahmen der Mittelstandsförderung den strukturellen Wandel fördern und damit auch aus gesamtwirtschaftlicher Sicht zu Arbeitsplatzgewinnen führen, kann daher in Hinblick auf Wirkung der Mittelstandsförderung auf den Wettbewerb als Beurteilungsmaßstab untersucht werden.[736]

Das strukturpolitische Instrument Wettbewerb bedient sich einer dezentralen Informationsgewinnung über den Preismechanismus. Preise liefern Informationen über Knappheiten. Wer für Produktionsfaktoren und Güter etwas zahlen muß, gebraucht sie sparsam. Preise bieten damit Anreize für Kostensenkungen und für produktionstechnischen Fortschritt. Weiterhin bilden Preise Marktchancen ab. Sie geben Informationen darüber, welche Güter von den Konsumenten gewünscht werden, und liefern über Gewinnchancen Anreize für Produzenten, diese Güter zu produzieren bzw. zu entwickeln.[737]

Die Effizienz dieses Systems der Informationsgewinnung und -vermittlung liegt in der Wirtschaftlichkeit, mit der es Wissen nutzt, d.h. wie wenig die einzelnen Teilnehmer wissen müssen, um die richtigen Handlungen vorzunehmen.[738] „Niemand braucht mehr zu kennen als die Preise der Güter, für die er sich interessiert, damit die Güter auch gesamtwirtschaftlich nutzbringend angelegt werden."[739] Eine schnelle, direkte und unkomplizierte Informationsgewinnung über Preise stellt einen der Hauptvorteile einer dezentralen Koordinierung über Märkte und Wettbewerb gegenüber einer zentral gesteuerten Planung dar.[740]

Bei diesem Kontext bringt eine interventionistische Subventionspolitik zwei Problembereiche mit sich. Zum einen greifen Subventionen diskriminierend in den Wettbewerbsprozeß ein, indem sie nur bestimmte Unternehmen fördern. Sie verbessern c.p. die Wettbewerbsstellung der Empfänger und verschlechtern die

---

734 Vgl. Willms, M.: Strukturpolitik, 1992, S. 393 sowie Giersch, H.: Aufgaben, 1964, S. 70.

735 Vgl. Willms, M.: Strukturpolitik, 1992, S. 393.

736 Vgl. dazu Magoulas, G.: Bewertung, 1984, S. 14 f.; Gröbner, B. F.: Subventionen, 1983, S. 24 ff;; Eichkoff, N.: Ausnahmebereiche, 1985, S. 63 ff sowie Bartling, H.: Ausnahmebereiche, 1983, S. 325 ff.

737 Vgl. Gerken, E. u.a.: Arbeitsplätze, 1985, S. 19.

738 Vgl. Hayek, F. A. v.: Verwertung, 1976, S. 115.

739 Gerken, E. u.a.: Arbeitsplätze, 1985, S. 19.

740 Vgl. dazu auch Sohmen, E.: Allokationstheorie, 1992, S. 456 f.

Position der Nicht-Begünstigten.[741] Zum anderen stellen Subventionen Preissenkungen für bestimmte Güter oder Produktionsfaktoren dar. Sie verändern Preissignale. Preise stellen dann tatsächliche Knappheitsverhältnisse und Marktchancen nicht korrekt dar. Subventionen verändern damit das Anreizsystem des Preismechanismus und die Koordinierungsfunktion des Wettbewerbs. Beides kann zu Fehlanreizen bei der Reallokation von Produktionsfaktoren im Prozeß des strukturellen Wandels führen.

Sollen Subventionen – wie im Rahmen der Mittelstandsförderung – den strukturellen Wandel fördern und zu gesamtwirtschaftlichen Beschäftigungsgewinnen führen, so muß die dezentrale Informationsgewinnung über Preise im Wettbewerbsprozeß durch eine zentrale Informationsgewinnung durch staatliche Stellen ersetzt werden. Der Eingriff des Staates in den Wettbewerb über eine Subventionierung bedeutet daher immer ein Informationsproblem.

Eine zentrale Steuerung über Subventionen im Rahmen der Mittelstandsförderung kann nur dann einer dezentralen Steuerung über einen funktionsfähigen Wettbewerb überlegen sein, wenn staatliche Stellen über gegenwärtige und zukünftige Ereignisse ein genaueres Wissen haben als die Marktteilnehmer. Gerade dies ist jedoch aufgrund der größeren Marktferne der Subventionsgeber zu bezweifeln. *Hayek* hat diesen Zusammenhang anschaulich dargestellt:

> „Wenn wir darüber einig sind, daß die wirtschaftlichen Probleme der Gesellschaft hauptsächlich Probleme der raschen Anpassung an Veränderungen in den besonderen Umständen von Zeit und Ort sind, so scheint daraus zu folgen, daß die Entscheidungen schließlich den Leuten überlassen werden müssen, die mit diesen Umständen vertraut sind, die unmittelbar von den relevanten Veränderungen und von den sofort verfügbaren Mitteln wissen, die die Anpassung erfordert. Wir können nicht erwarten, daß diese Probleme dadurch gelöst werden können, daß zuerst all diese Kenntnis einer zentralen Behörde mitgeteilt wird, die, nachdem sie alles Wissen zusammengefaßt hat, ihre Anordnungen trifft. Sie müssen durch irgend eine Form der Dezentralisation gelöst werden."[742]

Das Hauptproblem jeder zentral gesteuerten, interventionistischen Subventionspolitik und damit auch das der Mittelstandsförderung ist ein systematischer Informationsnachteil gegenüber einer dezentralen Koordinierung des Wirtschaftsgeschehens. Aufgrund dieses Informationsnachteils kann man in der Regel nicht davon ausgehen, daß es durch Subventionen möglich ist, den Strukturwandel und damit die Entstehung neuer Arbeitsplätze zu fördern. Im Gegenteil, aufgrund der verzerrenden Auswirkungen von Subventionen auf den Preismecha-

---

741 Die fehlende Gleichmäßigkeit der Subventionsgewährung ist ein Hauptcharakteristikum dieses wirtschaftspolitischen Instruments, vgl. Andel, N.: Finanzwissenschaft, 1992, S. 256.

742 Hayek, F. A. v.: Verwertung, 1976, S. 111.

nismus wird die strukturpolitische Lenkungsfunktion des Wettbewerbs in Mitleidenschaft gezogen. Dies führt in der Regel zu negativen Auswirkungen auf den strukturellen Wandel und zieht damit auch negative Effekte auf die gesamtwirtschaftliche Beschäftigung nach sich.

5.2.3 Wettbewerbsversagen und Subventionierung

Gibt es Ausnahmen zu der im vorangegangenen Kapitel dargestellten Regel, daß bei einer Subventionierung negative Auswirkungen auf Strukturwandel und Beschäftigung zu erwarten sind? In der Literatur werden modelltheoretische Begründungsversuche für Subventionen aus der Wohlfahrtsökonomik, speziell aus der Theorie des Marktversagens[743], abgeleitet.[744] Diese Theorie zeigt – unter einem rigiden Annahmegerüst[745] – Bedingungen auf, bei denen der Preismechanismus seine Informationsfunktion nicht in effizienter Weise wahrnehmen kann. Dies zieht wiederum die Effizienz der Faktorallokation in Mitleidenschaft und wirkt sich negativ auf die gesamtwirtschaftliche Wohlfahrt aus.

Obwohl die Theorie des Marktversagens ein statischer Ansatz ist, bilden die Fallgruppen des Marktversagens Bedingungen ab, die auch in dynamischer Hinsicht zu Störungen des Marktprozesses führen.[746] Die Tatbestände des Marktversagens wirken sich daher auch in dynamischer Sicht negativ aus und ziehen die strukturpolitische Lenkungsfunktion des Wettbewerbes in Mitleidenschaft.[747]

Wettbewerbliche Ausnahmebereiche müssen nicht unbedingt durch Subventionen geheilt werden. Nicht selten besteht die Möglichkeit, durch staatliche Regulierung in Form einer rahmenorientierten Politik einen funktionsfähigen Wett-

---

743 Weitere Begründungsversuche für Subventionen basieren auf der Theorie des Zweitbesten (vgl. auch zur Kritik in bezug auf die praktische Relevanz dieser Theorie Gröbner, B. F.: Subventionen, 1983, S. 61 ff. sowie Sohmen, E.: Allokationstheorie, 1992, S. 422 ff.) sowie auf der Theorie der meritorischen Güter (vgl. Musgrave, R. A.: Finanztheorie, 1969, S. 14 ff; Gröbner, B. F.: Subventionen, 1983, S. 81 ff.).

744 Vgl. Supper, M.: Wirtschaftsförderung, 1988, S. 37 ff.; Gerken, E. u.a.: Arbeitsplätze, 1985, S. 19; Ewers, H. J.; Wein, T.: Begründungszusammenhang, 1993, S. 115; Gröbner, B. F.: Subventionen, 1983, S. 24 ff sowie Andel, N.: Interventionismus, 1970, S. 70 ff.

745 Zum Annahmegerüst und zu Problemen, die sich daraus in bezug auf die praktische Anwendbarkeit der Theorie des Marktversagens ergeben vgl. im einzelnen Ewers, H. J.; Wein, T.: Begründungszusammenhang, 1993, S. 13 ff.; Gröbner, B. F.: Subventionen, 1983, S. 76 ff. sowie Sohmen, E.: Allokationstheorie, 1992, S. 100 ff.

746 Vgl. Ewers, H. J.; Wein, T.: Begründungszusammenhang, 1993, S. 115.

747 Vgl. dazu auch Eickhoff, N.: Ausnahmebereiche, 1985; Bartling, H.: Ausnahmebereiche, 1983.

bewerb zu ermöglichen.[748] Es stellt sich daher grundsätzlich die Frage, wie effizient eine interventionistische Subventionspolitik bei der Heilung von Marktversagen in der Praxis sein kann. Im Rahmen der Theorie des Marktversagens ist dies bei vollkommener Information einfach. Subventionen können so konstruiert werden, daß sie bestimmte Marktversagen heilen.[749]

Will man in der Praxis jedoch eine Subvention gestalten, die eine bestimmte Störung des Marktprozesses beseitigt, tritt wiederum das im vorangegangenen Kapitel skizzierte Informationsproblem auf. Verschiedene Informationen müssen zugänglich sein und beschafft werden,[750] d.h. Politiker müßten wissen, wo ein Marktversagen vorliegt, was dafür ursächlich ist und wie sich dieses auswirkt. Weiterhin müßten sie darüber Kenntnis haben, wie man dieses Marktversagen beseitigen kann, d.h. sie müßten dazu fähig sein, Preisverzerrungen zu quantifizieren, um die Subventionshöhe für die Beseitigung des Marktversagens zu bestimmen.[751]

Diese Sachverhalte führen bereits bei unterstelltem rationalem Verhalten von Politikern zu einem erheblichen Informationsaufwand, der in der Praxis in aller Regel nicht in hinreichendem Ausmaß zu bewältigen sein wird. Dies gilt gerade auch deshalb, weil es für Marktversagen typisch ist, daß Präferenzen verschleiert und gesamtwirtschaftliche (Grenz-)Kosten nicht aufgedeckt werden.[752] Zieht man das Informationsproblem in die Betrachtung ein, so wird man sich allenfalls dann eine Verbesserung der Allokationseffizienz von einer Subventionierung erhoffen können, wenn das Marktversagen hinreichend gut bekannt und die Abweichung vom Optimum relativ groß ist.[753]

Hinzu kommt, daß man nicht davon ausgehen kann, daß auf der einen Seite marktliche Unvollkommenheiten auftreten, während auf der anderen Seite politische Entscheidungsträger rational in Hinblick auf das Ziel einer Steigerung der Allokationseffizienz handeln.[754] In der Realität muß man auch mit dem Versagen von Politikern rechnen. Der Theorie des Marktversagens ist eine Theorie des Staatsversagens gegenüberzustellen.[755] Effizienzgewinne aus einer Heilung des

---

748 Vgl. Willms, M.: Strukturpolitik, 1992, S. 391 f.

749 Zu modelltheoretischen Begründungsversuchen von Subventionen vgl. ausführlich Gröbner, B. F.: Subventionen, 1983, S. 25 ff.

750 Vgl. Gröbner, B. F.: Subventionen 1983, S. 79 f.

751 Vgl. Gerken E. u.a.: Arbeitsplätze, 1985, S. 19.

752 Vgl. Gantner, M.; Rinderer, C.: Effizienz, 1988, S. 12.

753 Vgl. Gröbner, B. F.: Subventionen, S. 80.

754 Vgl. Donges, J. B.: Strukturwandel, 1988, S. 123 ff.; Tschebull, J.: Sinn, 1988, S. 19.

755 Vgl. Gröbner, B. F.: Subventionen, S. 87 ff.

Marktversagens sind gegen Effizienzverlusten aus Staatsversagen aufzurechnen.[756]

Man muß selbst dann (oder gerade dann) mit Staatsversagen rechnen, wenn Politiker versuchen, Marktversagen zu korrigieren bzw. mit Marktversagen versuchen, staatliche Eingriffe zu begründen. Gerade aufgrund der Wissensproblematik bleibt auch im Fall eines tatsächlichen oder vermeintlichen Marktversagens in der Praxis nicht viel Raum für staatliche Eingriffe über Subventionen. So ist es in der Praxis nicht selten der Fall, daß Subventionen, die ein angebliches Marktversagen beseitigen sollen, tatsächlich dessen Ursache darstellen.[757]

Gerade auch dann, wenn man mit Wettbewerbsversagen argumentiert, kann das Informationsproblem, dem eine staatliche Förderung über Subventionen ausgesetzt ist, nicht negiert werden. Die beschäftigungsorientierte Subventionierung im Rahmen der Mittelstandsförderung muß daher mit der Fragestellung konfrontiert werden, ob sie über besondere Merkmale verfügt, die das Informationsproblem staatlicher Eingriffe in den Wettbewerbsprozeß vermeiden oder zumindest abmildern. Nur wenn dies der Fall ist, kann von der Mittelstandsförderung ein positiver Effekt auf Strukturwandel und Wirtschaftswachstum und damit letztlich auf die Beschäftigung erwartet werden.

5.2.4 Informationsdefizite einer beschäftigungsorientierten Mittelstandsförderung

Wie im Verlauf der vorliegenden Arbeit dargestellt wurde, wird im Kontext einer beschäftigungsorientierten Mittelstandsförderung davon ausgegangen, daß die Gewinner des strukturellen Wandels und damit die Unternehmen, die in Zukunft Beschäftigung schaffen, identifiziert werden können. Im Rahmen der Mittelstandsförderung wird dabei zur Identifizierung nicht auf eine dezentrale Informationsvermittlung über den Wettbewerbsprozeß, sondern auf eine zentrale Informationsbeschaffung durch staatliche Entscheidungsträger gesetzt.

Gerade der Rückgriff auf eine zentrale Informationsgewinnung und -auswertung erweist sich als Schwachstelle der Mittelstandsförderung. Diese Untersuchung hat an verschiedenen Stellen gezeigt, daß die Wirkungskette zwischen einer Subventionierung von Kleinunternehmen und Existenzgründern auf der einen Seite und gesamtwirtschaftlichen Beschäftigungsgewinnen auf der anderen Seite lang ist und vielfältige Informationslücken aufweist. Zur Illustration sei an dieser

756 Vgl. Gantner, M.; Rinderer, C.: Effizienz, 1988, S. 10.
757 Vgl. Donges, J. B.: Strukturwandel, 1988, S. 124.

Stelle noch einmal auf die prägnantesten Beispiele für Informationsdefizite hingewiesen, die im Verlauf dieser Arbeit zu tage getreten sind.

Informationsprobleme tauchen bereits bei der Grundannahme einer beschäftigungsorientierten Mittelstandsförderung auf. Sind Kleinunternehmen tatsächlich aus beschäftigungspolitischer Sicht die Gewinner des strukturellen Wandels? Und wenn ja, ist es das Merkmal „Unternehmensgröße", das für Beschäftigungsgewinne verantwortlich ist oder ist es das Unternehmensalter? Diese Untersuchung hat anhand von verschiedenen Beispielen auf einige typische Mängel von Erhebungen zur Beantwortung dieser Fragestellungen hingewiesen. Die in dieser Arbeit dargestellten Aussagen stellen letztlich das Ergebnis einer zwanzigjährigen Diskussion dar, die bis heute nicht abgeschlossen ist. Bereits bei der Grundannahme der Mittelstandsförderung lagen und liegen bis heute erhebliche Informationsrisiken vor.[758]

Innerhalb der Gruppe der Kleinunternehmen sind äußerst heterogene Entwicklungen der Beschäftigung zu beobachten. Dies weist darauf hin, daß die Variable „Unternehmensgröße" nicht die eigentliche Einflußgröße für Beschäftigungsgewinne in Kleinunternehmen ist. Vieles spricht dafür, daß sich in den Beschäftigungsgewinnen von Kleinunternehmen lediglich das Ergebnis einer „Tertiärisierung" der Gesamtwirtschaft widerspiegelt.[759] Wenn dies zutrifft, dann trifft die Mittelstandsförderung die eigentlich gesuchte Gruppe der „arbeitsplatzerzeugenden" Unternehmen nur grob, was eine Mittelverschwendung bedeutet. Auch dafür sind letztlich Informationsdefizite verantwortlich.

Noch deutlicher treten Informationslücken bei der Frage nach den Ursachen für ein überproportionales Beschäftigungswachstum in Kleinunternehmen auf. Hier liegen nur wenige gesicherte Erkenntnisse vor. Die wissenschaftliche Diskussion befindet sich noch im Stadium des Austausches von Hypothesen. Diese Ungewißheit über die Ursachen von Beschäftigungsgewinnen in Kleinunternehmen führt dazu, daß es äußerst schwierig ist, in Hinblick auf das Oberziel der Beschäftigungsförderung effiziente Instrumente zu konzipieren.

Das Festhalten der Mittelstandsförderung an einem althergebrachten Instrumentarium, das in erster Linie auf Finanzierungshilfen setzt, ist das Ergebnis dieses Informationsdefizits. Durch dieses Festhalten entsteht jedoch eine Ambivalenz der Mittelstandsförderung. Finanzierungshilfen als eine Förderung des Kapitaleinsatzes sollen eingesetzt werden, um die Nachfrage nach Arbeit zu steigern. Nicht zuletzt erscheint dies suspekt, da gezeigt werden konnte, daß einiges dafür spricht, daß das Beschäftigungswachstum in Kleinunternehmen auf Wachstum in arbeitsintensiven Branchen des Dienstleistungssektors und des

---

758 Vgl. dazu die Ausführungen in Kapitel 3.5 dieser Arbeit.

759 Vgl. die Ausführungen in Kapitel 3.5.2.4 dieser Untersuchung.

Handwerks zurückgeht. Diese Unternehmen leiden jedoch weniger unter Problemen bei der Kapitalbeschaffung als vielmehr unter Schwierigkeiten auf Ebene des Produktionsfaktors Arbeit.

Weiterhin trifft man auf vielfältige Informationsdefizite in Hinblick auf die Fragestellung, ob Finanzierungshilfen Investitionen und Beschäftigung in Kleinunternehmen fördern. Bezüglich des Rentabilitätseffekts von Finanzierungshilfen ist ein verschwendungsfreier Mitteleinsatz aufgrund von Informationsproblemen so gut wie ausgeschlossen.[760] Investitionsanstöße über den Liquiditätseffekt von Finanzierungshilfen basieren auf der Annahme, daß Kleinunternehmen über Finanzierungsengpässe verfügen. Es konnte jedoch gezeigt werden, daß gerade hinsichtlich dieser Annahmen erhebliche Informationsrisiken vorliegen. Dies gilt sowohl allgemein in bezug auf die Gruppe der Kleinunternehmen als auch speziell für Handwerksunternehmen. Vor allem die unkomplizierte Informationsgewinnung über Bilanzanalysen zeigt hier offensichtlich ein verzerrtes Bild und führt zu Fehleinschätzungen.[761]

Die Informationsdefizite der Mittelstandsförderung gehen jedoch noch über die bisher dargestellten Problembereiche hinaus. Eine Politik, die über Subventionen die Gewinner des strukturellen Wandels fördern will, muß darüber Kenntnis haben, für welche Unternehmen dies nicht nur in der Gegenwart, sondern auch in der Zukunft gilt. Dies ist ein Wissensproblem, das bei einer steigenden Geschwindigkeit und Intensität des Strukturwandels kaum zu lösen ist. Im folgenden soll dieser Zusammenhang anhand eines Beispiels aus dem Bereich der Handwerksstatistik illustriert werden.

Zur Informationsgewinnung staatlicher Stellen und wissenschaftlich oder praktisch Interessierter dient im Bereich des Handwerks die Handwerkszählung. Sie ist eine Totalerhebung und liefert als solche zuverlässige Daten über verschiedene Merkmale von Handwerksunternehmen; u.a. über Umsatz, Beschäftigte, Anzahl der Unternehmen und vieles andere mehr.[762] Das Problem einer Totalerhebung liegt in den Kosten, die sie verursacht. Handwerkszählungen werden daher nur in relativ großen zeitlichen Abständen vorgenommen. Die letzten drei Handwerkszählungen erfolgten 1995, 1977 und 1968.

Um im Zeitraum zwischen den Totalerhebungen Daten über die wirtschaftliche Entwicklung des Handwerks zu liefern, erstellt das Bundesamt für Statistik die Handwerksberichterstattung.[763] Diese beruht auf einer repräsentativen Stichprobenerhebung auf Basis des Materials der jeweils letzten Handwerkszäh-

---

760 Vgl. die Ausführungen in Kapitel 4.2 dieser Arbeit.

761 Ausführlich wird dies in Kapitel 4.3 dieser Untersuchung analysiert.

762 Vgl. Veldhues, B.: Handwerkszählung, 1994, S. 109 ff. sowie Ziebach, M.: Zählung, 1996, S. 87 ff.

763 Vgl. z.B. Statistisches Bundesamt (Hrsg.): Handwerk, 1996.

lung.[764] Die Handwerksberichterstattung stellt also eine Schätzung dar. Auf diese müssen sich staatliche Stellen verlassen, wenn in Hinblick auf das Handwerk im Zeitraum zwischen zwei Handwerkszählungen wirtschaftspolitische Entscheidungen getroffen werden.

Zwischen den Handwerkszählungen von 1968 und 1977 ging die Beschäftigung im Handwerk um 5,3% oder 207.500 Personen zurück, die Zahl der Unternehmen verringerte sich um ca. ein Fünftel oder um 125.000.[765] Man konnte also das Handwerk durchaus als einen schrumpfenden Bereich der Gesamtwirtschaft bezeichnen. Die Ergebnisse der Handwerksberichterstattung bestätigten bis 1995 diese Ansicht. Sowohl was Beschäftigung als auch die Zahl der Unternehmen anging, stagnierte danach die Entwicklung im Handwerk im Vergleich zur Entwicklung in anderen Wirtschaftsbereichen.[766] Es verwundert daher nicht, daß das Handwerk in Politik und Forschung bis vor kurzem noch als schrumpfender Bereich der Gesamtwirtschaft angesehen wurde.[767]

Im Jahre 1995 wurde eine erneute Handwerkszählung durchgeführt. Diese zeigte ein Bild des Handwerks, das erheblich von den Schätzungen der Handwerksberichterstattung abwich. Die tatsächliche Zahl der im Handwerk Beschäftigten lag (laut Handwerkszählung) um rund ein Fünftel über den Schätzungen der Handwerksberichterstattung. Vergleicht man die Veränderungen im Handwerk anhand von Daten der Totalerhebungen der Handwerkszählungen von 1977 und 1995, so ergibt sich folgendes Bild: Die Beschäftigung im Handwerk ist um 1,2 Mio. Personen bzw. um ca. 31,2 % gestiegen. Der Umsatz hat sich im Handwerk um DM 449.061 Mio. erhöht, was eine Steigerung von ca. 178,3 % bedeutet.[768]

Offensichtlich hat sich das Handwerk also zwischen 1977 und 1995 völlig anders entwickelt, als man es aufgrund der Daten des statistischen Bundesamtes annehmen mußte. Anstelle zu stagnieren oder sogar zu schrumpfen, ist es gewachsen. Wirtschaftspolitische Entscheidungen, die in Hinblick auf das Handwerk in den 80er Jahren getroffen wurden, basierten damit auf einer falschen Datenbasis. Hätte man sich damals im Sinne einer Strukturpolitik, die die Gewin-

---

764 Zu den methodischen Einzelheiten vgl. Statistisches Bundesamt (Hrsg.): Handwerk, 1996, S. 6 ff.

765 Vgl. Statistisches Bundesamt (Hrsg.): Handwerkszählung 1977, 1979.

766 Vgl. Statistisches Bundesamt (Hrsg.): Handwerk, 1996.

767 So geben z.B. die auf den Daten des statistischen Bundesamtes basierende Handwerksberichte des RWI für das Handwerk zwischen 1970 und 1994 eine stagnierende Zahl der Beschäftigten bei sinkender Betriebszahl und abnehmendem Anteil der handwerklichen Produktion am Bruttoinlandsprodukt an; vgl. RWI (Hrsg.): Handwerksberichte, 1995, S. 8 u. S. 11.

768 Vgl. Statistisches Bundesamt (Hrsg.): Handwerkszählung 1995, 1996. Natürlich beziehen sich Daten nur auf die alten Bundesländer inkl. West-Berlin.

ner des strukturellen Wandels unterstützen will, entschlossen, das Handwerk nicht zu fördern, hätte man eine Fehlentscheidung getroffen. Ebenso kann es jedoch staatlichen Stellen ergehen, die aufgrund der neuen Datenbasis glauben, im Handwerk einen Gewinner des strukturellen Wandels zu sehen; denn ob dieser Trend auch mittelfristig Bestand hat, kann in Hinblick auf die Erfahrungen mit der Handwerksstatistik in den 80er Jahren wohl kaum jemand mit gutem Gewissen voraussagen.

Um Mißverständnissen vorzubeugen: Dieses relativ drastische Beispiel wurde nicht gewählt, um die Erhebungs- und Schätzmethoden des Bundesamtes für Statistik oder daraus gezogene Schlußfolgerungen zu kritisieren. Es soll vielmehr zeigen, welchen Informationsrisiken eine Strukturpolitik ausgesetzt ist, die auf zentrale Informationsgewinnung und -auswertung setzt. Zusammen mit den Ergebnissen der vorliegenden Arbeit zeigt dieses Beispiel illustrativ, daß die Mittelstandsförderung im speziellen den selben Informationsdefiziten unterliegt, die generell die Effizienz einer zentralgesteuerten, interventionistischen Strukturpolitik in Mitleidenschaft ziehen.

Die struktur- und beschäftigungspolitische Effizienz der Mittelstandsförderung hängt jedoch davon ab, ob staatliche Stellen dazu in der Lage sind, Informationsprobleme einer interventionistischen Strukturpolitik hinreichend genau zu lösen. Diese Untersuchung hat vielfältige Informationsdefizite einer auf Subventionen basierenden, beschäftigungsorientierten Mittelstandsförderung aufgezeigt. Es spricht daher wenig dafür, daß die Mittelstandsförderung in ihrer heutigen Ausgestaltung über besondere Erkenntnisse oder Eigenschaften zur Lösung der angesprochenen Informationsprobleme verfügt. Wenn dies so ist, kann jedoch letztlich nicht davon ausgegangen werden, daß die Mittelstandsförderung ein effizientes Instrument der Struktur- und Beschäftigungspolitik ist.

5.3 Die Deregulierung des Arbeitsmarktes als alternatives Instrument einer beschäftigungsorientierten Strukturpolitik

5.3.1 Ursachen für Funktionsstörungen auf dem Arbeitsmarkt

Die Untersuchungen und Überlegungen dieser Arbeit erbrachten sowohl in Hinblick auf einzelwirtschaftliche als auch gesamtwirtschaftliche Wirkungsverläufe von Finanzierungshilfen Ergebnisse, die es unwahrscheinlich erscheinen lassen, daß durch Mittelstandsförderung ein nachhaltiges Beschäftigungswachstum bewirkt werden kann. Es liegt daher nahe, nach alternativen Instrumenten für eine beschäftigungsorientierte Strukturpolitik zu suchen. Aufgrund der Vielfalt und Komplexität der Möglichkeiten können Alternativen an dieser Stelle nicht erschöpfend dargestellt werden. Dennoch soll versucht werden, in Rückgriff auf Ergebnisse dieser Arbeit, einige grundsätzliche Möglichkeiten einer effizienteren beschäftigungsorientierten Strukturpolitik zu skizzieren.

Es konnten in den vorangegangenen Kapiteln einige zentrale Schwachstellen der Mittelstandsförderung herausgearbeitet werden. Daraus lassen sich zwei Bedingungen ableiten, die eine effiziente beschäftigungsorientierte Strukturpolitik erfüllen sollte: Zum einen sollte sie rahmenorientiert auf Wettbewerb als strukturpolitisches Lenkungsinstrument setzen, um den systematischen Vorteil dezentraler Informationsgewinnung zu nutzen und die allokationsverzerrenden Effekte einer prozeßorientierten Politik zu vermeiden.[769] Zum anderen sollte in Hinblick auf Substitutionseffekte der Produktionsfaktor Arbeit als Ansatzstelle der Förderung ausgewählt werden.[770] Die letzte Feststellung mag trivial klingen. Ihre explizite Erwähnung ist jedoch durchaus begründet, denn bis heute ist in der Bundesrepublik Mittelstandsförderung im speziellen und Wirtschaftsförderung im allgemeinen im wesentlichen eine Förderung von Sachinvestitionen.[771]

Eine rahmenorientierte Arbeitsmarktpolitik, deren Ziel es ist, über mehr Wettbewerb zu einem funktionierenden Arbeitsmarkt zu gelangen, erfüllt beide genannten Voraussetzungen. In Kapitel 3.3 dieser Arbeit wurde dargestellt, inwieweit ein funktionierender Arbeitsmarkt mit flexiblen und differenzierten Löhnen und mobilen Marktteilnehmern ein Lenkungsinstrument zur Förderung des strukturellen Wandels und ein Anreizsystem zum Abbau von Arbeitslosigkeit darstellt. Ich verweise daher auf die dortigen Ausführungen. Noch nicht geklärt wurde bisher die Frage, welche Instrumente angewandt werden können, um Funktionsstörungen auf dem Arbeitsmarkt der Bundesrepublik zu beseitigen.

Generell lassen sich zwei Ursachen für das Auftreten von Funktionsstörungen auf Märkten unterscheiden, nämlich Marktversagen auf der einen und Staatsversagen (Politikversagen) auf der anderen Seite. Von der Frage, welche Bedeutung diese beiden Ursachenkomplexe für Funktionsstörungen auf den Arbeitsmärkten der Bundesrepublik haben, hängt ab, welche Instrumentarien für eine Verbesserung der Funktionsfähigkeit einzusetzen sind.[772]

Wird Arbeitslosigkeit in erster Linie durch Marktversagen verursacht, liegt es nahe, regulierend einzugreifen, um Rahmenbedingungen für einen funktionsfähigen Arbeitsmarkt zu schaffen. In diesem Fall sind Regulierungen notwendig, um einen funktionsfähigen Arbeitsmarkt zu konzipieren.[773] Bei Staatsversagen ist

769 Vgl. Kapitel 5.2.2 und Kapitel 5.2.3 dieser Arbeit.

770 Vgl. Kapitel 4.4.2 dieser Arbeit.

771 Vgl. die Ausführungen in Kapitel 2.4.3.2 dieser Arbeit.

772 Ausführlich beschäftigen sich Soltwedel, R. u.a.: Regulierungen, 1990, S. 114 ff. mit diesem Themenkomplex.

773 Vgl. Soltwedel, R. u.a.: Regulierungen, 1990, S. 180.

dies genau umgekehrt. Hier liegen die Ursachen für Funktionsstörungen des Arbeitsmarktes in falsch gesetzten Regulierungen, die Fehlanreize darstellen und die Anpassungsflexibilität des Arbeitsmarktes verringern. Zur Beseitigung von Funktionsstörungen des Arbeitsmarktes geht es bei festgestellten Politikversagen um eine Beseitigung dieser Regulierungen, also um eine Deregulierung des Arbeitsmarktes.[774]

Eine Analyse, ob in erster Linie Marktversagen oder Politikversagen für Funktionsstörungen auf dem Arbeitsmarkt der Bundesrepublik verantwortlich ist, ist für die Auswahl von Maßnahmen, die zur Bekämpfung von Arbeitslosigkeit ergriffen werden, von zentraler Bedeutung. Eine solche Analyse würde sicherlich den Rahmen dieser Arbeit sprengen. Allerdings ist zu bemerken, daß diese Fragestellung für die Bundesrepublik als relativ eindeutig beantwortet angesehen werden kann. Auch wenn es an gegenteiligen Meinungen nicht fehlt, ist festzustellen, daß in der Bundesrepublik schon seit einiger Zeit eine massive Kritik an der bestehenden Arbeitsmarktordnung laut geworden ist, die in staatlichen Regulierungen eine wesentliche Ursache für die Arbeitslosigkeit sieht.[775]

5.3.2 Arbeitsmarktpolitische Deregulierungspotentiale in der Bundesrepublik

Wenn Regulierungen des Arbeitsmarktes in der Bundesrepublik eine wesentliche Ursache für Arbeitslosigkeit darstellen, ist zu fragen, wie die Rahmenbedingungen des Arbeitsmarktes zu verändern sind, um über mehr Wettbewerb zu einer höheren Funktionsfähigkeit zu gelangen. Die OECD hat dazu im Rahmen ihrer „Jobs Strategy" ein Bündel von Empfehlungen vorgelegt.[776] Diese sind aus drei Gründen von besonderer Bedeutung. Erstens enthält die „OECD-Jobs-Strategy" nicht nur Empfehlungen für die Bundesrepublik, sondern auch für andere Mitgliedsländer. Die Empfehlungen sind jedoch speziell auf die Schwachstellen der jeweiligen Volkswirtschaften ausgerichtet, so daß man über Vergleiche zwischen verschiedenen Mitgliedstaaten Erkenntnisse gewinnen kann. Zweitens steht die OECD als supranationales Institut kaum im Verdacht, ihre Empfehlungen an Interessenlagen nationaler Lobbyisten auszurichten. Drittens sind die Empfehlungen über die Arbeitsstudien der OECD empirisch fundiert.

Im Einzelnen ordnet die OECD ihre Empfehlungen sieben Hauptbereichen zu. Die ersten sechs Bereiche beziehen sich auf den Arbeitsmarkt, während es im siebten Bereich um die Deregulierung anderer Märkten geht, die den Abbau von

774 Vgl. Donges, J. B.: Deregulierung, 1992, S. 8.
775 Vgl. Donges, J.B.: Deregulierung, 1992, S. 14 mit weiteren Verweisen.
776 Vgl. OECD (Hrsg.): Implementing, 1997.

Arbeitslosigkeit unterstützen sollen.[777] In den ersten sechs Bereichen werden für die Bundesrepublik folgende Maßnahmen zur Bekämpfung der Arbeitslosigkeit empfohlen:[778]

1. Lohnersatzleistungen
   - Senkung der Lohnersatzrate[779]
   - Verringerung der Dauer von Lohnersatzleistungen
   - Strengere Verfügbarkeitsbedingungen für Arbeitslose
   - Verschärfung der Voraussetzungen für eine Berechtigung zu Unterstützungsleistungen
   - Einsatz von Lohnersatzleistungen zur Förderung von Niedriglohn-Beschäftigung
2. Frühverrentung
   - Strengere Vorschriften zur Frühverrentung
3. Steuern und Sozialabgaben
   - Reduzierung von Steuern und Abgaben auf Arbeitseinkommen
   - Gezielte Reduzierung der Einkommensteuer auf geringe Einkommen
4. Arbeitsrecht / Kündigungsschutzrecht
   - Entschärfung der allgemeinen Gesetzeslage in diesem Bereich
   - Erleichterung von Kollektiventlassungen
   - Erleichterung des Abschlusses von Zeitarbeitsverträgen
   - Erleichterung der Regulierung von Zeitarbeitsfirmen
5. Lohnstruktur und Arbeitnehmer-Arbeitgeber-Beziehungen
   - Stärkere Lohndifferenzierung
   - Dezentralisierung der Lohnfindung
   - Verstärkte Einführung von Tariföffnungsklauseln
6. Arbeitsflexibilität und Teilzeitarbeit
   - Erleichterung der Bedingungen für Teilzeitarbeit

Abbildung 9: Empfehlungen der OECD-Jobs-Strategy für die Bundesrepublik

---

777 Hier wird für die Bundesrepublik eine Intensivierung des Wettbewerbs, eine Liberalisierung der Ladenöffnungszeiten sowie Privatisierungen und Restrukturierungen öffentlicher Betriebe mit dem Ziel, diese stärker dem Wettbewerb auszusetzen, empfohlen (vgl. OECD (Hrsg.): Implementing, 1997, S. 106).

778 Vgl. zum folgenden OECD (Hrsg.): Implementing, 1997, S. 51 ff.

779 Die Lohnersatzrate ist das Verhältnis zwischen Lohnersatzleistungen und Arbeitseinkommen (vgl. Bellmann, L.: Spreizung, 1995, S. 396).

Die Empfehlungen der OECD an die Bundesregierung sind äußerst vielfältig. Auffällig ist, daß die Bundesrepublik im Vergleich zu anderen Mitgliedsländern mit einer relativ hohen Anzahl an Vorschlägen zur Deregulierung des Arbeitsmarktes bedacht wird.[780] Dies weist auf die hohe Regulierungsdichte und die Bedeutung der Regulierungen für das Auftreten von Arbeitslosigkeit in Deutschland hin.

5.3.3 Deregulierung und Beschäftigung

Strukturelle Arbeitslosigkeit entsteht, wenn Anpassungslasten auf eine zu geringe Anpassungsfähigkeit des Arbeitsmarktes treffen.[781] Die Deregulierungsempfehlungen der OECD bezwecken im Ergebnis, die Anpassungsfähigkeit des Arbeitsmarktes zu erhöhen und Anpassungslasten für den Arbeitsmarkt zu verringern.

Ein Großteil der Vorschläge zielt darauf ab, die Mobilität und Flexibilität von Arbeitsmarktteilnehmern zu erhöhen, indem Wettbewerbsdruck auf Arbeitsplatzbesitzer ausgeübt wird. Vorschläge aus dem Bereich 1 setzten bei Arbeitslosen (sog. Outsider) an. Sie dienen dazu, den Anreiz für Arbeitslose zu verstärken, nach Arbeit zu suchen und Arbeit anzunehmen. So läßt sich z.B. zeigen, daß vergleichsweise niedrige Lohnersatzleistungen eine positive Anreizwirkung auf die Intensität der Arbeitsplatzsuche und auf die Wahrscheinlichkeit der Arbeitsplatzannahme haben.[782]

Weiterhin wird der Wettbewerbsdruck auf Arbeitsplatzbesitzer (sog. Insider) erhöht, indem Regulierungen aufgeweicht werden, die vor Konkurrenz von Außen schützen. Tatsächlich stellen viele der Arbeitsmarktregulierungen in der Bundesrepublik für Arbeitssuchende Markteintrittsbarrieren dar (so z.B. der Kündigungsschutz, das Günstigkeitsprinzip im Tarifvertragsgesetz, der großzügige Sozialplananspruch, die gesetzlichen Beschränkungen bei der Leiharbeit oder das Vermittlungsmonopol der Bundesanstalt für Arbeit).[783]

Eine Erhöhung des Wettbewerbsdrucks auf Insider dient grundsätzlich dazu Anpassungslasten, die auf dem Arbeitsmarkt auftreten, zu individualisieren, d.h. Marktteilnehmer dazu zu zwingen, Anpassungslasten auch zu tragen und nicht auf Dritte, wie Arbeitslose oder die Bundesanstalt für Arbeit, abzuwälzen.[784]

---

780 Vgl. OECD (Hrsg.): Implementing, 1997, S. 51 ff.

781 Vgl. Berthold, N.: Arbeitslosigkeit, 1992, S. 53 und Kapitel 3.3.5.1 dieser Arbeit.

782 Vgl. Bellmann, L.: Spreizung, 1995, S. 396.

783 Vgl. Donges, J. B.: Deregulierung, 1992, S. 15; Siebert, H.: Arbeit, 1995, S. 235; Zöllner, W.: Regelungen, 1990, S. 42 f.

784 Vgl. dazu auch Berthold, N: Arbeitslosigkeit, 1992, S. 54 f.

Wettbewerb zwingt durch tatsächliche oder potentielle Konkurrenz Arbeitsmarktteilnehmer dazu flexibel und mobil zu sein, was die Anpassungsfähigkeit des Arbeitsmarktes an auftretende Anpassungslasten erhöht.

Viele Empfehlungen der OECD beziehen sich auf den Lohn als Regulativ des Arbeitsmarktes und rigide Löhne als eine wesentliche Ursache für Arbeitslosigkeit. Augenscheinlich ist dies bei Vorschlägen aus dem Bereich 5. In Kapitel 3.3.5.3 dieser Arbeit wurde bereits ausführlich darauf eingegangen, warum einer flexiblen und differenzierten Lohnstruktur eine wesentliche Bedeutung zum Abbau von Arbeitslosigkeit und zur Förderung des strukturellen Wandels zukommt, so daß an dieser Stelle auf weitere Ausführungen verzichtet werden kann.

Die Vorschläge der OECD zielen jedoch nicht nur darauf ab, die Anpassungsflexibilität des Lohnes bzw. der Lohnstruktur zu erhöhen. Sie bezwecken auch Anpassungslasten zu verringern, die andernfalls auf dem Arbeitsmarkt über Lohn und Lohnstruktur bewältigt werden müßten. So hat der Ausbau der sozialen Sicherungssysteme in den letzten Jahrzehnten wie eine Steuer auf den Einsatz von Arbeit gewirkt. Über komplexe Anpassungsprozesse schwächt dies die Nachfrage nach Arbeit und trägt zur Arbeitslosigkeit bei.[785] Aus diesem Grund dienen mehrere Maßnahmen der OECD dazu, den Einsatz des Faktors Arbeit für Unternehmen zu verbilligen oder attraktiver zu gestalten und Belastungen des Faktors Arbeit zu verringern. Dies gilt speziell für Maßnahmen aus den Bereichen drei, vier und fünf.

Auch Regulierungen, die zum Schutz von Arbeitnehmerrechten eingesetzt werden, wie etwa das Kündigungsschutzrecht, setzen aus Sicht der Unternehmer die Attraktivität des Produktionsfaktors Arbeit herab. Solche Maßnahmen können durchaus dem Schutz bestehender Arbeitsplätze dienen. Gerade deshalb behindern sie aber die Entstehung neuer Arbeitsplätze. Denn sie verringern die Anpassungsflexibilität des Produktionsfaktors Arbeit und damit die Attraktivität des Einsatzes von Arbeit aus Sicht der Unternehmen.[786] In Hinblick auf die hohe Arbeitslosigkeit in der Bundesrepublik sollten nicht nur Arbeitnehmerschutzrechte, sondern alle gesetzlichen Regelungen des Arbeitsmarktes daraufhin untersucht werden, ob sie die Nachfrage nach Arbeitskräften schwächen und ob dies in Hinblick auf den Nutzen, den sie an anderer Stelle bewirken, gerechtfertigt ist.[787]

Grundsätzlich gilt, daß sowohl Regulierungen und Abgabenbelastungen, die die Attraktivität des Produktionsfaktors Arbeit aus Sicht der Unternehmen herabsetzen, als auch Mobilitätshemmnisse nicht zu Arbeitslosigkeit führen, wenn es

785 Vgl. Siebert, H.: Beschäftigung, 1995, S. 13 ff.
786 Vgl. Sachverständigenrat: Aufschwung, 1994, S. 258.
787 Vgl. Siebert, H.: Beschäftigung, 1996, S. 1.

gelingt diese Einflüsse über eine flexible Lohnstruktur zu internalisieren.[788] Anders betrachtet entlastet eine Deregulierung, eine Senkung von Steuern und Abgaben auf Arbeit und eine Erhöhung der Mobilität der Marktteilnehmer den Lohn in seiner Aufgabe als Regulativ des Arbeitsmarktes. Bei Lohnrigidität gelingt es dem Arbeitsmarkt nicht, über den Lohn als Regulativ diese Anpassungslasten zu verarbeiten. In diesem Fall bewirkt eine Verringerung von Anpassungslasten positive Beschäftigungseffekte.

5.3.4 Deregulierung und Beschäftigung im internationalen Vergleich

Zur Beurteilung der Wirksamkeit einer Deregulierungspolitik auf die Beschäftigung kann auf einen Vergleich zwischen der Bundesrepublik auf der einen Seite und beschäftigungspolitisch erfolgreicheren Ländern auf der anderen Seite zurückgegriffen werden. Als beschäftigungspolitisch erfolgreich kann man solche Länder bezeichnen, die in den letzten Jahren Arbeitslosigkeit von einem relativ hohem auf ein relativ niedriges Niveau zurückgeführt haben.[789]

Beispiele für Länder, die in diesem Sinne erfolgreiche Beschäftigungspolitik betrieben haben, sind die USA, Großbritannien, Dänemark und die Niederlande. Anders als die Bundesrepublik konnten alle genannten Länder seit Anfang der 80er Jahre bemerkenswerte beschäftigungspolitische Erfolge verzeichnen.

Abbildung 10 zeigt, daß die Arbeitslosenquote in allen vier Ländern zu Beginn der 80er Jahre deutlich über der Quote der Bundesrepublik lag. Ende der 90er Jahre ist Deutschland im negativen Sinn der Spitzenreiter. Das Bild hat sich somit grundsätzlich gewandelt. Die gleiche Entwicklung läßt sich beobachten, wenn man das Beschäftigungswachstum in diesem Zeitraum betrachtet. Die Beschäftigung ist zwischen 1983 und 1997 in den USA und den Niederlanden um über 25% angestiegen und in Dänemark und Großbritanien um über 10% gewachsen. Im gleichen Zeitraum erhöhte sich die Beschäftigung in der Bundesrepublik um knapp 5%.[790]

Wenn man die Arbeitslosigkeit in der Bundesrepublik bekämpfen will, liegt es bei diesem Hintergrund nahe zu fragen, was beschäftigungspolitisch erfolgreiche Länder unternommen haben, um einen derart deutlichen Rückgang der Arbeitslosigkeit zu bewirken.[791] Natürlich sind die Methoden und Maßnahmen von Land zu Land unterschiedlich, dennoch lassen sich Gemeinsamkeiten erkennen,

---

788 Vgl. dazu auch Bellmann, L.: Spreizung, 1995, S. 392.
789 Vgl. Werner, H.: Länder, 1998, S. 325; vgl. dazu auch Kleinhenz, G.: Erfolg, 1998.
790 Zu den Zahlen vgl. Werner, H.: Länder, 1998, S. 326.
791 Vgl. Kleinhenz, G.: Erfolg, 1998, S. 258.

die darauf hinweisen, daß Deregulierung auch für die Bundesrepublik ein erfolgversprechendes Konzept zum Abbau von Arbeitslosigkeit sein kann.

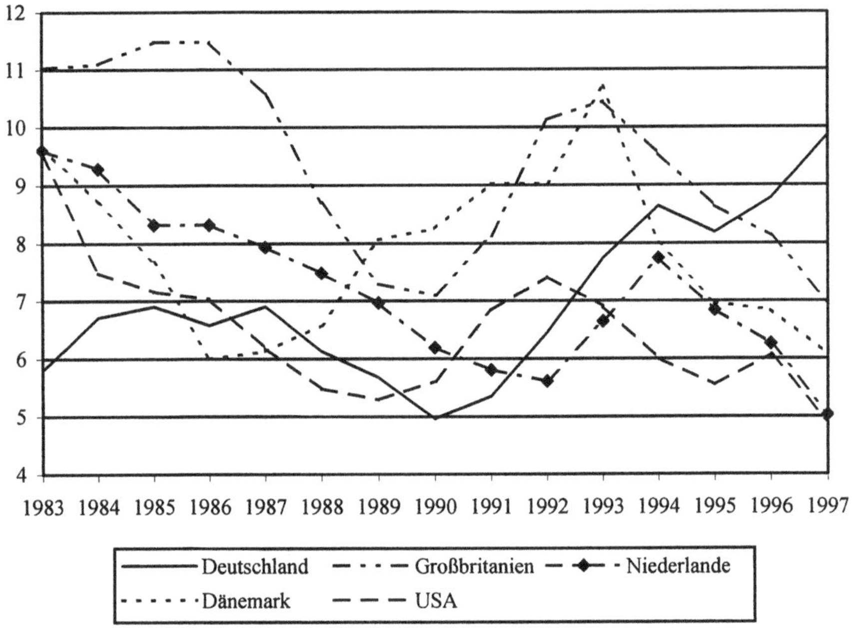

Abbildung 10: Arbeitslosenquoten in verschiedenen Industrienationen 1983-1997 in Prozent[792]

Aus einer Analyse der Maßnahmen der vier betrachteten, beschäftigungspolitisch erfolgreichen Länder lassen sich im einzelnen folgende Elemente ableiten, die für die positive Arbeitsmarktentwicklung eine wichtige Rolle gespielt haben:[793]

1. Dezentrale Lohnfindungsprozesse dienten dazu, regionalen und betrieblichen Gegebenheiten besser Rechnung zu tragen. Weiterhin haben in allen betrachteten Ländern moderate Lohnsteigerungen und differenzierte Lohnsysteme den Beschäftigungsaufbau gefördert und niedrige Lohnnebenkosten die Belastung des Faktors Arbeit verringert.

792 Entnommen aus Werner, H.: Länder, 1998, S. 325.

793 Vgl. zum folgenden Wallwei, L.: Länder 1998, S. 346; Werner, H.: Länder, 1998, S. 332 f sowie Gerlach, K.: Schlußfolgerungen, 1998, S. 348 f.

2. Auch in den Ländern mit stärker tarifvertraglich fixierten Arbeitsmärkten sind zunehmend Flexibilisierungsmöglichkeiten der Arbeitszeiten in die Tarifverträge eingeführt worden.
3. Die Rahmenbedingungen für Investitionen und Verbrauch wurden verbessert, z.B. durch die Fiskal- und Geldpolitik, speziell in der Steuerpolitik durch Senkung der direkten und stärkere Betonung der indirekten Steuern. Weiterhin diente dazu eine Liberalisierung von Produkt- und Dienstleistungsmärkten.

Die Maßnahmen der betrachteten Länder bestanden nicht aus einzelnen Teilreformen, sondern waren in einem gesamtwirtschaftlichen Ansatz eingebettet, in dem die Reformen koordiniert wurden.[794]

Auch wenn diese Methoden nicht eins zu eins auf die Bundesrepublik übertragbar sein sollten, so zeigt der Vergleich doch, daß die Empfehlungen der OECD zur Bekämpfung von Arbeitslosigkeit in die richtige Richtung gehen. Ein Maßnahmenbündel, das auf differenzierte und flexible Lohnstrukturen und eine Verbesserung der Mobilität und Flexibilität der Arbeitsmarktteilnehmer setzt, den Produktionsfaktor Arbeit entlastet und die Wachstumsbedingungen verbessert, stellt auch für die Bundesrepublik ein vielversprechendes Instrument zur Bekämpfung von Massenarbeitslosigkeit dar.

Aufgrund der immensen Höhe der Arbeitslosigkeit in der Bundesrepublik geht die Bedeutung einer effizienten Beschäftigungspolitik weit über den Arbeitsmarkt hinaus. Gelingt es, über eine Deregulierung des Arbeitsmarktes einen Großteil der zur Zeit Arbeitslosen in eine ökonomisch sinnvolle Beschäftigung zu führen, so bedeutet dies ein nachhaltiges Wachstum des gesamtwirtschaftlichen Produktionspotentials. Speziell für Unternehmen, die beschäftigungsintensiv wachsen, stellt ein Abbau von Arbeitsmarktregulierungen eine Verringerung von Wachstumshemmnissen dar.

Es wurde gezeigt, daß Wettbewerb und funktionsfähige Märkte effiziente Instrumente der Strukturpolitik darstellen.[795] Ebenso ist ein funktionsfähiger Arbeitsmarkt ein effizientes Instrument einer beschäftigungsorientierten Strukturpolitik. Von einer Deregulierung des Arbeitsmarktes werden in erster Linie diejenigen Unternehmen profitieren, die beschäftigungsintensiv wachsen. Eine beschäftigungsorientierte Strukturpolitik, die auf Wettbewerb und einen funktionsfähigen Arbeitsmarkt setzt, vermeidet das Hauptproblem der beschäftigungsorientierten Mittelstandsförderung. Sie muß Unternehmen, die beschäftigungsintensiv wachsen nicht identifizieren und über weitere Maßnahmen fördern. Sie kann dies der dezentralen Informationsgewinnung und Anreizwirkung des Wettbe-

794 Vgl. Werner, H.: Länder, 1995, S. 332.
795 Vgl. Kapitel 5.2.2 dieser Arbeit.

werbs überlassen. Sind es tatsächlich Existenzgründer, Kleinunternehmen und Handwerksunternehmen, die Beschäftigung in der Bundesrepublik schaffen, so werden diese Unternehmen von einer Deregulierung des Arbeitsmarktes überproportional profitieren.

6 Ergebnis

Das Zielsystem einer beschäftigungsorientierten Mittelstandsförderung verfügt über zwei grundsätzliche Ambivalenzen. Zum einen argumentiert die Mittelstandsförderung auf Ebene der Oberziele mit der Wachstumsstärke von Kleinunternehmen, während auf Ebene der Unterziele mit Wachstumsschwächen argumentiert wird. Zum anderen ist es Ziel der Mittelstandsförderung, Beschäftigung zu schaffen und zu sichern, also den Einsatz des Produktionsfaktors Arbeit zu fördern, dennoch setzt sie auf Ebene der Instrumente in erster Linie auf eine Förderung des Einsatzes von Sachkapital.

Beide Zusammenhänge beruhen im Grundsatz auf der Tatsache, daß die beschäftigungsorientierte Mittelstandsförderung über keine theoretische Fundierung verfügt. Die Mittelstandsförderung basiert auf keiner logischen Deduktion, die aus übergeordneten Zielen geeignete Instrumente ableitet. Vielmehr besteht die Mittelstandsförderung aus verschiedenen Instrumenten und Instrumentgruppen, die aus Zeiten mit unterschiedlicher mittelstandspolitischer Zielsetzung stammen. Die Beschäftigungsorientierung der Mittelstandsförderung stellt in diesem Kontext eher einen weiteren Begründungsversuch einer eigenständigen Subventionierung von Kleinunternehmen dar, als eine eigenständige mittelstandspolitische Konzeption. Bereits in Hinblick auf diesen Sachverhalt sollte Skepsis angebracht sein, wenn man sich mit der Fragestellung beschäftigt, ob die Mittelstandsförderung ein effizientes beschäftigungspolitisches Instrument darstellt. Die Analysen der vorliegenden Arbeit haben diese Skepsis bestätigt.

Es erscheint als zweckmäßig, daß die Mittelstandsförderung zur Bekämpfung von Arbeitslosigkeit auf Wirtschaftswachstum setzt. Die Arbeitslosigkeit basiert in der Bundesrepublik in erster Linie auf strukturelle Ursachen und Wirtschaftswachstum kann grundsätzlich als Instrument zum Abbau von struktureller Arbeitslosigkeit angesehen werden. Allerdings läßt die Beschäftigungsintensität wirtschaftlichen Wachstums in der Bundesrepublik (anders als in anderen Ländern) sehr zu wünschen übrig. Aus diesem Grund ist zur Zeit von wirtschaftlichem Wachstum allein keine Lösung des Beschäftigungsproblems zu erwarten. Dazu müßte die Beschäftigungsintensität des Wirtschaftswachstums deutlich erhöht werden.

Die Mittelstandsförderung begegnet diesem Problem, indem sie auf die Verbesserung der Wachstumsbedingungen in Unternehmen setzt, von denen staatlicherseits ein überproportional starkes Beschäftigungswachstum erwartet wird, wobei junge und kleine Unternehmen als eine solche Gruppe angesehen werden. Die Mittelstandsförderung setzt zur Schaffung von Beschäftigung nicht an den Ursachen für ein beschäftigungsschwaches Wirtschaftswachstum und damit letztlich an den Ursachen für strukturelle Arbeitslosigkeit an. Vielmehr versucht sie, die geringe Beschäftigungsintensität des Wirtschaftswachstums zu korrigieren, indem sie auf vermeintlich beschäftigungsstarke Unternehmen setzt. Die Mittelstandsförderung ist damit grundsätzlich als Korrektur- und nicht als Ursachentherapie anzusehen.

Die Ergebnisse der vorliegenden Untersuchung lassen den Schluß zu, daß dieser Politikansatz wenig erfolgversprechend ist. Das Kernproblem der derzeitigen Mittelstandsförderung – als eine Form einer auf Subventionen gestützten, prozeßorientierten Strukturpolitik – liegt in der Informationsbeschaffung und Informationsauswertung. Die Analysen dieser Arbeit haben gezeigt, daß die Mittelstandsförderung auf der langen Kausalkette zwischen Subventionseinsatz und Subventionsziel vielfältige Informationsdefizite aufweist, die die Effizienz der Mittelstandsförderung in Hinblick auf das Beschäftigungsziel in Mitleidenschaft ziehen.

Eine Politik, die Arbeitslosigkeit bekämpfen will, indem sie beschäftigungs- und wachstumsstarke Unternehmen fördert, muß diese Unternehmen in der einen oder anderen Form identifizieren. Wie gezeigt werden konnte, treten bereits an dieser Stelle erhebliche Informationsprobleme auf. Diese verstärken sich bei der Suche nach den Ursachen für divergierende Beschäftigungsentwicklungen in unterschiedlichen Bereichen der Volkswirtschaft. Gerade Erkenntnisse über diese Ursachen wären jedoch für die Gestaltung einer effizienten beschäftigungsorientierten Strukturpolitik von zentraler Bedeutung.

Die Konzentration der Mittelstandsförderung auf das althergebrachte Instrument der Finanzierungshilfe ist ein Ergebnis dieses Informationsdefizits. Neben der angesprochenen Ambivalenz der Förderungsziele, resultieren daraus in Hinblick auf das Beschäftigungsziel kontraproduktive Substitutionseffekte zwischen Arbeit und Kapital.

Weiterhin traten im Rahmen der betriebswirtschaftlichen und volkswirtschaftlichen Wirkungsanalyse Informationsdefizite auf. Betrachtet man den Rentabilitätseffekt von Finanzierungshilfen der Mittelstandsförderung, so ist ein verschwendungsfreier Mitteleinsatz aufgrund von Informationslücken so gut wie ausgeschlossen. Liquiditätseffekte von Finanzierungshilfen hängen von der Annahme ab, daß Kleinunternehmen des Handwerks Finanzierungsengpässe aufweisen. Es konnte jedoch gezeigt werden, daß gerade diese Annahmen erhebliche Informationsrisiken beinhaltet. Vor allem die vordergründig als unkompliziert erscheinende Informationsgewinnung über Bilanzanalysen führt zu Fehleinschätzungen. Darüber hinaus hat die volkswirtschaftliche Betrachtung von Subventionswirkungen der Mittelstandsförderung ergeben, daß aufgrund vielfältiger Anpassungsreaktionen und Multiplikatoreffekte gesamtwirtschaftliche Wirkungen einer interventionistischen Subventionspolitik in der Realität kaum mit hinreichender Genauigkeit abzuschätzen sind. Dies gilt besonders dann, wenn, wie im Fall der Mittelstandsförderung, eine in die Zukunft gerichtete Strukturpolitik betrieben werden soll.

Will man eine effiziente, beschäftigungsorientierte Mittelstandsförderung als prozeßorientierte Strukturpolitik konzipieren, müssen diese und andere Informationslücken geschlossen werden. Die vorliegende Untersuchung hat gezeigt, daß die Mittelstandsförderung dazu nicht in der Lage ist. Dies führt zu einer Vielzahl von Unstimmigkeiten und Ineffizienzen der Förderung, die in der Summe bewirken, daß die Mittelstandsförderung nicht als effizientes Instrument der Beschäftigungspolitik angesehen werden kann.

Die aus der Betrachtung der Mittelstandsförderung gewonnenen Erkenntnisse, lassen den Schluß zu, daß das Problem der Arbeitslosigkeit nicht durch eine Form der Korrekturtherapie bekämpft, sondern durch Ursachentherapie gelöst werden sollte. Wenn die Arbeitslosigkeit in der Bundesrepublik im wesentlichen struktureller Natur ist, so sind ihre Ursachen Funktionsstörungen von Einzelmärkten, speziell von Arbeitsmärkten. Arbeitslosigkeit sollte daher an dieser Stelle bekämpft werden. Wie Vergleiche mit beschäftigungspolitisch erfolgreichen Ländern gezeigt haben, ist dies eine aussichtsreiche Alternative für einen Weg aus der Massenarbeitslosigkeit.

Anhang: Fördermittelrecherche und -konditionen

Die Mittelstandsförderung enthält über 400 Programme, wobei eine Vielzahl als Finanzierungshilfen zu klassifizieren ist.[796] Eine umfassende Darstellung der Förderkonditionen von Finanzierungshilfen der Mittelstandsförderung würde daher den Rahmen der vorliegenden Arbeit sprengen. Um dennoch die Förderkonditionen illustrativ an einem gut abzugrenzenden Förderbereich abzubilden, enthalten die folgenden Seiten einen Überblick über Konditionen der ERP-Förderung. Wie sich der Darstellung entnehmen läßt, ist der überwiegende Teil der Instrumente dem Bereich der Mittelstandsförderung zuzuordnen. Eine Ausnahme stellen Teilbereiche des Innovationsprogramms und das Exportfinanzierungsprogramm dar.

Grundsätzlich soll die folgende Darstellung lediglich zur Illustration dienen. Für zeitnahe und umfassende Informationen zu Förderkonditionen von Finanzierungshilfen der Mittelstandsförderung bietet sich eine Internetrecherche an. Die Homepage des Bundesministeriums für Wirtschaft und Technologie (http://www.bmwi.de) stellt dafür einen sehr guten Einstieg dar. Hier finden sich u.a. eine Förderdatenbank, verschiedene Publikationen zum Thema Existenzgründung, Mittelstand und Mittelstandsförderung und Links zu anderen Websites, die sich mit Wirtschaftsförderung und Mittelstandsförderung beschäftigen, unter anderem auch zu Seiten der Bundesländer und der Europäischen Union.

796 Vgl. Arbeitsgruppe des Bundes und der Länder: Verbesserung, 1995, S. 2.

ERP-Förderprogramme[3]

			*	Konditionen				
Programm	**Antragsberechtigte**	**Verwendungszweck**		**Zinssatz ** nominal**	**Höchst-betrag in TDM**	**Aus-zahlung in %**	**Laufzeit max. in Jahren**	**dav. max tilgungs frei**
Eigenkapi-talhilfe-Programm (EKH)	Existenzgründer im Bereich der gewerbl. Wirtschaft und Angehörige Freier Berufe (einschl. Heilberufe)	Darlehen mit Eigenkapitalfunktion: Gründung, Erwerb u. Festigung von Betrieben, Übernahme tätiger Beteiligungen, Beschaffung des ersten Warenlagers und dessen Aufstockung, Markterschließungskosten	AL ***NL***	1.u.2.Jahr: 0 % im 3. Jahr: 3 % im 4. Jahr: 4 % im 5. Jahr: 5 % ab 6.bis10. Jahr: AL: 7,50 % ***NL:7,00 %***	1 000 ***1 000/2 000***	96 ***96***	20 ***20***	(10) ***(10)***
Existenz-gründungs-programm	Existenzgründer im Bereich der gewerbl. Wirtschaft und Angehörige Freier Berufe (ohne Heilberufe)	Gründung, Erwerb u. Festigung von Betrieben, Übernahme tätiger Beteiligungen, Beschaffung des ersten Warenlagers und dessen Aufstockung	AL ***NL***	5,75 % ***5,25 %***	1 000 ***2 000***	100 ***100***	10/15 [2] ***15/20*** [2]	(3) ***(5)***
Aufbau-programm -nur in den NL*-	Mittelständische Unternehmen der gewerblichen Wirtschaft und Angehörige Freier Berufe (ausgenommen Heilberufe)	- Errichtung od. Übernahme, - Erweiterung, - Umstellung oder grundleg. Rationalisierung von Betrieben	***NL***	***5,25 %***	***i.d.R. 1 000*** [1]	***100***	***15/20*** [2]	***(5)***
Regional-programm -nur in den AL*-	Mittelst. Unternehmen im GA-Gebiet,die keine GA-Mittel erhalten	Errichtung, Erweiterung, grundlegende Rationalisierung und Umstellung von Betrieben	AL	5,75 %	1 000	100	10/15 [2]	(2)
Umwelt- und Energie-sparpro-gramm	Private gewerbliche Unternehmen mit einem Jahresumsatz bis zu DM 500 Mio (konsolidiert)	Investitionen auf dem Gebiet der - Abwasserreinigung - Abfallverwertung und -beseitigung - Luftreinhaltung (einschl. Maßnahmen zur Reduzierung von Lärm, Geruch, etc) - Energieeinsparung	AL ***NL***	5,75 % ***5,25 %***	i.d.R. 1 000 [1] ***i.d.R. 2 000*** [1]	100 ***100***	10/15 [2] ***15/20*** [2]	(2) ***(5)***

* AL = Alte Bundesländer / ***NL = Neue Bundesländer einschl. Berlin insgesamt*** ** Zinsfestschreibung für die ersten 10 Jahre

1 Umsatzgrenze und/oder Kredithöchstbetrag (in TDM) können bei besonderer Förderwürdigkeit überschritten werden

2 Anlagen / Bauvorhaben

3 Die Tabelle wurde der Website des BMWi unter http://bmwi.de/Startseite/Unternehmen/Publikationen entnommen. Sie gibt einen Überblick über Förderprogramme der ERP-Forderung, Stand 31. August 2000.

Programm	Antragsberechtigte	Verwendungszweck	*	Zinssatz ** nominal	Höchstbetrag in TDM	Auszahlung in %	Laufzeit max. in Jahren	dav.max. tilgungs frei
Innovations-programm	Programmteil 1: (FuE-Phase) Private gewerbl. Unternehmen und Angehörige Freier Berufe	Entwicklung innovativer Produkte, Produktionsverfahren oder Dienstleistungen	AL ***NL***	5,25 % ***4,75 %***	i.d.R. 10 000 [1] ***i.d.R.10 000 [1]***	100 ***100***	10 ***10***	(2) ***(2)***
	Programmteil 2: (Markteinführung) Mittelständische gewerbl. Unternehmen und Angehörige Freier Berufe	Markteinführung innovativer Produkte, Verfahren oder Dienstleistungen	AL ***NL***	5,25 % ***4,75 %***	i.d.R. 2 000 [1] ***i.d.R. 5 000 [1]***	100 ***100***	10 ***10***	(2) ***(2)***
	Programmteil 3: (Beteiligungen) Beteiligungsgeber, die sich an der Finanzierung von Innovationsvorhaben beteiligen	Mitfinanzierung in der FuE-Phase bzw. der Markteinführungsphase (entsprechend Programmteil 1 oder 2)	AL ***NL***	*6,70 %*	*Refinanzierung* bis 75 % AL ***bis 85 % NL***	*100*	*10*	
Ausbildungs-plätze-programm	Mittelständische Unternehmen der gewerblichen Wirtschaft und Angehörige Freier Berufe (einschl. Heilberufe)	Schaffung von zusätzlichen betrieblichen Ausbildungsplätzen	AL ***NL***	5,75 % ***5,25 %***	100 [1] ***100 [1]***	100 ***100***	10/15 [2] ***15/20 [2]***	(3) ***(5)***
Beteiligungs-programm	Mittelständische Unternehmen, Private Kapital-beteiligungsgesellschaften	- Kooperation, - Innovation - Umstellung bei Strukturwandel. - Errichtung, Erweiterung, grdl. Rationalisierung., Umstellung.	AL ***NL***	von Fall zu Fall festgesetzt	i.d.R. 1 000 [1] ***i.d.R. 2 000 [1]***		10 ***15***	
Darlehen an Bürgschafts-banken	Mittelständische Bürgschaftsbanken	Bürgschafts-/ Kapitalbedarf bei Betrieben des Handwerks, Handels, Gewerbes, Verkehrs, Hotel- und Gaststättengewerbes; Freie Berufe	AL ***NL***	3,00 % ***1,00 %***	nicht festgesetzt	100 ***100***	10 ***15***	(2) ***(5)***
Export-finanzierungs-programm	Deutsche Exporteure oder ausländische Importeure	Finanzierung von Ausfuhrgeschäften	AL ***NL***	von Fall zu Fall festgesetzt	je nach Auftragswerten, max. 170 Mio	100	gemäß Hermes	gemäß Hermes

* AL = Alte Bundesländer / ***NL = Neue Bundesländer einschl. Berlin insgesamt*** ** Zinsfestschreibung für die ersten 10 Jahre

1 Umsatzgrenze und/oder Kredithöchstbetrag (in TDM) können bei besonderer Förderwürdigkeit überschritten werden

2 Anlagen / Bauvorhaben

Literaturverzeichnis

Albach, H.: Finanzierungsregel, 1988: Albach, Horst: "Finanzierungsregel" und Kapitalstruktur der Unternehmung, in: Christians, F. W. (Hrsg.): Finanzierungshandbuch, 2. Aufl., Wiesbaden : Gabler, 1988, S. 599-624.

Albach, H.: Ertragslage, 1988: Albach, Horst: Ertragslage und Kapitalstruktur kleiner und mittlerer Unternehmen des verarbeitenden Gewerbes – Gutachten erstellt im Auftrag des Bayerischen Staatsministeriums für Wirtschaft und Verkehr, o. Ort : o. Verl., 1988.

Albach, H.: Unternehmensentwicklung,1991: Albach, Horst: Kritische Wachstumsschwellen in der Unternehmensentwicklung, in: Albach, Horst: Unternehmen im Wettbewerb – Investitions-, Wettbewerbs- und Wachstumstheorie als Einheit, Wiesbaden : Gabler, 1991, S. 371-390.

Albach, H.: Deregulierung, 1992: Albach, Horst: Deregulierung des Handwerks, Wiesbaden : Gabler, 1992.

Albach, H.; Dahremöller, A.: Beitrag, 1986: Albach, Horst, Dahremöller, Axel: Der Beitrag des Mittelstandes bei der Lösung von Beschäftigungsproblemen in der Bundesrepublik Deutschland, Stuttgart : Poeschel, 1986.

Albach, H.; Hunsdiek, D.; Kokalj, L.: Risikokapital, 1986: Albach, Horst, Hunsdiek, Detlef; Kokalj, Ljuba: Finanzierung mit Risikokapital, Stuttgart : Poeschel, 1986.

Albers, Willi: Ziele, 1977: Albers, Willi: Ziele und Bestimmungsgründe der Finanzpolitik, in: Andel, N.; Haller, H.; Neumark, F. (Hrsg.): HdF, 3. Aufl., Tübingen : Mohr, 1977, S. 123-163.

Alewell, K.: Subventionen, 1993: Alewell, Karl: Subventionen, in: HWB, 5. Aufl., Stuttgart : Poeschel, 1993, Sp. 4111-4121.

Andel, N.: Interventionismus, 1970: Andel, Norbert: Subventionen als Instrument des finanzwirtschaftlichen Interventionismus, zugl.: Frankfurt am Main, Univ., Habil., 1969, Tübingen : Mohr, 1970.

Andel, N.: Subventionen, 1977: Andel, Norbert: Subventionen, in: HdWW, Stuttgart; New York : Fischer / Tübingen : Mohr / Göttingen : Vandenhoeck & Ruprecht, 1977, S. 491-510.

Andel, N.: Finanzwissenschaft, 1992: Andel, Norbert: Finanzwissenschaft, 3. Aufl., Tübingen : Mohr, 1992.

Angermann, T.: Unternehmensnachfolge, 1990: Angermann, Thorsten: Unternehmensnachfolge, in: Pfohl, H.-C. (Hrsg.):Betriebswirtschaftslehre der Mittel- und Kleinbetriebe – Größenspezifische Probleme und Möglichkeiten zu ihrer Lösung, 2. Aufl., Berlin : Erich Schmidt, 1990, S. 413-424.

Arbeitsgruppe des Bundes und der Länder: Verbesserung, 1995: Gemeinsame Arbeitsgruppe des Bundes und der Länder unter Vorsitz des Beauftragten der Bundesregierung für den Mittelstand: Verbesserung der Transparenz und Konsistenz der Mittelstandsförderung – 1. Bericht der gemeinsamen Arbeitsgruppe des Bundes und der Länder unter Vorsitz des Beauftragten der Bundesregierung für Mittelstand (BMWi-Dokumentation, Nr. 379), Bonn : BMWi, 1995.

Arentzen, U. u.a.: Wirtschafts-Lexikon, 1997: Arentzen, Ute u.a.: Gabler Wirtschaftslexikon, 14. Aufl., Wiesbaden : Gabler, 1997.

Arnim, H. H. v.: Subventionen, 1986: Arnim, Hans Herbert von: Subventionen – Von den Schwierigkeiten der Subventionskontrolle, in: FA. 44, 1986, S. 81-97.

Bach, H.-U. u.a.: Arbeitsmarkt, 1999: Bach, Hans-Uwe u.a.: Der Arbeitsmarkt in der Bundesrepublik Deutschland in den Jahren 1998 und 1999, in: MittAB, 1999, S. 5-40.

Bachmann, H.-E.: Finanzierungsverhältnisse, 1993: Bachmann, H.-E.: Finanzierungsverhältnisse im Handwerk, in: Deutsches Handwerksblatt, Alfeld, 1993, S. 10-15.

Bade, F.-J.: Bedeutung, 1987: Bade, Franz-Josef: Die wachstumspolitische Bedeutung kleiner und mittlerer Unternehmen, in: Fritsch, M.; Hull, C. J. (Hrsg.): Arbeitsplatzdynamik und Regionalentwicklung – Beiträge zur beschäftigungspolitischen Bedeutung von Klein- und Großunternehmen, Berlin : Ed. Sigma, 1987, S. 71-99.

Bartel, R.: Auswertung, 1990: Bartel, Rainer: Organisationsgrößenvor- und -nachteile – Eine strukturierte Auswertung theoretischer und empirischer Literatur, in: Jahrbuch für Sozialwissenschaften, 1990, S. 135-159

Bartling, H.: Ausnahmebereiche, 1983: Bartling, Hartwig: Wettbewerbliche Ausnahmebereiche – Rechtfertigung und Identifizierung, in: Feldsieper, M.; Gross, R. (Hrsg.): Wirtschaftspolitik in weltoffener Wirtschaft, 1983, S. 325-346.

Beauvais, E.: Mittelstandspolitik, 1979: Beauvais, Ernst von: Mittelstandspolitik – Ein wichtiges Element der Wirtschaftspolitik, in: Institut für Mittelstandsforschung (Hrsg.): Perspektiven der Mittelstandspolitik und Mittelstandsforschung, Göttingen : Schwartz, 1979, S. 1-32.

Bellmann, L.: Spreizung, 1995: Bellmann, Lutz: Was bringt die Spreizung der Löhne für den Arbeitsmarkt, in: MittAB 3/95, 1995, S. 391-398.

Bellmann, L. u.a.: Flexibilität, 1996: Bellmann, Lutz u.a.: Flexibilität von Betrieben in Deutschland – Ergebnisse des IAB-Betriebspanels 1993-1995, Nürnberg : IAB, 1996.

Bellmann, L.; Blien, U.: Lohnhöhe, 1997: Bellmann, Lutz; Blien, Uwe: Lohnhöhe, Arbeitslosigkeit und Betriebsgröße – Eine Längsschnittanalyse mit dem IAB-Betriebspanel 1993-1995, in: Kühl, J.; Lahner, M.; Wagner, J. (Hrsg.): Die Nachfrageseite des Arbeitsmarktes – Ergebnisse aus Analysen mit deutschen Firmenpaneldaten, Nürnberg : IAB, 1997, S. 255-274.

Bellmann, L.; Kölling, A.: Bestimmungsgrößen, 1997: Bellmann, Lutz; Kölling, Arnd: Betriebliche Bestimmungsgrößen der Beschäftigungsentwicklung für 1997, in: MittAB 1/97, 1997, S. 90-101.

Berg, H.; Cassel, D.: Theorie, 1992: Berg, Hartmut; Cassel, Dieter: Theorie der Wirtschaftspolitik, in: Vahlens Kompendium der Wirtschaftstheorie und Wirtschaftspolitik, 5. Aufl., Band 2. München : Vahlen, 1992.

Berthold, N.: Lohnstarrheit, 1987: Berthold, Norbert: Lohnstarrheit und Arbeitslosigkeit, zugl.: Freiburg im Breisgau, Univ., Habil., Freiburg im Breisgau : Haufe, 1987.

Berthold, N.: Arbeitslosigkeit, 1992: Berthold, Norbert: Arbeitslosigkeit in Europa – Ein schwer lösbares Rätsel?. In: Kantzenbach, Edurard; Mayer, Otto G.(Hrsg.): Beschäftigungsentwicklung und Arbeitsmarktpolitik, Berlin : Duncker & Humblot, 1992, S. 51-87.

Birch, D. L.: Jobs, 1981: Birch, David L.: Who Creates Jobs?, in: The Public Interest vol. 65, 1981.

Birch, D. L.: Creation, 1987: Birch, David L.: Job Creation in America – How Our Smallest Companies Put the Most People to Work, New York : The Free Press, 1987.

Blohm, H.; Lüder, K.: Investition, 1983: Blohm, Hans; Lüder, Klaus: Investition – Schwachstellen im Investitionsbereich des Industriebetriebes und Wege zu ihrer Beseitigung, 5. Aufl., München : Vahlen, 1983.

BMWi (Hrsg.): Förderung, 1998: BMWi (Hrsg.): Wirtschaftliche Förderung für den Mittelstand in den alten Bundesländern, Bonn : BMWi, 1998.

BMWi (Hrsg.): Erfolg, 1999: BMWi (Hrsg.): Mit Erfolg am Markt – Wirtschaftliche Förderung – Hilfen für Investitionen und Innovationen, Bonn : BMWi, 1999.

BMWi (Hrsg.): ERP, 1995: BMWi (Hrsg.): Die ERP-Programme 1995/96, Bonn : BMWi, 1995.

BMWi (Hrsg.): Mittelstand, 1996: BMWi (Hrsg.): Den Mittelstand stärken: über Eigenkapital zu Wachstum und Beschäftigung – Resolution des Beirats für Fragen des gewerblichen Mittelstandes und der Freien Berufe beim Bundesministerium für Wirtschaft (BMWi-Dokumentation, Nr. 408), Bonn : BMWi, 1996.

BMWi (Hrsg.): Mittelstandspolitik, 1996: BMWi (Hrsg.): Mittelstandspolitik für mehr Selbständigkeit und Beschäftigung – Bericht an den Ausschuß für Wirtschaft des Deutschen Bundestages (BMWi-Dokumentation, Nr. 394), Bonn : BMWi, 1996.

BMWi (Hrsg.): Risikokapital, 1996: BMWi (Hrsg.): Risikokapital für Existenzgründer und mittelständische Unternehmen (BMWi-Dokumentation, Nr. 391), Bonn : BMWi, 1996.

BMWi (Hrsg.): Schwerpunkte, 1995: BMWi (Hrsg.): Schwerpunkte der Mittelstandspolitik und Entwicklung des Mittelstandes in den einzelnen Bundesländern – Aufzeichnung für den Ausschuß für Wirtschaft des Deutschen Bundestages (BMWi-Dokumentation, Nr. 377), Bonn : BMWi, 1995.

BMWi (Hrsg.): Verhältnis, 1999: BMWi (Hrsg.): Das Verhältnis von Mittelstand und Staat – Bestansaufnahme und Empfehlungen. Resolution des Beirats für Fragen des gewerblichen Mittelstands und der Freien Berufe (Mittelstandsbeirat) beim Bundesministerium für Wirtschaft und Technologie, Bonn : BMWi, 1999.

Boeri, T.; Cramer, U.: Wachstumsprozesse, 1991: Boeri, Tito; Cramer, Ulrich: Betriebliche Wachstumsprozesse – Eine statistische Analyse mit der Beschäftigtenstatistik 1977-1987, in: MittAB 1/91, 1991, S. 70-71.

Bogai, D.: Wachstum, 1996: Bogai, Dieter: Wachstum, Beschäftigung und haushaltsbezogene Dienstleistungen, in: MittAB 2/96, 1996, S. 237-246.

Brand, R.; Carstensen, V.: Eignung, 1997: Brand, Ruth; Carstensen, Vivian: Die Eignung des Hannoveraner Fimenpanels für die Analyse der Arbeitsplatzdynamik, in: Kühl, J.; Lahner, M.; Wagner, J. (Hrsg.): Die Nachfrageseite des Arbeitsmarktes – Ergebnisse aus Analysen mit deutschen Firmenpaneldaten, Nürnberg : IAB, 1997, S. 83-102.

Breitenacher, M. u.a.: Bilanz, 1995: Breitenacher, Michael u.a.: Existenzgründungsförderung – Überwiegend positive Bilanz, in: ifo-Schnelldienst, 1995, S. 20.

Breitenacher, M. u.a.: Existenzgründungspolitk, 1996: Breitenacher, Michael u.a.: Gesamtwirtschaftliche Wirkungen der Existenzgründungspolitik sowie Entwicklungen der mit öffentlichen Mitteln – insbesondere Eigenkapitalhilfe – geförderten Unternehmen (ifo Studien zur Finanzpolitik 56), 1996.

Bretz, M.: Eigenkapitalausstattung, 1998: Bretz, Michael: Eigenkapitalausstattung und Insolvenzen im Mittelstand, in: BFuP, 1998, S. 263-278.

Breuer, R.-E.: Capital, 1997: Breuer, Rolf-E.: Venture Capital – Besseres Umfeld ist notwendig, in: Die Bank, 1997, S. 324-329.

Brinkmann, G.: Arbeitsökonomik, 1999: Brinkmann, Gerhard: Einführung in die Arbeitsökonomik, München; Wien : Oldenbourg, 1999.

Brüderl, J.; Bühler, C.; Ziegler, R.: Beschäftigungswirkung, 1993: Brüderl, Josef; Bühler, Christoph; Ziegler, Rolf: Beschäftigungswirkung neugegründeter Unternehmen, in: MittAB 4/93, 1993, S. 521-528.

Brüderl, J.; Preisendörfer, P.; Ziegler, R.: Gründungsfinanzierung, 1993: Brüderl, Josef; Preisendörfer, Peter; Ziegler, Rolf: Staatliche Gründungsfinanzierung und der Erfolg neugegründeter Betriebe, in: Jahrbuch für Nationalökonomie und Statistik, 1993, S. 13-31.

Brüderl, J.; Preisendörfer, P; Ziegler, R.: Erfolg, 1998: Brüderl, Josef; Preisendörfer, Peter; Ziegler, Rolf: Der Erfolg neugegründeter Betriebe – Eine empirsche Studie zu den Chancen und Risiken von Unternehmensgründungen, Berlin : Duncker & Humblot, 1998.

Brühl, W.: Zukunft, 1988: Brühl, Walter: Die Zukunft der Selbständigen, in: Studiengesellschaft für Mittelstandsfragen e.V. (Hrsg.): Ziele, Möglichkeiten und Grenzen der Mittelstandspolitik – Wirtschaftswissenschaftliches Kolloquium der Studiengesellschaft für Mittelstandsfragen e.V. in Bad Reichenhall vom 8. - 10. Mai 1987, o. Ort : o. Verl., 1988, S. 23-43.

Bundesministerium für Wirtschaft und Finanzen: Mittelstandsfibel, 1972: Bundesministerium für Wirtschaft und Finanzen: Mittelstandsfibel – Kluge Köpfe kommen weiter, Bonn-Duisdorf : Bundesministerium für Wirtschaft und Finanzen, 1972.

Burchert, H.; Hering, T.; Hoffjan, A.: Probleme, 1998: Burchert, Heiko; Hering, Thomas; Hoffjan, Andreas: Finanzwirtschaftliche Probleme mittelständischer Unternehmen, in: BFuP, 1998, S. 241-262.

Büschgen, H. E.: Kapitalbedarfs, 1988: Büschgen, Hans E.: Ermittlung des Kapitalbedarfs der Unternehmung, in: Christians, F. W. (Hrsg.): Finanzierungshandbuch, 2. Aufl., Wiesbaden : Gabler, 1988, S. 159-189.

Cassier, S. C.: Finanzierung, 1976: Cassier, Siegfried C.: Mittelständische Unternehmen und Finanzierung, in: Büschgen, H. E. (Hrsg.): HWF, Stuttgart : Poeschel, 1976, Sp. 1355-1370.

Clemens, R.: Unternehmensgrößenstatistik, 1997: Clemens, Reinhard u.a.: Unternehmensgrößenstatistik 1997/98 – Daten und Fakten, (BMWi-Dokumentation Nr. 96), Bonn : BMWi, 1997.

Cramer, U.: Hoffnungsträger, 1987: Cramer, Ulrich: Klein- und Mittelbetriebe: Hoffnungsträger der Beschäftigungspolitik?, in: MittAB 1/87, 1987, S. 15-29.

Dahremöller, A.: Bedeutung, 1986: Dahremöller, Axel: Beschäftigungspolitische Bedeutung kleiner und mittlerer Unternehmen, in: Raumforschung und Raumordnung, 1986, 2/3, S. 71-74.

Deutsche Bundesbank (Hrsg.): Finanzierungsstrukturen, 1992: Deutsche Bundesbank (Hrsg): Längerfristige Entwicklung der Finanzierungsstrukturen westdeutscher Unternehmen, in: Monatsberichte der Deutschen Bundesbank 10/92, 1992, S. 25-39.

Deutsche Bundesbank (Hrsg.): Unternehmen, 1985: Deutsche Bundesbank (Hrsg.): Jahresabschlüsse mittelständischer Unternehmen, in: Monatsberichte der Deutschen Bundesbank 4/85, 1985, S. 23-31.

Deutsche Bundesbank (Hrsg.): Zinssubventionen, 1992: Deutsche Bundesbank (Hrsg.): Zinssubventionen und sonstige Finanzierungshilfen im geeinten Deutschland, in: Monatsberichte der Deutschen Bundesbank 8/92, 1992.

Deutsche Bundesbank (Hrsg.): Jahresabschlüsse, 1993: Deutsche Bundesbank (Hrsg.): Jahresabschlüsse mittelständischer Unternehmen, in: Monatsberichte der Deutschen Bundesbank 10/93, 1993, S. 33-45.

Deutscher Bundestag (Hrsg.): Subventionsbericht, 1993: Deutscher Bundestag (Hrsg.): Bericht der Bundesregierung über die Entwicklung der Finanzhilfen des Bundes und der Steuervergünstigungen gemäß § 12 des Gesetzes zur Förderung der Stabilität und des Wachstums der Wirtschaft (StWG) vom 8. Juni 1967 für die Jahre 1991-1994. (Vierzehnter Subventionsbericht). BT-Drucksache 12/5580, 1993.

Dichtl, E. u.a.: Wirksamkeit, 1981: Dichtl, Erwin u.a.: Die Wirksamkeit staatlicher Mittelstandsförderung im Einzelhandel, Berlin : Duncker & Humblot, 1981.

Dickertmann, D.: Finanzierungshilfen, 1980: Dickertmann, Dietrich: Öffentliche Finanzierungshilfen – Darlehen, Schuldendiensthilfen und Bürgschaften als

Instrument des finanzwissenschaflichen Interventionismus, zugl.: Köln, Univ., Habil., 1979, Baden-Baden : Nomos-Verlagsgesellschaft, 1980.

DIHT; KPMG (Hrsg.): Fördermaßnahmen, 1997: DIHT; KPMG (Hrsg.): Handbuch der Fördermaßnahmen für mittelständische Unternehmen – Steueranreize und Förderprogramme, Bonn : DIHT, 1997.

Doberanzke, V.: Finanzierung, 1992: Doberanzke, Volker: Exklusive Finanzierung mittelständischer Unternehmen, zugl.: Frankfurt am Main, Univ., Diss., 1992, Wiesbaden : Gabler, 1992.

Donges, J. B.: Deregulierung, 1992: Donges, Juergen B.: Deregulierung am Arbeitsmarkt und Beschäftigung, Tübingen : Mohr, 1992.

Donges, J. B. u.a.: Strukturwandel, 1988: Donges, Juergen B. u.a.: Mehr Strukturwandel für Wachstum und Beschäftigung, Tübingen : Mohr, 1988.

Döring, U.: Wettbewerbsposition, 1988: Döring, Ulrich: Zur Wettbewerbsposition des Handwerks – Aufgaben der Steuer- und Unternehmensberatung, in: DB, 1988, S. 1505-1511.

Döring, U.: Wettbewerbsfähigkeit, 1990: Döring, Ulrich: Beseitigung betriebswirtschaftlicher Defizite zur Steigerung der Wettbewerbsfähigkeit des Handwerks, in: Lohnzusatzkosten-Ausschuß der Arbeitsgemeinschaft Niedersächsischer Kreishandwerkerschaften (Hrsg.): Die Bedeutung der Personalzusatzkosten innerhalb der Kostenstruktur des Handwerks, Rothenburg, 1990, S. 279-317.

Döring, U.: Schattenwirtschaft, 1990: Döring, Ulrich: Die wirtschaftliche Stellung des Handwerks im Vergleich zur Schattenwirtschaft, in: Lohnzusatzkosten-Ausschuß der Arbeitsgemeinschaft Niedersächsischer Kreishandwerkerschaften (Hrsg.): Die Bedeutung der Personalzusatzkosten innerhalb der Kostenstruktur des Handwerks, Rothenburg, 1990, S. 189-231.

Drukarczyk, J.: Finanzierung, 1999: Drukarczyk, Jochen: Finanzierung, 8. Aufl., Stuttgart : Lucius & Lucius, 1999.

DtA (Hrsg.): Geschäftsbericht, 1998: DtA (Hrsg.): Geschäftsbericht 1997. o. Ort : DtA, 1998.

Dürig, W. u.a.: Lage, 1995: Dürig, Wolfgang u.a.: Lage und Perspektiven der nordrhein-westfälischen Handwerkswirtschaft, Essen : RWI, 1995.

Eckart, W.; Einem, E. v.; Stahl, K.: Dynamik, 1987: Eckart, Wolfgang; Einem, Eberhard von; Stahl, Konrad: Dynamik der Arbeitsplatzentwicklung – Eine kritische Betrachtung der empirischen Forschung in den Vereinigten Staaten, in: Fritsch, M.; Hull, C. J. (Hrsg.): Arbeitsplatzdynamik und Regionalentwicklung – Beiträge zur beschäftigungspolitischen Bedeutung von Klein- und Großunternehmen, Berlin : Ed. Sigma, 1987, S. 21-47.

Eickhoff, N.: Ausnahmebereiche, 1985: Eickhoff, Norbert: Wettbewerbspolitische Ausnahmebereiche und staatliche Regulierung, in: Jahrbuch für Sozialwissenschaften, 1985, S. 63-79.

Endress, R.: Handwerksbetriebe, 1993: Endress, Ruth: Handwerksbetriebe, in: HWB, 5. Aufl., Stuttgart : Schäfer-Poeschel, 1993, Sp. 1615-1628.

Engels, W.: Arbeitslosigkeit, 1984: Engels, Wolfram: Arbeitslosigkeit – Woher sie kommt und wie man sie beheben kann, in: Engels, W. u.a. (Kronberger Kreis): Mehr Mut zum Markt: Handlungsaufforderungen, Stuttgart : Poller, 1984, S. 218-288.

Entorf, H.: Mismatch-Analyse, 1995: Entorf, Horst: Strukturelle Arbeitslosigkeit in West-Deutschland – Ergebnisse einer Mismatch-Analyse, in: Franz, Wolfgang; Steiner, Victor (Hrsg.): Der westdeutsche Arbeitsmarkt im strukturellen Anpassungsprozeß, Baden-Baden : Nomos-Verlagsgesellschaft, 1995, S. 91-104.

Eucken, W.: Wirtschaftspolitik, 1968: Eucken, Walter: Grundsätze der Wirtschaftspolitik, Tübingen; Zürich : Mohr, 1968.

Ewers, H.-J.: Ansatzpunkt, 1984: Ewers, Hans-Jürgen: Kleine und mittlere Unternehmen als Ansatzpunkt einer beschäftigungsorientierten Strukturpolitik, in: Ewers, H.-J.; Schuster, H. (Hrsg.): Probleme der Ordnungs- und Strukturpolitik, Göttingen : Vandenhoeck & Ruprecht, 1984.

Ewers, H.-J.; Fritsch, M.: Bedeutung, 1985: Ewers, Hans-Jürgen; Fritsch, Michael: Zur Bedeutung kleiner und mittlerer Unternehmen für eine beschäftigungsorientierte Strukturpolitik, (Technische Universität Berlin, Wirtschaftswissenschaftliche Dokumentation, Diskussionspapier 93), 1985.

Ewers, H.-J.; Fritsch, M.; Kleine, J.: Strategien 1984: Ewers, Hans-Jürgen; Fritsch, Michael; Kleine, Josef: Bildungs- und qualifikationsorientierte Strategien der Regionalförderung unter besonderer Berücksichtigung kleiner und mittlerer Unternehmen, in: Bundesminister für Raumordnung, Bauwesen und Städtebau: Schriftenreihe 06 "Raumordnung", Heft Nr. 06.503, 1984.

Ewers, H.-J.; Wein, T.: Begründungszusammenhang 1993: Ewers, Hans-Jürgen; Wein, Thomas: Der Begründungszusammenhang zur Förderung der jungen Technologieunternehmen (TU Berlin, Wirtschaftswissenschaftliche Dokumentation, Diskussionspapier 73), Berlin, 1993.

Ewert, R.: Finanzwirtschaft, 1993: Ewert, Ralf: Finanzwirtschaft und Leistungswirtschaft, in: HWB, 5. Aufl., Stuttgart : Poeschel, 1993, Sp. 1150-1161.

Fels, G.: Problem, 1977: Fels, Gerhard: Das Problem der strukturellen Arbeitslosigkeit, in: Donges, J. B. u. a.: Wege zur Überwindung der Arbeitslosigkeit (Kieler Diskussionsbeiträge, Nr. 49), Kiel : Institut für Weltwirtschaft, 1977, S. 9-14.

Fink, A.: Altersversorgung, 1995: Fink, Anita: Betriebliche Altersversorgung im Familienunternehmen – Eine Hypothek für das Familienvermögen?, in: Hennerkes, B.-H. (Hrsg.): Unternehmenshandbuch Familiengesellschaften – Sicherung von Unternehmen, Vermögen und Familie, Köln; Berlin; Bonn; München : Heymann, 1995, S. 227-246.

Francioni, R.; Gutschlag, T.: Markt, 1998: Francioni, Reto; Gutschlag, Thomas: Der neue Markt, in: Volk,G. (Hrsg.): Going public – Der Gang an die Börse, 2. Aufl., Stuttgart : Schäfer-Poeschel, 1998, S. 27-41.

Frank, G.: Wirkungsanalyse, 1993: Frank, Gundolf: Wirkungsanalyse der Subvention für Investitionen in den Neuen Bundesländern, in: ZfB, 1992, S. 121-128.

Franke, G.; Hax, H.: Finanzwirtschaft, 1990: Franke, Günter; Hax, Herbert: Finanzwirtschaft der Unternehmung und Kapitalmarkt, 2. Aufl., München : Vahlen, 1990.

Franz, W.: Ursachen, 1995: Franz, Wolfgang: Ursachen der Arbeitslosigkeit – Einige Ergebnisse im Jahresgutachten 1994/95 des Sachverständigenrates, in: Franz, Wolfgang; Steiner, Victor (Hrsg.): Der westdeutsche Arbeitsmarkt im strukturellen Anpassungsprozeß, Baden-Baden : Nomos-Verlagsgesellschaft, 1995, S. 9-27.

Franz, W.: Arbeitsmarktökonomik, 1996: Franz, Wolfgang: Arbeitsmarktökonomik, 3. Aufl., Berlin u.a. : Springer, 1996.

Fritsch, M.: Wirtschaft, 1987: Fritsch, Michael: Groß und Klein in der Wirtschaft? – Was man darüber weiß und was man darüber wissen sollte, in: Fritsch, M.; Hull, C. J. (Hrsg.): Arbeitsplatzdynamik und Regionalentwicklung – Beiträge zur beschäftigungspolitischen Bedeutung von Klein- und Großunternehmen, Berlin : Ed. Sigma, 1987, S. 175-195.

Fritsch, M.: Arbeitsplatzentwicklung, 1990: Fritsch, Michael: Arbeitsplatzentwicklung in Industriebetrieben – Entwurf einer Theorie der Arbeitsplatzdynamik und empirische Analysen auf einzelwirtschaftlicher Ebene, zugl.: Berlin, Technische Univ., Habil., 1989, New York : de Gruyter, 1990.

Fritsch, M.: Analysen, 1997: Fritsch, Michael: Analysen des Gründungsgeschehens auf der Grundlage der Beschäftigtenstatistik – Ansatz und Überblick, in: Kühl, J.; Lahner, M.; Wagner, J. (Hrsg.): Die Nachfrageseite des Arbeitsmarktes – Ergebnisse aus Analysen mit deutschen Firmenpaneldaten, Nürnberg : IAB, 1997, S. 103-134.

Fritsch, M; Hull, C. J: Arbeitsplatzdynamik, 1987: Fritsch, Michael; Hull, Christopher J.: Empirische Befunde zur Arbeitsplatzdynamik in großen und kleinen Unternehmen in der Bundesrepublik Deutschland – Eine Zwischenbilanz, in: Fritsch, M.; Hull, C. J. (Hrsg.): Arbeitsplatzdynamik und Regionalentwicklung – Beiträge zur beschäftigungspolitischen Bedeutung von Klein- und Großunternehmen, Berlin : Ed. Sigma, 1987, S. 149-172.

Gantner, M.; Rinderer, C.: Effizienz, 1988: Gantner, Manfried; Rinderer, Claus: Zur Effizienz staatlicher Wirtschaftsförderung, in: Gantner, Manfried; Rinderer, Claus (Hrsg.): Staatliche Wirtschaftsförderung – ökonomische Effizienz und politische Rationalität, Frankfurt am Main u. a. : Lang, 1988, S. 1-18.

Geiser, J.: Investitionsverhalten, 1980: Geiser, Josef: Zum Investitionsverhalten mittelständischer Industriebetriebe – Unter Berücksichtigung von Sprunginvestitionen, Göttingen : Schwartz, 1980.

Gerken, E. u.a.: Arbeitsplätze, 1985: Gerken, Egbert u.a.: Mehr Arbeitsplätze durch Subventionsabbau (Kieler Diskussionsbeiträge 113/114), Kiel : Institut für Weltwirtschaft, 1985.

Gerlach, K.: Schlußfolgerungen, 1998: Gerlach, Knut: Wirtschafts- und arbeitsmarktpolitische Schlußfolgerungen für Deutschland – Ein Resümee der Diskussionsbeiträge, in: MittAB, 1998, S. 348-350.

Gerlach, K.; Wagner, J.: Nachfrageseite, 1997: Gerlach, Knut; Wagner, Joachim: Analysen zur Nachfrageseite des Arbeitsmarktes mit Betriebspaneldaten aus Erhebungen der amtlichen Industriestatistik – Ein Überblick über Ansätze und Ergebnisse für niedersächsische Industriebetriebe, in: Kühl, J.; Lahner, M.; Wagner, J. (Hrsg.): Die Nachfrageseite des Arbeitsmarktes – Ergebnisse aus Analysen mit deutschen Firmenpaneldaten, Nürnberg : IAB, 1997, S. 11-82.

Gerlach, K.; Wagner, J.: Paneldaten, 1996: Gerlach, Knut; Wagner, Joachim: Paneldaten für Niedersächsische Industriebetriebe aus der amtlichen Statistik und aus dem Hannoveraner Firmenpanel, Arbeitsberichte des Fachbereichs Wirtschafts- und Sozialwissenschaften, Nr. 157, Universität Lüneburg: Lüneburg, 1996.

Giersch, H.: Wirtschaftspolitik, 1961: Giersch, Herbert: Allgemeine Wirtschaftspolitik – Erster Band: Grundlagen, Wiesbaden : Gabler, 1961.

Giersch, H.: Aufgaben, 1964: Giersch, Herbert: Aufgaben der Strukturpolitik, in: Hamburger Jahrbuch für Wirtschafts- und Gesellschaftspolitik, 1964, S. 61-90.

Gröbner, B. F.: Subventionen, 1983: Gröbner, Bruno F.: Subventionen – Eine kritische Analyse, Göttingen : Vandenhoeck & Ruprecht, 1983.

Groll, M; Curti, F.: Kreditgenossenschaften, 1998: Groll, Michael; Curti, Fotini: Die Rolle der Kreditgenossenschaften bei der Gründungsfinanzierung innovativer Unternehmen, in: BFuP, 1998, S. 279-288.

Gruhler, W.: Existenzgründer, 1996: Gruhler, Wolfram: Existenzgründer zwischen Erfolg und Scheitern, in: BMWi (Hrsg.): Chancen und Risiken der Existenzgründung – Materialsammlung zum Fachkongreß "Existenzgründungsberatung" des BMWi am 13. September 1995 in Dresden, Bonn : BMWi, 1996, S. 10-18.

Gutersohn, A.: Gewerbe, 1977: Gutersohn, Alfred: Das Gewerbe in der freien Marktwirtschaft – Band I: Das Wesen des Gewerbes und die Eigenart seiner Leistungen, 2. Aufl., Berlin; München; St. Gallen : Duncker & Humblot, 1977.

Gutowski, K.; Schaudwet, C.; Gersemann, O.: Economy, 2000: Gutowski, Katja; Schaudwet, Christian; Gersemann, Olaf: True Economy – Heilsamer Schock, in: Wirtschaftswoche, Nr. 29, 2000, S. 48-54.

Haegert, L.; Wittmann, F.: Bedeutung, 1984: Haegert, Lutz; Wittmann, Franz: Zur Bedeutung von Abschreibungsvergünstigungen und Investitionszulagen für Investitionsentscheidungen, in: BFuP, 1984, S. 243-259.

Hamer, E.: Unternehmen, 1987: Hamer, Eberhard: Das mittelständische Unternehmen – Eigenarten, Bedeutung, Risiken und Chancen, Stuttgart : Poller, 1987.

Hamer, E.: Marktwirtschaft, 1990: Hamer, Eberhard: Marktwirtschaft durch Mittelstand, Essen : Westarp Wissenschaften, 1990.

Hamer, E.: Unternehmen, 1990: Hamer, Eberhard: Mittelständische Unternehmen – Gründung, Führung, Chancen, Risiken, Landsberg am Lech : mi-Poler, 1990.

Hamer, E.: Unternehmensführung, 1990: Hamer, Eberhard: Unternehmensführung, in: Pfohl, H.-C. (Hrsg.): Betriebswirtschaftslehre der Mittel- und Kleinbetriebe – Größenspezifische Probleme und Möglichkeiten zu ihrer Lösung, 2. Aufl., Berlin : Erich Schmidt, 1990, S. 43-73.

Hamm, W.: Strukturpolitik, 1977: Hamm, Walter: Strukturpolitik, sektorale, in: HdWW, Stuttgart; New York : Fischer / Tübingen : Mohr / Göttingen : Vandenhoeck & Ruprecht, 1977, S. 479-491.

Hansen, H.: Kapitalstruktur, 1996: Hansen, Herbert: Die unbefriedigende Kapitalstruktur deutscher Unternehmen, in: GmbHR, 1996, S. 327-330.

Hansmeyer, K.-H.: Transferzahlungen, 1977: Hansmeyer, Karl-Heinrich: Transferzahlungen an Unternemen (Subventionen), in: Andel, N.; Haller, H.; Neumark, F. (Hrsg.): HdF, 3. Aufl., Tübingen : Mohr, 1977, S. 959-996.

Hansmeyer, K.-H.: Ausgaben, 1982: Hansmeyer, Karl-Heinrich: Öffentliche Ausgaben I u. II, in: WISU, 1982, S. 567-571 u. S. 617-624.

Happe, F.: Mittelstandspolitik, 1979: Happe, Ferdinand: Mittelstandspolitik im Rahmen der sozialen Marktwirtschaft, in: Institut für Mittelstandsforschung (Hrsg.): Perspektiven der Mittelstandspolitik und Mittelstandsforschung (Schriften zur Mittelstandsforschung Nr. 78), Göttingen : Schwartz, 1979, S. 33-78.

Hartig, R.: Aspekte, 1990: Hartig, Reiner: Ökonomische und polit-ökonomische Aspekte des Einsatzes von Subventionen als Instrument der Wirtschaftspolitik – Eine theoretische und empirische Analyse am Beispiel des Landes Niedersachsen, zugl.: Hannover, Univ., Diss., 1989, Berlin : Duncker & Humblot, 1990.

Hax, H.: Finanzierungstheorie, 1993: Hax, Herbert: Finanzierungstheorie, in: HWB, 5. Aufl., Stuttgart : Poeschel, 1993, Sp. 1074-1091.

Hayek, F. A. v.: Entdeckungsverfahren, 1968: Hayek, Friedrich August von: Der Wettbewerb als Entdeckungsverfahren (Kieler Vorträge, Neue Folge, Nr. 56), Kiel, 1968.

Hayek, F. A. v.: Verwertung, 1974: Hayek, Friedrich August von: Die Verwertung des Wissens in der Gesellschaft, in: Hayek, F. A. v.: Individualismus und wirtschaftliche Ordnung, 2. Aufl., Salzburg : Neugebauer, 1976.

Heinrich, D.: Finanzierungsproblematik, 1985: Heinrich, Detlef: Die Finanzierungsproblematik im Produzierenden Handwerk, Göttingen : Schwartz, 1985.

Hertz-Eichenrode, A.: Bedeutung, 1998: Hertz-Eichenrode, Albrecht (Bundesverband Deutscher Kapitalbeteiligungsgesellschaften, Hannover): Die volkswirtschaftliche Bedeutung von Venture Capital, in: Wirtschaftskurier, 1998.

Hinz, T. Willsdorf, S. H.; Ziegler, R.: Beschäftigungsentwicklung, 1997: Hinz, Thomas, Willsdorf, Steffen H.; Ziegler, Rolf: Beschäftigungsentwicklung in ostdeutschen Betriebsgründungen – Analysen mit den Paneldaten der Leipziger Gründerstudie, in: Kühl, J.; Lahner, M.; Wagner, J. (Hrsg.): Die Nachfrageseite des Arbeitsmarktes – Ergebnisse aus Analysen mit deutschen Firmenpaneldaten, Nürnberg : IAB, 1997, S. 189-204.

Hof, B.: Gleichgewicht, 1995: Hof, Bernhard: Gleichgewicht durch andere Verteilung? – Arbeitsmarktentwicklung im Systemzusammenhang, in: IW-Trends, 1995.

Hruschka, E.: Handwerksbetriebe, 1975: Hruschka, Erich: Handwerksbetriebe, in: HWB, 4. Aufl., Stuttgart : Poeschel, 1975, Sp. 1783-1791.

Hunsdiek, D.: Wirkungen, 1987: Hunsdiek, Detlef: Beschäftigungspolitische Wirkungen von Unternehmensgründungen und -aufgaben, in: Fritsch, M.; Hull, C. J. (Hrsg.): Arbeitsplatzdynamik und Regionalentwicklung – Beiträge zur beschäftigungspolitischen Bedeutung von Klein- und Großunternehmen, Berlin : Ed. Sigma, 1987, S. 101-127.

Hunsdiek, D.; May-Strobl, E.: Gründungsfinanzierung, 1987: Hunsdiek, Detlef; May-Strobl, Eva: Gründungsfinanzierung durch den Staat – Fakten, Erfolg und Wirkung (Schriften zur Mittelstandsforschung, Nr. 17 NF), Stuttgart : Poeschel, 1987.

Hunsdoerfer, J.: Standortförderung, 1997: Hunsdoerfer, Jochen: Instrumente der Standortförderung im Vergleich – Ein Plädoyer für Investitionszuschüsse (Europäische Universität Viadrina, Frankfurt (Oder), Diskussionspapier 101), Frankfurt an der Oder : o. Verl, 1997, S. 88-111.

Irsch, N.: Unternehmen, 1984: Irsch, Norbert: Sind kleine und mittlere Unternehmen konkurrenzfähig? – Produktivität und Rentabilität bei kleinen und mittleren Unternehmen des verarbeitenden Gewerbes, in: KfW (Hrsg.): Wo steht die deutsche Wirtschaft heute? – Stärken und Schwächen der Unternehmen im strukturellen Anpassungsprozeß, Frankfurt am Main, 1984, S. 39-51.

iwd (Hrsg.): Dienstleistungen, 1999: iwd (Hrsg.): Dienstleistungen – Treibstoff für den Job-Motor, in: iwd (Hrsg.): Informationsdienst des Instituts der Deutschen Wirtschaft, Nr. 22, 1999, S. 4-5.

Jerger, J.; Spermann, A.: Arbeitslosenfalle, 1997: Jerger, Jürgen; Spermann, Alexander: Wege aus der Arbeitslosenfalle – ein Vergleich alternativer Lösungskonzepte, in: Zeitschrift für Wirtschaftspolitik, 1997, S. 51-73.

Joos, T.: Unternehmensgründungen, 1987: Joos, Thomas: Unternehmensgründungen aus wirtschaftspolitischer Sicht, Frankfurt am Main; Bern; New York : Lang, 1987.

Kahle, E.: Entscheidungen, 1998: Kahle, Egbert: Betriebliche Entscheidungen – Lehrbuch zur Einführung in die betriebswirtschaftliche Entscheidungstheorie, 5. Aufl., München; Wien : Oldenbourg, 1998.

Kaufer, E.: Industrieökonomik, 1980: Kaufer, Erich: Industrieökonomik – Eine Einführung in die Wettbewerbstheorie, München : Vahlen, 1980.

Kleinhenz, G.: Erfolg, 1998: Kleinhenz, Gerhard: Was ist beschäftigungspolitischer Erfolg? – Eine Einführung zum Workshop "Strategien für mehr Beschäftigung und weniger Arbeitslosigkeit – Internationale Erfahrungen und ihre Übertragbarkeit auf Deutschland, in: MittAB, 1998, S. 258-261.

Kleinheyer, N. u.a.: Meinungen, 1998: Kleinheyer, Norbert u.a.: Meinungen zum Thema: Finanzierung im Mittelstand, in: BFuP, 1998, S. 299-321.

Klemmer, P.: Mittelstandsförderung, 1996: Klemmer, Paul u.a.: Mittelstandsförderung in Deutschland – Konsistenz, Transparenz und Ansatzpunkte zu Verbesserung, Essen : RWI, 1996.

Klemp, A. H.: Finanzhilfen, 1990: Klemp, Alfred H.: Öffentliche Finanzhilfen (Subventionen) – Instrumente staatlicher Finanzintervention – Eine Untersuchung zum investiven Wirkungspotential und zur Effizienz staatliche Finanzhilfen, zugl.: Wuppertal, Univ., Diss., 1989, Frankfurt am Main u.a. : Lang, 1990.

Knappe, E.: Rationalisierungsinvestitionen, 1982: Knappe, Eckhard: Rationalisierungsinvestitionen als arbeitsmarktpolitisches Problem, in: Albeck, Hermann u. a.: Arbeitsmarkt und Arbeitsmarktpolitik, Berlin : Duncker & Humblot, 1982, S. 79-112.

Koch, W.; Wegmann, J.: Going public, 1998: Koch, Wolfgang; Wegmann, Jürgen: Going public im Mittelstand – Erfahrungsberichte vom Neuen Markt, in: BFuP, 1998, S. 289-298.

Köddermann, R.: Subventionen, 1996: Köddermann, Ralf: Westdeutsche Subventionen: Chancen zum weiteren Abbau nutzen, in: ifo-Schnelldienst 4/96, Berlin : Duncker & Humblot, 1996, S. 8-19.

Koepsell, H.: Änderung, 1997: Koepsell, Hansjörg: Änderung des § 7g ESTG durch das JStG 1997 unter besonderer Berücksichtigung der neuen Ansparabschreibung für Existenzgründer, in: INF, 1997, S. 70-75.

Kommission "Zweiter Börsenmarkt": Börsenzugang, 1987: Kommission "Zweiter Börsenmarkt": Börsenzugang für kleine und mittlere Unternehmen –

Bericht der Kommission "Zweiter Börsenmarkt", Stuttgart : Ministerium für Wirtschaft, Mittelstand und Technologie Baden-Württemberg, 1987.

Kral, F.: Banken, 1996: Kral, Fritz: Banken klagen über heftige Konkurrenz, in: Handelsblatt, Ausgabe vom 01.08.1996, S. 13.

Kromphardt, J.: Wachstum, 1977: Kromphardt, Jürgen: Wachstum und Konjunktur – Grundlagen ihrer theoretischen Analyse und wirtschaftspolitischen Steuerung, 2. Aufl., Göttingen : Vandenhoeck & Ruprecht, 1977.

Krümmel, H. J.: Finanzplanung, 1993: Krümmel, Hans J.: Finanzplanung und Kontrolle, in: HWB, 5. Aufl., Stuttgart : Poeschel, 1993, Sp. 1134-1150.

Kruschwitz, L.: Investitionsrechnung, 1998: Kruschwitz, Lutz: Investitionsrechnung, 7. Aufl., München u.a. : Oldenbourg, 1998.

Kucera, G.; Kornhardt, U.: Personalzusatzkosten, 1990: Kucera, Gustav; Kornhardt, Ullrich: Die Bedeutung der Personalzusatzkosten für die Wettbewerbsfähigkeit des Handwerks gegenüber anderen Wirtschaftsbereichen, in: Lohnzusatzkosten-Ausschuß der Arbeitsgemeinschaft Niedersächsischer Kreishandwerkerschaften (Hrsg.): Die Bedeutung der Personalzusatzkosten innerhalb der Kostenstruktur des Handwerks, Rothenburg, 1990, S. 129-189.

Kucera, G.; Kornhardt, U.: Wettbewerbsstellung, 1990: Kucera, Gustav; Kornhardt, Ullrich: Die Markt- und Wettbewerbstellung des Handwerks, in: Lohnzusatzkosten-Ausschuß der Arbeitsgemeinschaft Niedersächsischer Kreishandwerkerschaften (Hrsg.): Die Bedeutung der Personalzusatzkosten innerhalb der Kostenstruktur des Handwerks, Rothenburg, 1990, S. 11-69.

Kück, M.: Insolvenz, 1996: Kück, Marlene: Was tun bei drohender Insolvenz? – Ursachen und Interventionen, in: BMWi (Hrsg.): Chancen und Risiken der Existenzgründung – Materialsammlung zum Fachkongreß "Existenzgründungsberatung" des BMWi am 13. September 1995 in Dresden, Bonn : BMWi 1996, S. 30-37.

Külp, B. u.a.: Wirtschaftspolitik, 1984: Külp, Bernhard u.a.: Sektorale Wirtschaftspolitik, Berlin u.a. : Springer, 1984.

Kürsten, W.: Anreiz-Inkompatibilität, 1997: Kürsten, Wolfgang: Zur Anreiz-Inkompatibilität von Kreditsicherheiten, oder: Insuffizienz des Stiglitz/Weiss-Modells der Agency-Theorie, in: zfbf, 1997, S. 819-857.

Langen, W.: Ansatzstellen, 1977: Langen, Werner: Grundlagen, Ansatzstellen und Maßnahmen der unternehmensgrößenbezogenen Wirtschaftspolitik in der Bundesrepublik Deutschland, Bonn, Univ., Diss., 1977.

Linde, R.: Mikroökonomie, 1996: Linde, Robert: Einführung in die Mikroökonomie, 3. Aufl., Stuttgart : Kohlhammer, 1996.

Linden, R.: Einsatz, 1987: Linden, Robert: Nochmals: Der gezielte Einsatz des § 7g EStG in der Neufassung ab 1.1.1988, in: DB, 1987, S. 2611-2612.

Löffler, J; Schiffer, J.: Gesellschaftsverhältnisse, 1995: Löffler, Joachim; Schiffer, K. Jan: Gesellschaftsverhältnisse und sonstige Vertragsverhältnisse zwischen Familienangehörigen – Gefahren und Anforderungen, in: Hennerkes, B.-H. (Hrsg.): Unternehmenshandbuch Familiengesellschaften – Sicherung von Unternehmen, Vermögen und Familie, Köln; Berlin; Bonn; München : Heymann, 1995, S. 111-132.

Lüder, K.: Investitionsförderungsmaßnahmen, 1984: Lüder, Klaus: Zum Einfluß staatlicher Investitionsförderungsmaßnahmen auf unternehmerische Investitionsentscheidungen, in: ZfB, 1984, S. 531-547.

Magoualas, G.: Bewertung, 1984: Magoulas, Georgios: Die Bewertung von Subventionen in der ökonomischen Markttheorie, in: Rebe, Bernd (Hrsg.): Öffentliche Finanzierungshilfen, Vechta : Vechtaer Druckerei u. Verlag, 1984, S. 11-27.

Maneval, H.: Arbeitslosigkeit, 1977: Maneval, Helmut: Arbeitslosigkeit, in: HdWW, 1977, S. 267-279.

Mathiak, W.: Ansparabschreibung, 1999: Mathiak, Wolfgang: Zur Ansparabschreibung für Existenzgründer, die in sog. sensiblen Bereichen tätig werden, in: LSW, 1999, Heft 8, S. 1-3.

Meißner, W.; Fassing, W.: Wirtschaftsstruktur, 1989: Meißner, Werner; Fassing, Werner: Wirtschaftsstruktur und Strukturpolitik, München : Vahlen, 1989.

Mellwig, W.: Investition, 1985: Mellwig, Winfried: Investition, Wiesbaden : Gabler, 1985.

Mendler, P.: Analyse, 1992: Mendler, Peter: Zur ökonomischen und politisch-institutionellen Analyse öffentlicher Kredithilfen, zugl.: Hohenheim, Univ., Diss., 1991, Frankfurt am Main u.a. : Lang, 1992.

Möller, J.; Bellmann, L.: Lohnstruktur, 1995: Möller, Joachim; Bellmann, Lutz: Der Wandel der interindustriellen und qualifikatorischen Lohnstruktur im Verarbeitenden Gewerbe, in: Franz, Wolfgang; Steiner, Victor (Hrsg.): Der westdeutsche Arbeitsmarkt im strukturellen Anpassungsprozeß, Baden-Baden : Nomos-Verlagsgesellschaft, 1995, S. 65-90.

Mühlbacher, H.: Markterfolg, 1988: Mühlbacher, Hans: Markterfolg, Investitionsverhalten und Wirtschaftsförderung, in: Gantner, Manfried; Rinderer, Claus (Hrsg.): Staatliche Wirtschaftsförderung – ökonomische Effizienz und politische Rationalität, Frankfurt am Main u. a. : Lang, 1988, S. 45-54.

Müller, R.; Röck, W.: Wachstumspolitik, 1992: Müller, Richard; Röck, Werner: Konjunktur-, Stabilisierungs- und Wachstumspolitik – Theoretische Grundlagen und wirtschaftspolitische Konzepte, 4. Aufl., Stuttgart; Berlin; Köln : Kohlhammer, 1992.

Müller-Kutzey, P.: Vergabeform, 1974: Müller-Kutzey, Peter: Der Einfluß der Vergabeform von Subventionen auf Kapitalwert und optimale Nutzungsdauer einer Investition, zugl.: Mainz, Univ., Diss., 1974.

Musgrave, R. A.: Finanztheorie, 1969: Musgrave, Richard A.: Finanztheorie, 2. Aufl., Tübingen : Mohr, 1969.

Natermann, E; Schönecker, L: Finanzierung, 1995: Natermann, Eberhard; Schönecker, Ludger: Die Finanzierung des Familienunternehmens, in: Hennerkes, B.-H. (Hrsg.): Unternehmenshandbuch Familiengesellschaften – Sicherung von Unternehmen, Vermögen und Familie, Köln; Berlin; Bonn; München : Heymann, 1995, S. 133-149.

Nathusius, K.: Capital, 1990: Nathusius, Klaus: Venture Capital in der Bundesrepublik Deutschland – Chancen, Voraussetzungen und Forderungen, in: Szyperski, N.;Roth, P. (Hrsg.): Entrepeneurship – Innovative Unternehmensgründung als Aufgabe, Stuttgart : Poeschel, 1990.

Neumann, R.: Betriebsübernahme, 1996: Neumann, Rainer: Betriebsübernahme – Probleme und Lösungen, in: BMWi (Hrsg.): Chancen und Risiken der Existenzgründung – Materialsammlung zum Fachkongreß "Existenzgründungsberatung" des Bundesministeriums für Wirtschaft (BMWi-Dokumentation Nr. 392), Bonn : BMWi, 1996, S. 40-46.

Neuss, W.: Theorie, 1994: Neuss, Werner: Zur Theorie der Finanzierung kleinerer Unternehmungen, zugl.: Köln, Univ., Habil., Wiesbaden : Gabler, 1994.

Nowak, R.: Aspekte, 1991: Nowak, Ralf: Gesamtwirtschaftliche Aspekte von Existenzgründungshilfen des Bundes und der Länder, Köln : Institut für Wirtschaftspolitik, 1991.

o.V.: Förderinstitut, 1996: o. V.: Förderinstitut soll Banken keine Konkurrenz machen, in: Handelsblatt, Ausgabe vom 05.08.96, S. 29.

o.V.: Finanzierungshilfen, 1995: o. V.: Die Finanzierungshilfen des Bundes, der Länder und der internationalen Institutionen – Gewerbliche Wirtschaft. Zeitschrift für das gesamte Kreditwesen, Sonderausgabe 1995/96, Frankfurt am Main : Fritz Knapp Verlag, 1995.

OECD (Hrsg.): Implementing, 1997: OECD (Hrsg.): Implementing the OECD Jobs Strategy, Paris : OECD, 1997.

Oettle, K.: Finanzierungshilfen, 1974: Oettle, Karl: Finanzierungshilfen, öffentliche, in: HWB, 4. Aufl., Stuttgart : Poeschel, 1974, Sp. 1446-1451.

Paus, B.: Nutzung, 1988: Paus, Bernhard: Optimale Nutzung der Vorteile des § 7g EStG, in: BB, 1988, S. 1634-1636.

Paus, B.: Ansparabschreibung, 1994: Paus, Bernhard: Lohnt die Ansparabschreibung nach § 7g EStG?, in: DStR, 1994, S. 1104-1109.

Perridon, L.; Steiner, M.: Finanzwirtschaft, 1991: Perridon, Louis; Steiner, Manfred: Finanzwirtschaft der Unternehmung, 6. Aufl., München : Vahlen, 1991.

Pfohl, H.-C.: Kellerwesel, P.: Abgrenzung, 1990: Pfohl, Hans-Christian; Kellerwesel, Paul: Abgrenzung der Klein- und Mittelbetriebe von Großbetrieben, in: Pfohl, H.-C. (Hrsg.): Betriebswirtschaftslehre der Mittel- und Kleinbetriebe –

Größenspezifische Probleme und Möglichkeiten zu ihrer Lösung, 2. Aufl., Berlin : Erich Schmidt, 1990, S. 1-23.

Poeche, J. u.a.: Ziele, 1988: Poeche, Jürgen u.a.: Ziele, Möglichkeiten und Grenzen der Mittelstandspolitik, in: Studiengesellschaft für Mittelstandsfragen e.V. (Hrsg.): Ziele, Möglichkeiten und Grenzen der Mittelstandspolitik – Wirtschaftswissenschaftliches Kolloquium der Studiengesellschaft für Mittelstandsfragen e.V. in Bad Reichenhall vom 8. - 10. Mai 1987, o. Ort : o. Verl., 1988, S. 7-21.

Projektgruppe Betriebspanel: Ansatz, 1991: Projektgruppe Betriebspanel: Das IAB-Betriebspanel – Ansatz und Aufbau, in: MittAB 3/91, 1991, S. 514-529.

Projektgruppe Betriebspanel: Testphase, 1992: Projektgruppe Betriebspanel: Das IAB-Betriebspanel – Testphase 1992, in: MittAB 3/93, 1993, S. 399-411.

Projektgruppe Betriebspanel: Ergebnisse, 1993: Projektgruppe Betriebspanel: Das IAB-Betriebspanel – Ergebnisse der ersten Welle 1993, in: MittAB 1/94, 1994, S. 20-32.

Projektgruppe Betriebspanel: Beschäftigungsentwicklung, 1996: Projektgruppe Betriebspanel: Beschäftigungsentwicklung und -strukturen 1996 – Ergebnisse aus dem IAB-Betriebspanel 1996, in: MittAB 1/95, 1995, S. 43-61.

Pütz, P.; Willgerodt, H.: Recht, 1985: Pütz, Paul; Willgerodt, Hans: Gleiches Recht für Beteiligungskapital – Vorschläge zur Reform von Unternehmensrecht und Kapitalmarkt, Baden-Baden : Nomos-Verlagsgesellschaft, 1985.

Reige, J.: Subventionsmanagement, 1989: Reige, Jürgen: Subventionsmanagement, Frankfurt am Main; New York : Campus, 1989.

Riebell, C.: Bilanz, 1995: Riebell, Claus: Die Bilanz des mittelständischen Unternehmens aus der Sicht der Banken, in: Hennerkes, B.-H. (Hrsg.): Unternehmenshandbuch Familiengesellschaften – Sicherung von Unternehmen, Vermögen und Familie, Köln; Berlin; Bonn; München : Heymann, 1995, S. 197-222.

Riedl, E.: Ziele, 1988: Riedl, Erich: Ziele, Möglichkeiten und Grenzen der Mittelstandspolitik, in: Studiengesellschaft für Mittelstandsfragen e.V. (Hrsg.): Ziele, Möglichkeiten und Grenzen der Mittelstandspolitik – Wirtschaftswissenschaftliches Kolloquium der Studiengesellschaft für Mittelstandsfragen e.V. in Bad Reichenhall vom 8. - 10. Mai 1987. o. Ort : o. Verl., 1988, S. 45-56.

Rößle, K.: Handwerksbetrieb, 1956: Rößle, Karl: Handwerksbetrieb, in: HWS, 1956, S. 42-50.

Rothschild, K.: Theorien, 1988: Rothschild, Kurt W.: Theorien der Arbeitslosigkeit, München : Oldenbourg, 1988.

Rudolph, A.: Bedeutung, 1997: Rudolph, Annette: Die Bedeutung von Handwerk und Kleinunternehmen für die Regionalpolitik – Eine theoretische und empirische Analyse, Duderstadt : Mecke, 1997.

Rudolph, H.: Kehrseite, 1994: Rudolph, Helmut: Die Kehrseite des Wandels – Strukturelle Arbeitslosigkeit, in: Merk, H. G. (Hrsg.): Wirtschaftsstruktur und Arbeitsplätze im Wandel der Zeit, Stuttgart : Metzler-Poeschel, 1994, S. 175-204.

RWI (Hrsg.): RWI-Handwerksberichte, 1995: RWI (Hrsg.): RWI-Handwerksberichte – Die wirtschaftliche Entwicklung im Jahre 1994/95, Essen : RWI, 1995.

Sachverständigenrat: Zeit, 1993: Sachverständigenrat zur Begutachtung der gesamtwirtschaftlichen Entwicklung: Zeit zum Handeln – Antriebskräfte stärken – Jahresgutachten 1993/94, Stuttgart : Metzler-Poeschel, 1993.

Sachverständigenrat: Aufschwung, 1994: Sachverständigenrat zur Begutachtung der gesamtwirtschaftlichen Entwicklung: Den Aufschwung sichern – Arbeitsplätze schaffen – Jahresgutachten 1994/95, Stuttgart : Metzler-Poeschel, 1994.

Sachverständigenrat: Standortwettbewerb, 1995: Sachverständigenrat zur Begutachtung der gesamtwirtschaftlichen Entwicklung: Im Standortwettbewerb – Jahresgutachten 1995/96, Stuttgart : Metzler-Poeschel, 1995.

Sachverständigenrat: Reformen, 1996: Sachverständigenrat zur Begutachtung der gesamtwirtschaftlichen Entwicklung: Reformen voranbringen – Jahresgutachten 1996/97, Stuttgart : Metzler-Poeschel, 1996.

Schäfer, H.: Information, 1995: Schäfer, Henry: Information und Kooperation im Absatz von Bankdienstleistungen. in: zfbf, 1995, S. 531-544.

Schalek, E.: Eigenkapitalbeschaffung, 1988: Schalek, Erika: Eigenkapitalbeschaffung mittelständischer Unternehmen über den Kapitalmarkt, zugl.: Köln, Univ., Diss., 1987, Bergisch-Gladbach : Eul, 1988.

Scheffler, W.: Steuerbegünstigungen, 1991: Scheffler, Wolfram: Betriebswirtschaftliche Analyse der Steuerbegünstigungen für Investitionen in den neuen Bundesländern, in: DStR, 1991, S. 524-531.

Schlecht, O.: Finanzierungsinstrument, 1988: Schlecht, Otto: Subventionen als Finanzierungsinstrument, in: Christians, F. W. (Hrsg.): Finanzierungshandbuch, 2. Aufl., Wiesbaden : Gabler, 1988, S. 829-845.

Schmid, H.; Dosky, D. v.: Arbeitsmarkttheorien, 1990: Schmid, Hans; Dosky, Doris von: Ökonomik des Arbeitsmarktes. Erster Band: Arbeitsmarkttheorien: Stärken und Schwächen. (Uni-Taschenbücher, Nr. 1559), Bern; Stuttgart : Paul Haupt, 1990.

Schmid, H.; Dosky, D. v.: Problembereiche, 1991: Schmid, Hans; Dosky, Doris von: Ökonomik des Arbeitsmarktes. Zweiter Band: Problembereiche und Lösungsansätze (Uni-Taschenbücher, Nr. 1579), Bern; Stuttgart : Paul Haupt, 1991.

Schmidt, A. G.: Beitrag, 1996: Schmidt, Axel G.: Der überproportionale Beitrag kleiner und mittlerer Unternehmen zur Beschäftigungsdynamik – Realität oder Fehlinterpretation von Statistiken?, in: ZfB, 1996, S. 537-557.

Schmidt, M.: Mittelstandspolitik, 1988: Schmidt, Matthias: Ziele und Instrumente der Mittelstandspolitik in der Bundesrepublik Deutschland, Köln : o. Verl., 1988.

Schneeloch, D.: Besteuerung, 1994: Schneeloch, Dieter: Besteuerung und betriebliche Steuerpolitik, München : Vahlen, 1994.

Schneider, D.: Unternehmensrisiko,1988: Schneider, Dieter: Wirtschaftsförderung und Unternehmensrisiko, in: Gantner, Manfried; Rinderer, Claus (Hrsg.): Staatliche Wirtschaftsförderung – ökonomische Effizienz und politische Rationalität, Frankfurt am Main u. a. : Lang, 1988, S. 55-64.

Schneider, D.: Investitionsförderung, 1991: Schneider, Dieter: Sinn und Widersinn der steuerlichen Investitionsförderung für die neuen Bundesländer und des Solidaritätszuschlages, in: DB, 1991, 1081-1087.

Schneider, D.: Investition, 1992.: Schneider, Dieter: Investition, Finanzierung und Besteuerung, 7. Aufl., Wiesbaden : Gabler, 1992.

Schuster, H.: Wirtschaftsförderung, 1984: Schuster, Helmut: Wirtschaftsförderung als beschäftigungspolitische Strategie, in: Ewers, H.-J.; Schuster, H. (Hrsg.): Probleme der Ordnungs- und Strukturpolitik, Göttingen : Vandenhoeck & Ruprecht, 1984, S. 69-87.

Semlinger, K.: Arbeitsmarktpolitik, 1995: Semlinger, Klaus: Arbeitsmarktpolitik für Existenzgründer – Plädoyer für eine arbeitsmarktpolitische Unterstützung des Existenzgründungsgeschehens (WZB Discussion Paper), Berlin : o. Verl., 1995, S. 95-204.

Siebert, H.: Vollbeschäftigung, 1986: Siebert, Horst: Vollbeschäftigung durch Gewinnbeteiligung (Universität Konstanz, Diskussionsbeiträge, Serie I, Nr. 233), 1986.

Siebert, H.: Arbeit, 1995: Siebert, Horst: Geht den Deutschen die Arbeit aus? – Wege zu mehr Beschäftigung, München : Goldmann, 1995.

Siebert, H.: Punkte, 1996: Siebert, Horst: Hundert Punkte für mehr Beschäftigung (Kieler Diskussionsbeiträge 264), Kiel : Institut für Weltwirtschaft, 1996.

Sohmen, E.: Allokationstheorie, 1992: Sohmen, Egon: Allokationstheorie und Wirtschaftspolitik, Tübingen : Mohr, 1992.

Soltwedel, R. u.a.: Regulierungen, 1990: Soltwedel, Rüdiger u.a.: Regulierungen auf dem Arbeitsmarkt der Bundesrepublik, Tübingen : Mohr, 1990.

Sorge, A.: Wandel, 1987: Sorge, Arndt: Begünstigt der technische Wandel kleine und mittlere Produktionseinheiten?, in: Fritsch, M.; Hull, C. J. (Hrsg.): Arbeitsplatzdynamik und Regionalentwicklung – Beiträge zur beschäftigungspolitischen Bedeutung von Klein- und Großunternehmen, Berlin : Ed. Sigma, 1987, S. 235-244.

Sprenger, K.-A.; Hinten, P. von, Steiner, J.: Finanzierungssituation, 1982: Sprenger, Karl-August; Hinten, Peter von; Steiner, Joachim: Finanzierungssituation und Finanzierungsverhalten mittelständischer Betriebe, Göttingen : Schwartz, 1982.

Statistisches Bundesamt (Hrsg.): Handwerk, 1996: Statistisches Bundesamt (Hrsg.): Beschäftigte und Umsatz im Handwerk, 4. Vierteljahr 1995., Fachserie 4: Produzierendes Gewerbe, Reihe 7.1., Stuttgart; Mainz : Kohlhammer, 1996.

Statistisches Bundesamt (Hrsg.): Handwerkszählung 1977, 1979: Statistisches Bundesamt (Hrsg.): Handwerkszählung 1977 – Heft 1: Methodische Einführung; Unternehmen nach Wirtschaftszweigen., Fachserie 4: Produzierendes Gewerbe, Stuttgart; Mainz : Kohlhammer, 1979.

Statistisches Bundesamt (Hrsg.): Handwerkszählung 1995, 1996: Statistisches Bundesamt (Hrsg.): Handwerkszählung vom 31. März 1995 – Heft 1: Ergebnisse für Unternehmen und Nebenbetriebe nach Gewerbezweigen., Fachserie 4: Produzierendes Gewerbe, Stuttgart : Metzler-Poeschel, 1996.

Steiner, M.: Finanzierung, 1993: Steiner, Manfred: Finanzierung, in: HWB, 5. Aufl., Stuttgart : Poeschel, 1993, Sp. 1024-1038.

Steiner, V.; Kaltenborn, B.: Arbeitsdynamik, 1995: Steiner, Victor; Kaltenborn, Bruno: Arbeitsdynamik, Langzeitarbeitslosigkeit und der Beitrag der Arbeitsmarktpolitik – Eine Strukturanalyse der westdeutschen Arbeitsmarktentwicklung seit 1980, in: Franz, Wolfgang; Steiner, Victor (Hrsg.): Der westdeutsche Arbeitsmarkt im strukturellen Anpassungsprozeß, Baden-Baden : Nomos-Verlagsgesellschaft, 1995.

Supper, M.: Wirtschaftsförderung, 1988: Supper, Meinhard: Wirtschaftsförderung in marktwirtschaftlicher Sicht, in: Gantner, Manfried; Rinderer, Claus (Hrsg.): Staatliche Wirtschaftsförderung – ökonomische Effizienz und politische Rationalität, Frankfurt am Main u. a. : Lang, 1988, S. 35-44.

Swoboda, P.: Finanzierung, 1994: Swoboda, Peter: Betriebliche Finanzierung, 3. Aufl., Heidelberg : Physica-Verlag, 1994.

Theis, M. M.: Beteiligungsgesellschaften, 1995: Theis, Michael M.: Finanzierung mit Beteiligungsgesellschaften, in: Hennerkes, B.-H. (Hrsg.): Unternehmenshandbuch Familiengesellschaften – Sicherung von Unternehmen, Vermögen und Familie, Köln u.a. : Heymann, 1995, S. 151-165.

Trobitz, H. H.; Stefan, W.: Eigenkapital, 1998: Trobitz, Hans H.; Stefan, Wilhelm: Eigenkapital für kleine und mittlere Unternehmen – Beteiligungsfinanzierung und Börsengang, in: Volk,G. (Hrsg.): Going public – Der Gang an die Börse, 2. Aufl., Stuttgart : Schäfer-Poeschel, 1998, S. 247-262.

Tschebull, J.: Sinn, 1988: Tschebull, Jens: Sinn und Unsinn der Wirtschaftsförderung, in: Gantner, Manfried; Rinderer, Claus (Hrsg.): Staatliche Wirtschaftsförderung – ökonomische Effizienz und politische Rationalität, Frankfurt am Main u.a. : Lang, 1988, S. 19-25.

Tuchtfeld, E.: Wirtschaftspolitik, 1982: Tuchtfeld, Egon: Wirtschaftspolitik, in: HdWW, Stuttgart; New York : Fischer / Tübingen : Mohr / Göttingen : Vandenhoeck & Ruprecht, 1982, S. 179-200.

Uhlmann, L; Berger, M.: Investitionsverhalten, 1986: Uhlmann, Luitpold; Berger, Manfred: Investitionsverhalten und Unternehmensgröße, Berlin; München : Duncker & Humblot, 1986.

Veldhues, B.: Handwerkszählung, 1994: Veldhues, Bernhard: Die Handwerkszählung am 31. März 1995, in: Wirtschaft und Statistik, 1994, S. 107-112.

Voigt, F.: Handwerk, 1956: Voigt, Fritz: Handwerk, in: HWS, 1956, S. 24-35.

Wagner, J.: Arbeitslosigkeit, 1999: Wagner, Joachim: Arbeitslosigkeit, in: Korff, W. u.a. (Hrsg.): Handbuch der Wirtschaftsethik, Bank 4, Gütersloh: Gütersloher Verlagshaus, 1999, S. 25-47.

Wagner, J.: Job, 1995: Wagner, Joachim: Talkin´ ´bout Job Generation – Firm Size and Job Creation in Germany, Arbeitsberichte des Fachbereichs Wirtschafts- und Sozialwissenschaften, Nr. 143, Universität Lüneburg: Lüneburg, 1995.

Wagner, J.: Komponenten, 1999: Wagner, Joachim: Strukturelle Komponenten der Arbeitslosigkeit, in: Ökonomie und Gesellschaft, Jahrbuch 15: Unternehmungsverhalten und Arbeitslosigkeit, Frankfurt am Main; New York: Campus, 1999, S. 216-234

Walwei, U.: Länder, 1998: Walwei, Ulrich: Beschäftigungspolitisch erfolgreiche Länder – Konsequenzen für Deutschland, in: MittAB, 1998, S. 334-347.

Walwei, U.; Werner, H.: Union, 1994: Walwei, Ulrich; Werner, Heinz: Europäische Union – Wachstum muß mehr Beschäftigung bringen, in: IAB-Kurzbericht, 1994.

Wehrheim, M.: Rentabilitätseffekte, 1997: Wehrheim, Michael: Liquiditäts- bzw. Rentabilitätseffekte aufgrund der Inanspruchnahme steuerlicher Finanzierungshilfen, in: ZfB, 1997, S. 151-178.

Werner, H.: Länder, 1998: Werner, Heinz: Beschäftigungspolitisch erfolgreiche Länder – Was steckt dahinter?, in: MittAB, 1998, S. 324-333.

Werner, J.: Arbeitslosigkeit, 1988: Werner, Josua: Die Arbeitslosigkeit in der Bundesrepublik Deutschland – Natur, Ursachen und beschäftigungspolitische Optionen, in: Aussenwirtschaft, 1988, S. 473-504.

Weßling, J.: Ansparabschreibung, 1993: Weßling, Johannes: Mögliche Vorteile aus der Ansparabschreibung gemäß § 7g EStG bei späterem Unterlassen der Investition, in: BB, 1993, S. 2347-2349.

Wilms, M.: Strukturpolitik, 1992: Wilms, Manfred: Strukturpolitik, in: Vahlens Kompendium der Wirtschaftstheorie und Wirtschaftspolitik, 5. Aufl., Band 2, München : Vahlen, 1992, S. 371-403.

Wissenschaftlicher Beirat: Langzeitarbeitslosigkeit, 1996: Wissenschaftlicher Beirat beim Bundesministerium für Wirtschaft: Langzeitarbeitslosigkeit. (BMWi-Studienreihe, Nr. 92), Bonn :BMWi, 1996.

Wittmann, F.: Investitionsentscheidungen, 1986: Wittmann, Franz: Der Einfluß der Steuern auf die Investitionsentscheidungen von Unternehmen – Eine empirische Analyse, zugl.: Augsburg, Univ., Habil., Frankfurt am Main; New York : Campus Verlag, 1986.

Wöhe, G.; Bilstein, J.: Unternehmensfinanzierung, 1998: Wöhe, Günther; Bilstein, Jürgen: Grundzüge der Unternehmensfinanzierung, 8. Aufl., München : Vahlen, 1998.

Woll, A.: Wirtschaftspolitik, 1992: Woll, Artur: Wirtschaftspolitik, 2. Aufl., München : Vahlen, 1992.

Wossidlo, P.: Finanzierung, 1990: Wossidlo, Peter: Finanzierung, in: Pfohl, H.-C. (Hrsg.): Betriebswirtschaftslehre der Mittel- und Kleinbetriebe – Größenspezifische Probleme und Möglichkeiten zu ihrer Lösung, 2. Aufl., Berlin : Erich Schmidt, 1990, S. 239-287.

Wossidlo, P.: Unternehmen, 1993: Wossidlo, Peter: Mittelständische Unternehmen, in: HWB, 5. Aufl., Stuttgart : Schäfer-Poeschel, 1993, Sp. 2888-2898.

ZDH (Hrsg.): Betriebsberatung, 1995: ZDH (Hrsg.): Die Betriebsberatung im Handwerk (Schriftenreihe des ZDH, Heft 47), Bonn : ZDH, 1995.

Zeitel, G.: Aspekte, 1977: Zeitel, Gerhard: Theoretische und technische Aspekte öffentlicher Darlehen und Gewährleistungen, in: Andel, N.; Haller, H.; Neumark, F. (Hrsg.): HdF, 3. Aufl., Tübingen : Mohr, 1977, S. 997-1024.

Zeitel, G.: Mittelstandspolitik, 1988: Zeitel, Gerhard: Mittelstandspolitik als Ordnungspolitik, in: Studiengesellschaft für Mittelstandsfragen e.V. (Hrsg.): Ziele, Möglichkeiten und Grenzen der Mittelstandspolitik – Wirtschaftswissenschaftliches Kolloquium der Studiengesellschaft für Mittelstandsfragen e.V. in Bad Reichenhall vom 8. - 10. Mai 1987, o. Ort : o. Verl., 1988, S. 7-21.

Ziebach, M.: Zählung, 1996: Ziebach, Michael: Die Zählung im handwerksähnlichen Gewerbe am 31. März 1996, in: Wirtschaft und Statistik, 1996, 2/1996, S. 86-89.

Zimmermann, H.; Henke, K.-D.: Finanzwissenschaft, 1994: Zimmermann, Horst; Henke, Klaus-Dirk: Finanzwissenschaft – Eine Einführung in die Lehre von der öffentlichen Finanzwirtschaft, 7. Aufl., München : Vahlen, 1994.

Zitzmann, G. , Abschreibungsverbesserung, 1984: Zitzmann, Gerhard: Die Abschreibungsverbesserung auf Grund des Steuerentlastungsgesetzes 1984 (Teil I), in: DB, 1984, S. 74-83.

Zitzmann, G. , Sonderabschreibung, 1988: Zitzmann, Gerhard: Verbesserung der Sonderabschreibung für kleine und mittlere Betriebe ab 1988, in: DB, 1988, S. 620-625.

Zöllner, W.: Regelungen, 1990: Zöllner, Wolfgang: Rechtliche Regelungen zur Bekämpfung der Arbeitslosigkeit, in: König, H. u. a. (Hrsg.): Überwindung der Arbeitslosigkeit, Mannheim; Wien; Zürich : BI-Wiss.-Verlag, 1990, S. 33-50.

LEBENSLAUF

Name und Anschrift:		Dr. Heiko Mathias Sanders Mullberger Straße 121 26639 Wiesmoor
Geburtsdatum/-ort:		7. Januar 1969 in Leer
Familienstand:		verheiratet, zwei Kinder
Schulabschluss:	05/88	Hochschulreife
Wehrdienst:	07/88-09/89	Bundesmarine
Studium:	10/89-10/94	Betriebswirtschaftslehre an der Universität Lüneburg, Wahlfach: Steuern und Wirtschaftsprüfung
Diplomarbeit:		„Probleme der Unternehmensbewertung von Handwerks-betrieben - dargestellt am Beispiel eines Betriebes der Textilbranche“
Studienabschluss:		Diplom-Kaufmann
Praktika:	08/91-10/91 02/92-03/92 07/92-08/92	TRAUCO Baustoffe GmbH, Großefehn TRAUCO Baustoffe GmbH, Großefehn OTTO Versand GmbH & Co., Hamburg
Berufserfahrung:	 11/94-07/95 01/96-03/96 11/98-04/02 ab 5/02	studienbegleitende Beratungstätigkeit für die TRAUCO Baustoffe GmbH in den Bereichen Controlling und EDV Textilien Sanders, Großefehn Stubenrauch, Kujaw & Partner, Schortens PwC Deutsche Revision Aktiengesellschaft, Oldenburg EWE Aktiengesellschaft, Oldenburg
Dissertation:		„Mittelstandsförderung und Beschäftigung - Zur Wirkung von Finanzierungs- und Investitionshilfen auf die Beschäftigung in Kleinunternehmen des Handwerks“
Berufsexamen:	02/02	Steuerberater
Fremdsprachen:		Englisch
EDV:		sehr gute Kenntnisse in gängigen Anwendungsprogrammen (Word, Excel, Outlook, Lotus Notes u. a.) sowie sehr gute Internet- und PC-Systemkenntnisse

Wiesmoor, 6. Dezember 2002

FSC
www.fsc.org
MIX
Papier | Fördert gute Waldnutzung
FSC® C083411

Kolibri 360 GmbH
Ferdinand-Jühlke-Straße 7
99095 Erfurt, Deutschland
produktsicherheit@kolibri360.de

Druck:
CPI Druckdienstleistungen GmbH
im Auftrag der
Kolibri 360 GmbH
Ferdinand-Jühlke-Str. 7
99095 Erfurt